数字经济专业系列教材

数字中国

吴一平　主　编

电子工业出版社
Publishing House of Electronics Industry
北京·BEIJING

内 容 简 介

本书立足我国高质量发展对新文科、新工科等多学科交叉融合人才的迫切需求，主要介绍了资源数字化、数字产业化、产业数字化和数字治理等，是了解中国数字经济发展的入门教材。本书内容主要从数字中国建设概况、数据要素市场、数字经济产业、数字治理、数字监管等方面展开，秉持从宏观—中观—微观逐步递进的原则，将案例分析与实地调研引入教材之中。本书旨在帮助读者了解数字经济在中国当前社会经济发展中的重要作用，培养读者对数字中国战略的理解和应用能力，如数字经济理论在国家治理、产业升级等方面的应用和挑战。

无论你是企业家、专业人士，还是对中国数字经济发展感兴趣的学生，阅读本书都将帮助你了解数字经济在大国竞争中的重要性，以及当前中国数字经济发展面临的问题，进而帮助你成为具备扎实的经济理论功底和强大的应用分析能力的创新型复合人才，为你今后的学习、工作奠定坚实的基础。

未经许可，不得以任何方式复制或抄袭本书之部分或全部内容。
版权所有，侵权必究。

图书在版编目（CIP）数据

数字中国 / 吴一平主编. -- 北京：电子工业出版社, 2025. 6. -- （数字经济专业系列教材）.
ISBN 978-7-121-50302-3
Ⅰ. F492
中国国家版本馆 CIP 数据核字第 2025KR5336 号

责任编辑：李　敏
印　　刷：天津画中画印刷有限公司
装　　订：天津画中画印刷有限公司
出版发行：电子工业出版社
　　　　　北京市海淀区万寿路 173 信箱　　邮编：100036
开　　本：787×1 092　1/16　印张：15.25　字数：337 千字
版　　次：2025 年 6 月第 1 版
印　　次：2025 年 6 月第 1 次印刷
定　　价：69.90 元

凡所购买电子工业出版社图书有缺损问题，请向购买书店调换。若书店售缺，请与本社发行部联系，联系及邮购电话：(010) 88254888，88258888。
质量投诉请发邮件至 zlts@phei.com.cn，盗版侵权举报请发邮件至 dbqq@phei.com.cn。
本书咨询联系方式：(010) 88254753 或 limin@phei.com.cn。

数字经济专业系列教材
专家委员会

（按姓氏笔画排名）

刘兰娟　安筱鹏　肖升生　汪寿阳　赵　琳

洪永淼　袁　媛　高红冰　蒋昌俊

前 言

数字经济是继农业经济、工业经济之后的主要经济形态，数字化转型对世界经济、政治和创新格局产生了深远影响。我们应主动顺应和掌握数字化带来的新趋势和新机遇，遵循市场经济运行和发展规律，持续强化数字化发展的比较优势，统筹推进经济、生活、治理全面数字化转型。《中华人民共和国国民经济和社会发展第十四个五年规划和2035年远景目标纲要》将"加快数字化发展 建设数字中国"作为独立篇章，彰显了我国推进网络强国、数字中国建设的决心。2023年2月，中共中央、国务院印发了《数字中国建设整体布局规划》，首次系统提出了数字中国建设的整体布局，明确了时间表、路线图、任务书，为各方面推进数字中国建设提供了行动指南。数字经济已成为我国经济提质增效、实现高质量发展的新动能。在大国竞争过程中，数字经济的发展起着至关重要的作用。

目前，我国数字经济的发展面临大量亟需解决的问题，如数据要素市场的培育、税收征管数字化转型、社会信用体系建设、数字新业态对传统税收体制的挑战等。面对这些挑战，我们需要进一步优化数字治理和弥合数字鸿沟，确保数字经济红利惠及社会大众，激发社会创新创业活力。

撰写这本《数字中国》是因为，我们知道学生需要面对经济学的新领域，而在过去的十几年中，以制造业智能化绿色化转型、税收征管数字化为代表的这些新领域在经济学中逐渐涌现出来。对于那些关心我国数字经济发展的学生，数字中国或许是他们所学到的最有趣且最重要的科目。本书能够帮助学生了解数字经济在中国发展中的重要作用和影响，培养学生对数字中国战略的理解和应用能力，如数字经济在国家治理、产业升级等方面的应用和挑战。

《数字中国》涉及面相对较广，但这并不意味着它是一本高难度的教材。本书在论述数字经济理论时，强调其在产业发展和公共政策中的应用性，主要体现在有机融合了相当数量的现实案例。

本书的编写大纲由上海财经大学吴一平教授拟定。本书的写作分工如下：第一章，上海财经大学吴一平教授；第二章，湖北经济学院杨芳副教授；第三章，杭州电子科技大学王伟博士；第四章，上海立信金融会计学院邵丽丽教授；第五章，上海财经大学辛格副教授；第六章，杭州电子科技大学周文婷博士；第七章，上海大学庞保庆副教授和南通市市域社会治理现代化指挥中心胡高明副主任和陈晓云高级工程师；第八章，上海立信金融会计学院周静虹博士；第九章，浙江财经大学东方学院讲师蔡丞；第十章，山东财经大学周彩博士。全书由吴一平教授、杨芳副教授和周彩博士总纂定稿。

  本书既可作为高校数字经济专业研究生的教材或参考书，也可以作为对数字经济感兴趣的读者的科普读物。本书难免存在不足之处，望使用本书的教师和学生提出宝贵建议。

编　者

2025 年 5 月

目 录

第一章 数字中国建设的概况 …………………………………… 1

　第一节 数字中国建设的重大意义 ………………………………… 1

　　一、加快数字中国建设是发挥信息化驱动引领作用、推进中国式现代化的
　　　 必然选择 …………………………………………………………… 1

　　二、加快数字中国建设是抢占发展制高点、构筑国际竞争新优势的必然选择 …… 2

　　三、加快数字中国建设是巩固党的长期执政地位、推进国家治理体系和
　　　 治理能力现代化的必然选择 ……………………………………… 2

　　四、加快数字中国建设是深化国际交流合作、推动构建人类命运共同体
　　　 的必然选择 ………………………………………………………… 2

　第二节 数字中国建设的发展阶段、方向和重点 ………………… 3

　　一、数字中国建设的发展阶段 ……………………………………… 3

　　二、数字中国建设的发展方向 ……………………………………… 8

　　三、数字中国建设的战略重点 ……………………………………… 9

　第三节 数字中国建设的发展趋势 ………………………………… 9

　　一、数字产业化与产业数字化 ……………………………………… 10

　　二、数字社会普惠化 ………………………………………………… 12

　　三、共享共治的数字化治理 ………………………………………… 13

　第四节 数字中国建设的历史使命与形势挑战 …………………… 13

　　一、数字中国建设的历史使命 ……………………………………… 13

　　二、数字中国建设面临的形势挑战 ………………………………… 14

第二章 数据要素市场改革与发展 ……………………………… 16

　第一节 数据要素理论问题概述 …………………………………… 16

　　一、数据要素的特征与独特属性 …………………………………… 16

数字中国

　　二、数据要素的价值实现 …………………………………………………… 19
　　三、数据要素"三权分置"的产权制度理论 ………………………………… 23
第二节　我国数据要素市场培育现状 …………………………………………… 25
　　一、数据要素市场政策布局与实践：顶层设计与配套措施 ……………… 26
　　二、数据要素市场政策布局与实践：数据流通 …………………………… 28
　　三、数据要素市场供需对接向多行业扩展 ………………………………… 31
第三节　我国数据要素市场培育的障碍 ………………………………………… 34
　　一、权利归属难以界定，有待建立产权制度 ……………………………… 35
　　二、估值定价缺乏依据，有待发挥市场作用 ……………………………… 36
　　三、流通规则尚不完善，有待鼓励积极探索 ……………………………… 37
　　四、流通技术仍未成熟，有待强化技术支撑 ……………………………… 37
第四节　我国培育数据要素市场的未来展望 …………………………………… 38
　　一、以开放共享为抓手释放数据体量优势 ………………………………… 38
　　二、以质量管理为突破激活数据资源价值 ………………………………… 39
　　三、以交易流通为关键活跃数据要素市场 ………………………………… 40
　　四、以风险规制为重点强化数据安全保障 ………………………………… 41

第三章　数字产业集群化 …………………………………………………………… 42

第一节　数字产业集群的理论与现实 …………………………………………… 42
　　一、数字产业集群的概念 …………………………………………………… 42
　　二、数字产业集群的理论基础 ……………………………………………… 46
第二节　数字产业集群的发展情况 ……………………………………………… 51
　　一、数字产业集群的全球发展概况 ………………………………………… 51
　　二、数字产业集群的发展历程 ……………………………………………… 56
第三节　我国数字产业集群发展的优势与制约 ………………………………… 61
　　一、数字产业集群发展的驱动因素 ………………………………………… 62
　　二、我国数字产业集群发展的优势 ………………………………………… 63
　　三、我国数字产业集群发展的制约因素 …………………………………… 64
第四节　我国数字产业集群化的发展目标与政策配套 ………………………… 65
　　一、我国数字产业集群化的发展目标 ……………………………………… 65
　　二、我国数字产业集群化高质量发展的政策配套 ………………………… 67

目 录

第四章　制造业数字化绿色化转型……………………………………………69

第一节　制造业数字化绿色化转型的基本理论……………………………69
一、制造业数字化绿色化融合发展的内涵和作用………………………69
二、制造业数字化绿色化融合发展的内在逻辑…………………………70
三、制造业数字化绿色化融合的发展阶段………………………………71

第二节　制造业数字化绿色化融合发展的国外探索和实践………………72
一、欧盟的探索与实践……………………………………………………72
二、英国的探索与实践……………………………………………………73
三、美国的探索与实践……………………………………………………74
四、日本的探索与实践……………………………………………………74

第三节　制造业数字化绿色化融合发展的国内探索和实践………………75
一、顶层设计的初步确立…………………………………………………75
二、具体发展路径的规划…………………………………………………76
三、制造业数字化绿色化融合的成功经验………………………………77

第四节　制造业数字化绿色化融合发展的实施路径和推进策略…………80
一、制造业数字化绿色化融合发展的实施路径…………………………80
二、制造业数字化绿色化融合发展的推进策略…………………………81

第五章　数字乡村与乡村振兴…………………………………………………84

第一节　数字乡村的发展现状………………………………………………84
一、数字乡村建设的战略意义……………………………………………84
二、数字乡村建设的现状…………………………………………………86
三、数字乡村建设的基本路径……………………………………………91

第二节　乡村信息基础设施建设……………………………………………92
一、乡村信息基础设施建设的内涵和发展现状…………………………93
二、乡村信息基础设施建设与乡村振兴…………………………………95
三、案例："菜鸟乡村"建设………………………………………………95

第三节　乡村产业数字化转型………………………………………………97
一、乡村产业数字化的现状………………………………………………97
二、乡村产业数字化与乡村振兴…………………………………………99
三、案例："电商企业+农户"发展模式…………………………………100

IX

数字中国

  第四节 乡村治理数字化转型 …………………………………………… 101
    一、乡村治理数字化的现状 ……………………………………………… 102
    二、乡村治理数字化与乡村振兴 ………………………………………… 103
    三、案例："1612"数字治理体系 ………………………………………… 104

第六章 大数据背景下的社会信用体系 ………………………………………… 107
  第一节 社会信用体系概述 …………………………………………………… 107
    一、社会信用体系的定义 ………………………………………………… 107
    二、社会信用体系建设的必要性 ………………………………………… 110
    三、大数据在社会信用体系中的作用 …………………………………… 111
  第二节 数字技术与企业信用识别 …………………………………………… 113
    一、数字技术与企业信用画像 …………………………………………… 113
    二、数据挖掘与信用风险评估 …………………………………………… 118
  第三节 区块链技术重构信用交易体系 ………………………………………… 120
    一、传统信用交易体系存在的问题 ……………………………………… 120
    二、区块链技术在信用交易中的优势 …………………………………… 124
    三、区块链技术在信用交易中的应用案例 ……………………………… 126
  第四节 数字化信用监管 …………………………………………………………… 129
    一、数字化信用监管的概念和原理 ……………………………………… 129
    二、大数据背景下的信用监管体系 ……………………………………… 130
    三、信用监管机制存在的制约 …………………………………………… 134

第七章 城市数字化建设 ……………………………………………………………… 138
  第一节 城市数字化建设的背景与意义 …………………………………………… 138
    一、城市数字化建设的背景 ……………………………………………… 138
    二、城市数字化建设的意义 ……………………………………………… 140
  第二节 城市数字化建设的国内外实践 …………………………………………… 141
    一、新加坡数字化建设实践 ……………………………………………… 141
    二、上海市数字化建设实践 ……………………………………………… 143
    三、南通市市域数字化建设实践 ………………………………………… 147
  第三节 城市数字化建设面临的制约 ………………………………………………… 150
    一、城市数字化的推进速度与认识不准确的矛盾 ……………………… 151
    二、海量数据汇聚与开发应用能力不足的矛盾 ………………………… 151

三、数据共享需求与部门壁垒之间的矛盾……151

四、巨额资金需求与财政资金有限的矛盾……151

五、数字人才需求与人才供给不足的矛盾……152

第四节 优化城市数字化建设的路径……152

一、全面准确认识城市数字化建设工作……152

二、建立供需对接平台，开发创新应用场景……153

三、"量"和"质"并重，高质量归集数据……153

四、合理统筹推进数字人才队伍建设……153

五、加快推进数据要素流通，实现城市数据增值……154

第五节 案例专栏：南通市新机场和违建智慧管控创新应用……154

一、南通市市域社会治理现代化指挥中心简介……154

二、新机场和违建智慧管控创新应用……155

第八章 数字新业态对税收体制的冲击和挑战……158

第一节 数字新业态对传统国际税收体系的挑战……158

一、跨境业务和税收逃避……158

二、数字新业态的典型案例……160

三、税基侵蚀和利润转移……163

第二节 应对数字新业态挑战的国际税收协定……165

一、国际协调和多边协定……165

二、打击国家税基侵蚀的 BEPS 行动计划……165

三、双支柱的发展和推进……170

第三节 国际视域下的数字税收实践与经验……171

一、关于数字税的国际争议……171

二、征收数字税的国际经验……172

三、中国的应对与未来展望……174

第九章 税收征管数字化……175

第一节 税收征管数字化概述……175

一、税收征管数字化的理论基础……175

二、税收征管数字化的实践……176

三、税收征管数字化的定义……176

四、税收征管数字化的意义……177

第二节 税源数字化 ········· 178
一、增值税税源的数字化 ········· 179
二、所得税税源的数字化 ········· 181

第三节 税收管理数字化 ········· 183
一、"互联网+"电子税务局建设 ········· 183
二、电子发票改革 ········· 185
三、"大数据+"纳税服务 ········· 187

第四节 税收风险防范数字化 ········· 188
一、"信用+风险"税收监管 ········· 189
二、"大数据"税收风险管理 ········· 190
三、数字化税收共治与税收大数据应用 ········· 193

第十章 数字市场监管 ········· 197

第一节 数字市场监管框架 ········· 197
一、数字市场监管的机遇和挑战 ········· 197
二、数字市场监管需求 ········· 198

第二节 数字市场监管内容 ········· 199
一、数据监管制度体系 ········· 200
二、个人数据隐私保护监管 ········· 201
三、数据安全监管 ········· 205
四、数字平台监管 ········· 208
五、数字经济反垄断监管 ········· 211

第三节 主要经济体的数字市场监管实践 ········· 214
一、数据本地化政策 ········· 214
二、平台责任的"避风港"原则 ········· 216

第四节 数字市场的监管与治理 ········· 219
一、数字市场监管与治理的基本导向 ········· 219
二、数字市场的分类监管与治理 ········· 222

参考文献 ········· 224

第一章

数字中国建设的概况

习近平总书记指出，加快数字中国建设，就是要适应我国发展新的历史方位，全面贯彻新发展理念，以信息化培育新动能，用新动能推动新发展，以新发展创造新辉煌。党的二十大报告指出，要加快建设网络强国、数字中国。2021年3月11日，第十三届全国人民代表大会第四次会议审查通过《中华人民共和国国民经济和社会发展第十四个五年规划和2035年远景目标纲要》（以下简称《"十四五"规划纲要》）。《"十四五"规划纲要》将"加快数字化发展　建设数字中国"作为独立篇章，彰显了推进网络强国、数字中国建设的决心。《"十四五"规划纲要》提出，迎接数字时代，激活数据要素潜能，推进网络强国建设，加快建设数字经济、数字社会、数字政府，以数字化转型整体驱动生产方式、生活方式和治理方式变革。

2023年2月，中共中央、国务院印发了《数字中国建设整体布局规划》，从党和国家事业发展全局和战略高度，提出了新时代数字中国建设的整体战略，明确了数字中国建设的指导思想、主要目标、重点任务和保障措施。《数字中国建设整体布局规划》首次系统提出了数字中国建设的整体布局，明确了时间表、路线图、任务书，为各方面推进数字中国建设提供了行动指南。

第一节　数字中国建设的重大意义

党的十八大以来，习近平总书记多次就数字中国建设作出重要论述、提出明确要求。在党的二十大报告中，习近平总书记对数字中国建设又作出新部署、提出新要求。印发、实施《数字中国建设整体布局规划》，就是要落实党的二十大对数字中国建设提出的新部署、新任务、新要求，把党中央关于数字中国建设的决策部署转化为具体实践和实际成效。

一、加快数字中国建设是发挥信息化驱动引领作用、推进中国式现代化的必然选择

党的二十大报告指出，从现在起，中国共产党的中心任务就是团结带领全国各族人民

数字中国

全面建成社会主义现代化强国、实现第二个百年奋斗目标，以中国式现代化全面推进中华民族伟大复兴。如今，我们处于一个大变局时代，中华民族伟大复兴战略全局和世界百年未有之大变局与信息革命时代潮流发生历史性交汇，数字化建设已经成为实现中国式现代化的必然选择。面对如何实现覆盖广泛人口的现代化、全体人民共同富裕的现代化、物质与精神相协调的现代化、人与自然和谐共生的现代化、走上和平发展之路的现代化，我们面临着一系列重大战略课题。

《数字中国建设整体布局规划》旨在充分发挥数字中国建设的驱动引领作用，着眼于将数字技术广泛融入经济、政治、文化、社会及生态文明建设的各个环节，以全面推动经济社会的高质量发展，持续为中国式现代化提供强劲动能。

二、加快数字中国建设是抢占发展制高点、构筑国际竞争新优势的必然选择

党的二十大报告指出，新一轮科技革命和产业变革深入发展，国际力量对比深刻调整，我国发展面临新的战略机遇。当前，数字技术已经成为创新驱动发展的先导力量，引领一场影响深远的数字化转型。面对信息革命的巨浪，如何紧握数字化发展的时代机遇，推动生产力与生产关系升级，促进经济社会的高质量发展，成为当今时代决定大国兴衰的重要因素。

正是基于这一战略眼光，《数字中国建设整体布局规划》旨在把握时代脉搏，发挥我国社会主义制度和新型举国体制的独特优势，利用超大市场规模和海量数据资源及丰富的应用场景，全面提升国家综合国力和国际竞争力，为全面推进中华民族伟大复兴提供有力支撑。

三、加快数字中国建设是巩固党的长期执政地位、推进国家治理体系和治理能力现代化的必然选择

党的二十大报告指出，我们党作为世界上最大的马克思主义执政党，要始终赢得人民拥护、巩固长期执政地位，必须时刻保持解决大党独有难题的清醒和坚定。当今世界，对任何国家和政党来说，互联网是重要执政条件，网络空间是重要执政环境，信息化是重要执政手段，用网治网能力是执政能力的重要方面和体现。尤其值得关注的是，大数据、云计算、人工智能、区块链等数字技术的广泛应用，不仅为国家治理体系和治理能力的现代化带来了前所未有的机遇，也带来了全新的挑战。

《数字中国建设整体布局规划》就是要把握数字化变革带来的新机遇、新挑战，以信息化推进国家治理体系和治理能力现代化，不断提高党的执政能力和领导水平。

四、加快数字中国建设是深化国际交流合作、推动构建人类命运共同体的必然选择

党的二十大报告指出，构建人类命运共同体是世界各国人民前途所在。面向数字文明

新时代，把握人类社会发展的趋势，勇敢迈向构建人类命运共同体的宏伟目标，已成为数字时代关系到全人类共同福祉与未来的重大决策。

《数字中国建设整体布局规划》的印发实施，标志着我国加速迈向数字化转型，探索一条具有中国特色的数字化发展道路，努力构建一个开放、共赢的数字领域国际合作新格局。我们致力于与全球分享数字化发展的成就，贡献中国智慧与方案，携手构筑网络空间命运共同体，为全球发展注入新的数字动力。

第二节　数字中国建设的发展阶段、方向和重点

数字中国建设在推动国家现代化进程、促进经济社会全面发展，以及提升国际竞争力等方面发挥了举足轻重的作用。本节将剖析数字中国建设的发展历程，细致描绘其发展方向，并着重阐述其核心重点，以全面展现数字中国建设的深远意义与广阔前景。

一、数字中国建设的发展阶段

数字中国建设的发展进程，是一条从地方实践迈向国家战略的光辉道路，主要历经三个阶段。首先，这一创新之旅在福建省率先扬帆起航，以"数字福建"为起点，不仅标志着信息化技术在地方治理与经济发展中的初步探索与应用，还为后续的数字建设奠定了坚实的基础。其次，这一模式在浙江省得到了进一步的深化与拓展，形成了独具特色的"数字浙江"实践，不仅提升了政府服务效能，还极大地促进了数字经济的蓬勃发展，为数字化转型树立了新的标杆。最后，基于这些宝贵的经验与成就，数字建设的浪潮席卷全国，正式步入了"数字中国"的全新发展阶段，旨在通过全面深化数字技术与社会各领域的融合创新，构建一个更加智慧、高效、协同的数字社会，开启中国数字化转型的新篇章。

（一）数字福建

2000年，时任福建省省长的习近平同志作出建设"数字福建"的决策，提出了"数字化、网络化、可视化和智能化"的建设目标，开启福建省推进信息化建设的进程。

1. 信息化对经济社会发展的重要作用

在全球范围内，信息化是推进经济发展和社会进步的重要力量之一。它对于国家和地区的产业结构升级及实现现代化目标都具有重要影响。福建省委、省政府高度重视信息化的发展，始终把推进"数字福建"建设作为重大战略工程持续推进。2012年，工业和信息化部将"数字福建"建设提升为区域信息化科学发展的样板工程，"数字福建"升格为国家试点工程。

2. 加强信息化建设的顶层设计

成功的信息化建设是否能够取得长期的成效，关键在于是否制定了清晰的目标、合理

的定位及科学的规划。"数字福建"建设的起始阶段，要求重视全局的谋划和细致的组织，通过统一的思想、协调一致的行动，形成强大的合力。这不仅要求与福建省的"十五"规划紧密相连，还要求集中精力，优化资源配置，明确发展重点，分阶段稳步推进，力求在信息化建设上展现独特的特色，有力推动福建省的信息化建设迈入新阶段。"数字福建"的雏形，从宏伟的设想一步步转变为触手可及的现实，不仅为福建省带来了前所未有的发展势头，也为整个社会注入了蓬勃的生命力。

3. 提升信息化领域的自主创新能力

在信息化建设刚刚起步的阶段，激发创新创造活力是信息化建设的关键。在缺乏经验的情况下，福建省选择了若干特定的领域和专题，在"数字福建"示范工程建设中实施先试先行的策略，目的是在取得关键进步后，积累并推广经验。福建省利用自身的优势，在信息化建设中大力推进自主创新，并勇于尝试新方法，推动信息化建设取得长足发展。

4. 加强信息资源整合共享和开放

充分整合信息资产，实现数据的融通，从而在数据、信息及知识各层面实现提升，这是信息化建设的重要任务。在这一进程中，福建省坚持全省统筹的策略，以"大平台建设、整体性部署、普遍性应用"为原则，整合省直部门数据中心，构建政务云数据中心，形成统一的信息化物理承载环境。通过整合不同部门的数据资源，福建省建立了覆盖省级和市级的政务数据共享系统，营造统一的政务数据环境，初步形成了服务于经济社会发展的信息化公共服务平台。

5. 加快发展数字经济

以数据为关键要素的数字经济，是建设现代化经济体系的重要支撑。"数字福建"着力孵化高新技术企业及推进高新技术产业的发展，促进传统产业的转型升级，实现生产效率的革命性提升，扩大产业的智能化程度和生产规模，进而推动社会经济的全面发展。在这一过程中，加快信息产业的发展成了重中之重。通过推动信息化与工业化的深度融合，福建省不断完善数字经济的生态系统。

6. 加强信息化人才培育

人才是第一资源，推进信息化建设，做大做强数字经济，加快数字中国建设，归根结底靠人才。为了实现这一目标，福建省不断强化对信息化人才的培养和引进，不仅持续支持互联网经济领域的优秀人才创业，还开展了创业创新比赛，组织了大规模的互联网经济领军人才培训项目，从而为地区数字化转型提供了坚强的人才保障。

7. 切实维护网络和信息安全

信息安全是国家稳定发展的关键所在，对信息化进程具有至关重要的作用。福建省一直统筹发展与安全，并采取了将信息化项目的建设与信息安全的维护并行规划、执行和验收的策略。为此，福建省把信息化项目建设与维护信息安全同步规划、同步实施、同步验收，在全国率先成立了信息化标准技术委员会，制定了一系列地方标准，切实提高了信息化安全水平。

第一章　数字中国建设的概况

（二）数字浙江

建设数字中国是数字时代推进中国式现代化的重要引擎。多年来，浙江省坚持一张蓝图绘到底，持续推进数字浙江建设取得显著成效，为奋力谱写中国式现代化浙江新篇章提供了强劲动力，也为数字中国建设提供了先行探索和示范。

1. 从谋划推进数字浙江到建设数字中国的战略思维一以贯之

2003 年，时任浙江省委书记习近平同志在"八八战略"总体框架内对数字浙江的建设目标、主要任务、重点领域、组织实施进行了系统谋划和部署，引领浙江省率先抓住了数字时代打造发展优势的战略机遇。

2. 从以信息化带动工业化到信息化驱动引领现代化的发展导向一以贯之

2003 年，习近平同志指出："数字浙江是全面推进我省（浙江省）国民经济和社会信息化、以信息化带动工业化的基础性工程。"《数字浙江建设规划纲要（2003—2007 年）》同年出台，明确数字浙江的建设核心是以信息化带动与提升浙江工业现代化，发挥信息技术在现代化建设中的推动作用。2023 年，习近平总书记进一步对浙江省提出"深化国家数字经济创新发展试验区建设，打造一批具有国际竞争力的战略性新兴产业集群和数字产业集群"的要求，为数字浙江建设提供了根本遵循，也对数字中国建设提出新任务。

3. 从加强互联网利用管理到推动治理体系与治理能力现代化的治理理念一以贯之

在浙江省工作期间，习近平同志就高度重视加强互联网等新兴媒体的管理，高度重视运用信息化手段推进政务公开、党务公开，高度重视加强网络基础设施建设和信息资源共享利用，在全国率先推进电子政务建设。2020 年，习近平总书记在浙江考察时明确指出，"运用大数据、云计算、区块链、人工智能等前沿技术推动城市管理手段、管理模式、管理理念创新，从数字化到智能化再到智慧化，让城市更聪明一些、更智慧一些，是推动城市治理体系和治理能力现代化的必由之路，前景广阔。"这为推进国家治理体系和治理能力现代化指明了方向。

4. 从畅通网络民意到把增进人民福祉作为信息化发展的出发点和落脚点的价值宗旨一以贯之

习近平同志在浙江省工作时指出，进一步利用互联网构建了解民情民意的网络平台。在浙江乌镇召开的连续 10 届世界互联网大会，习近平主席或亲自出席，或视频致辞，或发来贺信，这些讲话、贺信始终贯穿着一个理念主张——构建网络空间命运共同体，体现了发挥互联网和数字化在走和平发展道路、造福世界各国人民重要作用的意愿和决心。

（三）数字中国

2017 年 10 月，党的十九大报告明确提出要建设数字中国。这是"数字中国"首次被写入党和国家纲领性文件。数字中国建设必须紧紧围绕和服务"五位一体"总体布局，通过统筹推进数字经济、数字政务、数字文化、数字社会和数字生态文明建设，把我国建设成为社会主义现代化强国。

1. 做强做优做大数字经济，推动经济社会高质量发展

要充分发挥数字经济作为推动经济社会高质量发展的新动能和新引擎作用，大力实施创新驱动发展战略，培育壮大数字经济核心产业，增强数字产业链关键环节的竞争力，打造具有国际竞争力的数字产业集群。加快推动各领域数字化转型升级，实现数字技术和实体经济深度融合，充分释放数据要素和数字技术红利，催生更多新产业新业态新模式，形成更多的经济增长点。努力营造一个有利于大众创业、万众创新的商业环境尤为重要，尤其是建设一套开放、平等、公正的数字经济合作生态系统。

2. 发展高效协调的数字政务，推进国家治理现代化

数字政务作为数字中国建设的基石，不仅是数字经济与数字社会协同进步的强大推动力，更是现代治理体系中的一个关键环节。促进数字政务的发展，迫切需要加快体制机制创新，构建一个能促进跨部门、跨层级高效合作的体系。这包括对于政务数据的跨部门协调共享、政务流程的再造与优化、数据的治理与安全管理、绩效的评估与审计监管等核心问题，我们需要进一步明确权责、优化工作流程，为数字政务的发展提供坚实的制度支撑。

加速构建全国一体化的政务大数据体系，全力推动政府数据的高效共享、协同治理与决策支撑。这需要加强顶层设计，统筹规划应用系统的建设，推动技术、业务、数据的全面融合，实现跨层级、跨地域、跨系统、跨部门、跨业务的协同管理与服务提升。

同时，致力于数字化服务的优化与升级，深化全国一体化政务服务平台的建设与应用，打造一个泛在可及、智慧便捷、公平普惠的数字化服务体系。着力打通业务链条与数据共享的堵点，扩大"一网通办""跨省通办"的政务服务范围，确保线上与线下的有机融合，拓宽服务渠道，让公众和企业更加便捷地参与其中，真正将政务服务转变为"以人民为中心"的模式。

为此，加强干部培训，全面提升各级领导干部和公务人员的数字化能力尤为重要。通过不断加强对数字思维、数字认知与数字技能的培养，确保干部队伍能够在数字化时代中引领先行，为构建数字化政务体系做出更大的贡献。

3. 打造自信繁荣的数字文化，提升文化软实力和中华文化影响力

在数字时代，发展数字文化是建设文化强国的关键战略，在传承历史文化、开展文化传播方面发挥着无可替代的作用。要真正推进数字文化的繁荣发展，必须将深化文化供给侧结构性改革作为工作的重心。这意味着需要加强优秀数字文化的供给，不遗余力地推动文化数字化发展，重点建设国家文化大数据体系。通过数字化手段，可以对中华优秀的文化资源进行深度挖掘和周密保护，从而唤醒每一个国人内心深处对民族文化的自豪感和自信心。

进一步地，提升数字文化服务能力变得尤为关键。加快推动数字技术与文化的深度融合，积极应用 5G、XR 技术、3D 打印、数字建模等前沿数字技术，为公众提供更为丰富

和多样化的数字文化服务。这不仅有助于推动数字技术赋能新型文化业态的探索，也为持续推进"互联网+文化""互联网+教育"等计划提供了坚实的技术支撑，提升公共文化服务的整体效能。

与此同时，积极发展数字文化贸易，努力打造富有中华文化特色的数字文化IP成为当前的重要任务。这不仅能够推动中国的数字文化产品走向世界，实现"出海"与"出圈"的双重目标，同时将大大增强中华文明传播力和影响力。

4. 构建普惠便捷的数字社会，提高人民生活品质

构建数字社会，必须坚持以人为本，将保障和改善民生作为核心任务。一个社会是否能让广大人民群众享受到数字化转型带来的红利，是否能不断满足人们对美好生活愈发增长的期望，成为评估数字社会发展成效的关键指标。当前，我国应致力于推动数字公共服务的便捷化、精细化和普及化，以释放数据潜能为突破口，重点关注教育、医疗、养老、儿童抚养、就业等领域，深化数据资源的深度挖掘与智能应用；加快对数字设备进行适老化改造，构建信息无障碍环境，充分发挥信息技术在优化公共服务资源配置上的积极作用。

在数字社会构建过程中，要解决好地区之间、城乡之间、人群之间数字化发展不平衡不充分的问题。应秉持统筹协调的原则，推动智慧城市和数字乡村的发展，加速智慧社区和智慧家庭的建设，确保信息化创新成果与社会发展的深度融合，以满足社会从多层次到个性化的生活需求。

另外，提升全民数字素养和技能亦是关键。通过持续举办面向不同人群的教育培训活动，提高全民的数字化适应力和创新能力，为数字社会的持续发展注入源源不断的活力。高效运用新一代数字技术，为公共安全、城市运行管理、基层治理提供更为精准、智能、高效的支持，显著提高数字社会治理的效能。

通过这样一系列综合措施的实施，我们将能够构建一个既高度发达又温暖人心的数字社会，确保每个人都能享受到技术进步带来的红利，让数字化转型的成果惠及每位公民，让人们共同迈向更加繁荣、公平和包容的未来。

5. 建设绿色智慧的数字生态文明，促进人与自然和谐共生

必须坚定不移地走生态优先、绿色低碳的高质量发展之路。为此，我们迫切需要加快构建一个智慧且高效的生态环境信息化体系，通过生态环境一体化监管保护及智慧治理，推动生态环境管理迈入一个新纪元。这包括强化生态环境数据的收集与分析，充分利用大数据、物联网、空间监测等现代信息技术，不断提升空间规划、环境监测及决策管理的信息化水平。

进一步深化数字化与绿色化的协同转型，深入推动传统产业数字化和绿色化双重转型，发展绿色低碳企业，形成绿色低碳的生产模式，为民众提供更多优质的生态产品。

此外，提升公民在生态治理中的参与度和责任感，是实现人与自然和谐共生的关键。倡导每一位公民采纳绿色生活方式，积极参与到绿色转型的伟大实践中，共同创造一个生态文明、和谐共生的美好未来。

在这场涉及每个人未来的绿色转型之旅中,每一步都需要我们坚持科学、严谨的态度,以创新和智能为指引,勇往直前。通过社会的努力和智慧的集结,我们一定能在绿色低碳发展的道路上越走越远,为后代留下一个更加美丽、繁荣的世界。

二、数字中国建设的发展方向

数字中国建设的发展方向,秉持着协同共进、普惠包容、共治共享及规范化的核心理念,具体如下。

(一)数字产业化和产业数字化发展将协同打造数字经济新优势

数字技术的创新突破正在为传统信息产业注入全新活力,引领它迈向优化与升级的新征程。随着新兴数字产业加速走向成熟,以云计算为核心的数字化平台逐渐崭露头角,成为资源协调和配置不可或缺的关键平台。在数据驱动的浪潮下,平台化运营模式与多个行业的深度融合,催生出更多的新业态和新模式。这些新模式不仅丰富了市场,更为用户带来了前所未有的体验。

在数字技术赋能下,数字化生产正深入到企业运营的核心环节,实现了生产要素和资源之间的互联互通。这不仅促进了生产制造与各种生产性服务的紧密融合,而且为整个产业链带来了革命性的变革。对于传统企业和中小企业而言,重点以数据为驱动、以平台为支撑进行数字化转型,逐步形成产业链高效协同、供应链柔性配置、大中小企业融通的发展格局。

(二)数字社会向普惠化发展,数字生活更具有全民性

数字化极大提高了生活质量,技术革新正改变我们的生活方式。学校、医院等数字化公共服务机构资源将惠及更广泛区域,特别是在养老、抚幼和助残方面,将会推出更便捷的应用程序,简化公民生活。

智慧城市将向大网络、大平台、大数据集成方向发展,注重科技在社会服务中的作用。城市大脑将连接各区县和社区,形成智慧网络,提升信息流通和服务效率。智慧服务圈的兴起意味着数字技术将更深入我们生活的每个角落,从消费到学习、文化等方面,丰富我们的体验,提高公民数字素养。

(三)政府管理和服务模式向数字化演进,构建共治共享的治理新格局

政府将通过整合政务平台和网络体系,提高服务效率和质量。数字化转型扩展到经济、监管、社会治理及突发事件应对等领域,提升数字化治理水平。区块链等数字技术在政府治理、社会治理等方面的应用场景将进一步增加。公共数据全面实现共享开放,跨地区、跨部门、跨层级政务数据流通将取得重大进展,对社会和经济发展有着深远影响。

（四）数据要素市场化将全面推进，数字资产规范化交易进程加快

稳步构筑一个以市场机制为基础的数据生产要素配置体系，旨在明确数据权属、数据定价、按贡献参与分配。随着数据资源产权制度的建立与完善，数据交易、数据流通、数据跨境传输和安全保护等基础制度与标准规范将进一步优化。数据要素流通将推动数字资产市场的合规交易，从而在数字贸易中发挥重要作用，显著提升了数字经济的效益与质量。在这个过程中，数据资产正逐渐变成企业发展的关键竞争力，资产应用正渗透到各行各业之中。同时，央行数字货币研发将愈发成熟，其应用场景也将日渐扩大。

三、数字中国建设的战略重点

数字中国建设的战略重点主要包括以下三个方面。

（一）做强做优做大数字经济

《数字中国建设整体布局规划》指出，培育壮大数字经济核心产业，研究制定推动数字产业高质量发展的措施，打造具有国际竞争力的数字产业集群。推动数字技术和实体经济深度融合，在农业、工业、金融、教育、医疗、交通、能源等重点领域，加快数字技术创新应用。支持数字企业发展壮大，健全大中小企业融通创新工作机制，发挥"绿灯"投资案例引导作用，推动平台企业规范健康发展。

（二）发展高效协同的数字政务

《数字中国建设整体布局规划》指出，加快制度规则创新，完善与数字政务建设相适应的规章制度。强化数字化能力建设，促进信息系统网络互联互通、数据按需共享、业务高效协同。提升数字化服务水平，加快推进"一件事一次办"，推进线上线下融合，加强和规范政务移动互联网应用程序管理。

（三）构建普惠便捷的数字社会

《数字中国建设整体布局规划》指出，促进数字公共服务普惠化，大力实施国家教育数字化战略行动，完善国家智慧教育平台，发展数字健康，规范互联网诊疗和互联网医院发展。推进数字社会治理精准化，深入实施数字乡村发展行动，以数字化赋能乡村产业发展、乡村建设和乡村治理。普及数字生活智能化，打造智慧便民生活圈、新型数字消费业态、面向未来的智能化沉浸式服务体验。

第三节 数字中国建设的发展趋势

数字中国建设的发展趋势围绕数字产业化、产业数字化、数字社会普惠化、数字化治理展开。

数字中国

一、数字产业化与产业数字化

数字经济的发展是我们构筑现代化经济体系的重要基石。2022年，我国数字经济的规模达50.2万亿元，其总量稳居全球第二位（见图1-1）。更值得一提的是，它以10.3%的同比名义增长率显著提升，占我国国内生产总值（GDP）的比重达到41.5%。这一切都标志着我国的数字产业规模正在稳步增长之中，数字技术与实体经济的融合愈加深入，催生出越来越多的新业态与新模式。此外，数字企业正加快提升技术、产品以及服务的创新能力，力求在不断变化的市场环境中培育和发展新动能。

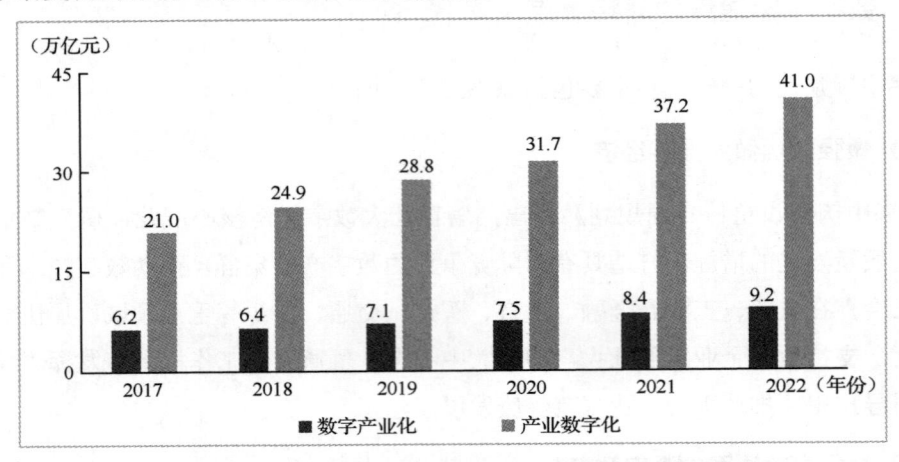

图1-1　2017—2022年我国数字产业化和产业数字化规模

资料来源：中国信息通信研究院.《中国数字经济发展研究报告（2022年）》，2023年。

（一）数字产业化

2021年，国家统计局发布《数字经济及其核心产业统计分类（2021）》（以下简称《数字经济分类》），将数字经济界定为"以数据资源作为关键生产要素、以现代信息网络作为重要载体、以信息通信技术的有效使用作为效率提升和经济结构优化的重要推动力的一系列经济活动"。这一定义不仅清晰阐释了数字经济的本质，也揭示了其广阔的发展前景。

《数字经济分类》从"数字产业化"和"产业数字化"两个方面确定了数字经济的基本范围，将其分为数字产品制造业、数字产品服务业、数字技术应用业、数字要素驱动业、数字化效率提升业五大类。其中，前四大类为数字产业化部分，即数字经济核心产业，是指为产业数字化发展提供数字技术、产品、服务、基础设施和解决方案，以及完全依赖数字技术、数据要素的各类经济活动，是数字经济发展的基础。

2022年，中国的电子信息制造业实现营业收入15.4万亿元，同比增长5.5%。而软件业的收入更是跨过了10万亿元的重要门槛，达到了10.8万亿元，同比增长11.2%。其中，信息技术服务收入达到了70128亿元，同比增长11.7%，占整个行业收入的比重高达64.9%；云计算和大数据服务共实现收入10427亿元，同比增长8.7%，占信息技术服务收入的14.9%；

集成电路设计收入2797亿元，同比增长12.0%；而电子商务平台技术服务收入更是达到了11044亿元，同比增长18.5%。此外，电信业务收入也达到了1.6万亿元，同比增长7.5%。

图1-2展示了中国数字产业化收入、增加值规模及增速的历年变化趋势。这些数据不但见证了我国数字经济快速而稳健的发展步伐，更彰显了我们在全球数字经济竞赛中的强大实力和日益增长的影响力。正如《数字经济分类》所揭示的，依托于科技的不断进步和创新能力的提升，数字经济将为国家的经济发展贡献更多的力量，推动我国经济结构的优化升级，为民众创造更加美好的生活。

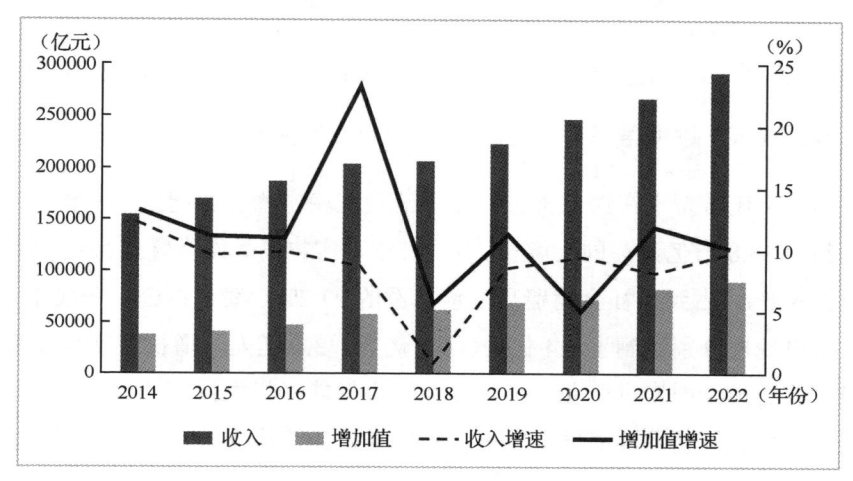

图1-2　2014—2022年中国数字产业化收入、增加值规模及增速

资料来源：中国信息通信研究院.《中国数字经济发展研究报告（2022年）》，2023年。

（二）产业数字化

《数字经济分类》的第五大类属于产业数字化部分，是指应用数字技术和数据资源为传统产业带来的产出增加和效率提升，是数字技术与实体经济的融合，涵盖智慧农业、智能制造、智能交通、智慧物流、数字金融、数字商贸、数字社会、数字政府等数字化应用场景，体现了数字技术已经并将进一步与国民经济各行业产生深度渗透和广泛融合。

在农业方面，数字化正在迅速向全产业链扩展，农业生产的信息化水平超过了25%，诸如智能灌溉、精准施肥、智能温室、产品溯源等新兴模式被广泛推广。基于北斗系统的农机自动驾驶技术也已超过10万台（套），覆盖了从深耕到收割等多个农业生产环节。

在制造业，数字化转型的步伐正在加速。2022年，我国工业企业的关键工序数控化率和数字化研发设计工具普及率分别达到了58.6%和77.0%（见图1-3）；工业互联网的核心产业规模更是突破了1.2万亿元，同比增长15.5%；智能制造应用规模和水平大幅提升，4成以上制造企业进入数字化网络化制造阶段，制造机器人密度跃居全球第五位，智能制造装备产业规模达3万亿元，市场满足率超过50%。

数字中国

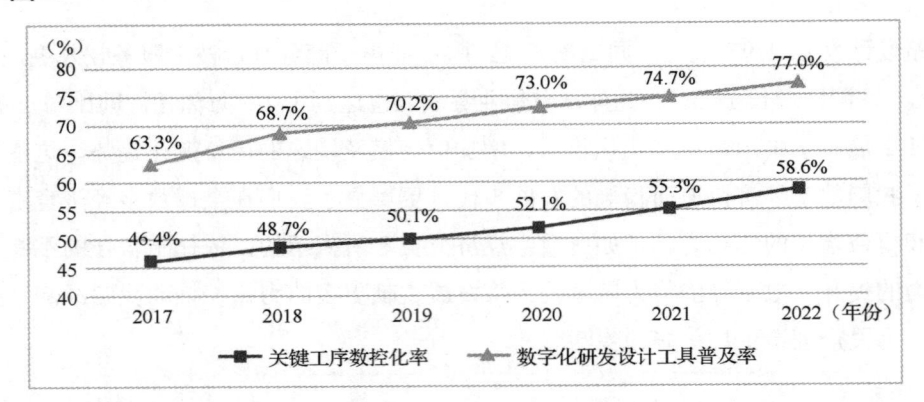

图 1-3 2017—2022 年全国工业企业关键工序数控化率、数字化研发设计工具普及率

资料来源：国家互联网信息办公室.《数字中国发展报告（2022年）》，2023年。

服务业的数字化转型也在深入推进。线上消费在稳定增长中起到了积极作用，全国网上零售额达到了 13.8 万亿元，同比增长 4%。其中，实物商品网上零售额达到了 11.9 万亿元，同比增长 6.2%，占到了社会消费品零售总额的 27.2%。线上办公、在线旅行预订、互联网医疗的用户规模分别达到了 5.4 亿人、4.2 亿人、3.6 亿人，增长速度令人瞩目。

总体来说，通过全面推进产业数字化，我们不仅能够极大提高产业效率，还能为实体经济注入新的活力，推动经济高质量发展。数字技术的深度融合与应用，正是我们面向未来构建数字中国的坚实基础。

二、数字社会普惠化

自 2020 年伊始，国家发展和改革委员会等多部门相继发布《关于支持新业态新模式健康发展　激活消费市场带动扩大就业的意见》《关于深化新一代信息技术与制造业融合发展的指导意见》《关于推进"上云用数赋智"行动　培育新经济发展实施方案》等政策文件，旨在探索数字经济发展的新业态。

随着数字生活的不断进化，大量待探索的细分市场和消费场景开始出现。新技术和新需求的碰撞激发了创新火花，催生了新型消费圈层与模式。数字技术不仅重塑了"衣食住行"等与人们生活紧密相关的方方面面，更重要的是，它实现了对个体生活方式的深度个性化理解，增加了企业与消费者之间的共鸣。

无论是国潮品牌的崛起、中式美食的创新，还是智能家居和新能源汽车的发展，都体现了数字化转型时期企业为响应新生活方式而进行的积极探索。这一系列变革说明，真正驱动消费趋势变化的，是对个体需求的深刻洞察及对新技术应用的敏锐把握。

中国经济正在向数字创新迈进，不仅仅是技术的进步，更关键的是对人的理解和关怀，以及以人为本的创新思维。这不仅为经济发展注入了新的活力，也为我们的日常生活带来了更多的便利和色彩。

三、共享共治的数字化治理

全国各地积极探索并实施"线上+线下"的协调管理模式，北京、天津、浙江等地区的创新措施有效提升了政府服务的覆盖率和效率。国家电子政务外网的覆盖范围持续扩大，实现了全面覆盖，大大提升了行政效率。全国人大代表工作信息化平台的推出和全国各级政协履职应用程序的开发，有效促进了代表和委员的工作和沟通效率。中央纪委国家监委机关的"监督一点通"信息平台，标志性地强化了对基层小微权力的监督。全国法院和检察机关通过数字技术提升了司法公正和工作效率。

自 2012 年以来，我国电子政务发展指数国际排名显著提升，彰显了我国在全球电子政务领域的领先地位。上海在全球城市综合排名中居第 10 名，城市数字化服务达到了国际领先水平。截至 2022 年底，全国一体化政务服务平台实名注册用户超过 10 亿人次，为市场主体和广大民众提供了高效、便捷、标准化的政务服务，有效地解决了办事难、办事慢、办事繁的问题。

第四节　数字中国建设的历史使命与形势挑战

数字中国建设的历史使命，承载着推动国家治理体系和治理能力现代化、促进经济社会全面转型与高质量发展的重大责任。然而，在推进数字中国建设的征途中，我们也面临着诸多形势挑战。本节重点阐述数字中国建设的历史使命及面临的挑战。

一、数字中国建设的历史使命

党的二十大报告指出，要加快建设网络强国、数字中国。建设数字中国是从基本国情出发，实现现代化的必然选择，旨在引领全体人民共享数字化成果。建设数字中国是扎实推动共同富裕的必然要求，通过加强数字技术在社会生活各领域各场景的运用，创造更多岗位，提供更多产品与服务，不断满足人民对美好生活的向往。

自党的十八大以来，以习近平同志为核心的党中央准确把握全球数字化发展趋势，坚持以数字中国建设作为国家数字化发展总体战略。这一系列论述和部署，不仅深化了对数字中国建设的理论认识，也实现了从理论到实践的飞跃，开创了具有中国特色的数字化发展道路。

数字中国建设不仅丰富了中国式现代化的内涵，也为全球经济稳定和发展进程注入了新动力。它标志着中国在和平发展的道路上，正在以数字化转型为契机，为世界经济的稳健前行贡献中国智慧和中国方案。

二、数字中国建设面临的形势挑战

当前，以信息技术为代表的新一轮科技革命与产业变革正以惊人的速度推进，这不仅为转型发展模式、提升人民福祉、丰富精神文化生活、促进绿色化转型、加强国际交流与合作提供了重要契机，而且为加速构建数字中国、推进中国式现代化提供了强大发展动能。与此同时，世界之变、时代之变、历史之变正以前所未有的形式展开，单边主义、保护主义、霸权主义的挑战对世界和平与发展构成持续的威胁，数字中国建设也因此面临日益复杂多变的发展环境。在这样一个关键的历史时刻，我们不仅要坚持创新引领、深化改革开放，更要坚持多边主义精神，才能克服前方的种种挑战，迎接数字时代的辉煌未来。

（一）关键核心技术之争加剧数字产业链动荡局势

在全球范围内，围绕关键核心技术和产业实力的国际竞争愈发激烈。各主要经济体纷纷将目光聚焦于数字技术领域，力求通过加强战略部署来提升本国的创新能力，并在关键产业发展的竞赛中占据主导地位。这一战略转变不仅为全球数字产业的供应链和产业链的发展带来挑战与风险，而且预示着传统的产业格局和供应体系将面临重大调整。

同时，数字领域的国际标准体系和治理规则正处于深刻变革之中。各种传统与非传统安全问题交织在一起，数据的跨境流动、数字主权、数字安全、数字税等议题的观念、制度和规则之争愈发激烈。这不仅增加了国际合作的复杂性，也使得数字领域的国际合作格局面临前所未有的大幅调整。

在这一数字科技的浪潮中，新技术和新应用如雨后春笋般不断涌现，并迎来了新的挑战。从 Web 3.0 到量子计算，从卫星通信到生成式人工智能（AIGC）等，这些代表性的新技术正在加速从研究探索到商业应用的跃迁。这一转变不仅推动了生产和生活方式的根本变革，而且加剧了诸如隐私泄露、技术滥用、价值渗透等科技伦理问题，对社会组织架构、劳动力市场以及治理监管等带来了前所未有的挑战。

然而，从内部来看，数字技术的创新潜能尚待进一步挖掘。关键领域仍面临着核心技术"受制于人"的局面，尚未实现根本性的转变。数字创新体系的整体效能尚显不足，创新资源的分散、重复、低效等问题严重制约了创新成果的转化。同时，数字人才基础相对薄弱，人才缺口巨大，且过于注重引进而忽视了人才的培养。

面对如此复杂而又充满挑战的数字时代，必须加紧脚步，全面加强数字技术的深度探索和创新。只有不断增强自主创新能力，优化创新资源配置，以及重视人才的培养和引进策略，我们才能在这场数字时代的竞争中稳占先机，为国家的长远发展奠定坚实的基础。

（二）数字化发展的系统性、整体性、协同性亟需提升

数字中国建设面临着一系列挑战与机遇。在推进过程中，尚未建立起横向打通与纵向

贯通、高效协调的一体化发展格局。数字基础设施互联互通、共享利用还面临众多堵点难点，数据要素潜力有待充分发挥。同时，数据基础制度和标准体系的不完善，数据质量的不一致性，以及数据的可利用性不足，都是亟需解决的问题。

在数字技术与我国经济、政治、文化、社会及生态文明建设全面、系统融合的进程中，也存在待深化之处。当前，数字技术、数字安全等关键能力未能完全满足新形势新要求，而统筹利用国内国际两个市场、两种资源的数字化发展环境，仍待进一步优化与完善。

（三）数字治理体系有待深度优化

随着网络空间活动的不断深入及其带来的经济与社会组织方式的根本性变革，其深远影响日益显现。在这一转型过程中，数字技术在社会治理方面的运用亟需进一步加深和扩大。目前，公共政策的动态感知、智能化管理以及精准施策的能力尚有较大提升空间。数字治理手段方式相对滞后，传统的"事后管理""多头管理"模式仍未成功转变为更加高效的"过程治理""协同治理"。

此外，构建一个全面包容的数字体系成为当前的一大挑战。数字鸿沟由最初的"接入鸿沟"演变为"能力鸿沟"，城乡间、地区间、领域间、人群间的数字化发展应用差距依然较为明显。特别是在生成式人工智能成为全球焦点的今天，它预示着工作、生活、学习和创新方式的巨大转变，对个人的数字素养和技能提出了更高的要求。因此，数字技能培育体系建设与数字应用适老化、适残化、适农化、简约化改造需要有序有力、双管齐下。

面对这些挑战，我们必须认识到，优化数字治理和弥合数字鸿沟不仅是提升技术层面的问题，更是一个社会进步过程。在这一过程中，我们需要共同努力，确保科技进步惠及每一位社会成员，让数字化时代的红利平等地分配给每个公众，激发全社会的创新活力和社会凝聚力。

第二章

数据要素市场改革与发展

随着新一轮科技革命和产业变革的深入演进，以网络化、数字化、智能化为代表的数字经济，正在不断创造新的供给，激发新的需求，拓展新的发展空间，为经济增长注入新活力。数据作为新型生产要素，对传统生产方式变革具有重大影响。经过不断的实践探索，我国数据要素市场建设取得了显著成效，市场主体和市场环境不断完善，数据要素质量得到大幅提升，但是制约数据要素市场化配置的关键性难题仍有待破解。基于此，本章探索了数据要素市场改革与发展，主要包括以下内容：数据要素理论问题概述、我国数据要素市场培育现状、我国数据要素市场培育障碍和我国培育数据要素市场的未来展望。

第一节 数据要素理论问题概述

2019年10月，党的十九届四中全会首次将"数据"列为一种生产要素。2020年4月，中共中央、国务院发布《关于构建更加完善的要素市场化配置体制机制的意见》，明确将"数据"与土地、劳动力、资本、技术等传统要素并列。本节聚焦数据要素理论问题，明确数据要素的特征和独特属性，归纳数据要素的实现途径，并结合中国实践探索数据要素"三权分置"产权制度理论，以期为数据要素市场化发展提供理论指引。

一、数据要素的特征与独特属性

当前，数据要素已快速融入生产、分配、流通、消费和社会服务管理等各个环节，深刻改变着社会的生产方式、生活方式和社会治理方式。如何理解数据要素的内涵与特性，把握数据要素在数字经济发展中的重要地位，都是值得深入探讨的理论问题。

（一）数据要素的概念与独特属性

数据要素不仅承载着信息的价值，还以其独特的属性成为推动经济社会发展的新动力。因此，充分理解数据要素的相关概念与属性，有利于更有效地挖掘数据价值，推动经济社会的高质量发展。

1. 数据要素的相关概念

在深入探讨数据要素的独特属性之前，需要先对数据要素的相关概念进行系统的梳理和界定，以便为后续分析奠定坚实的理论基础。

1）数据的概念

数字经济的背后实际上是数据经济，甚至可以说"无数据，不经济"，数据是整个数据要素市场最基本的构成元素。计算机科学将数据定义为"对所有输入计算机并被计算机程序处理的符号的总称"。国际数据管理协会（DAMA）对数据给出了相似的定义："数据以文字、数字、图形、图像、声音和视频等格式对事实进行表现。"国际标准化组织（ISO）对以上两种定义进行了进一步概括，认为"数据是对事实、概念或指令的一种形式化表示"。《中华人民共和国数据安全法》认为，"数据是任何以电子或者其他方式对信息的记录。"

根据数据的代表性定义可知：一方面，数据若想为人所用，必须能够被计算机以数字化、可视化的形式呈现出来，这是数据必备的外在形态；另一方面，数据之所以有价值，是因为其承载着某些客观事实，这是数据的内在实质。因此，本书认为，数据是指所有能够输入计算机程序处理、反映客观事实、具有实际意义的符号介质的总称。

2）数据资源和数据资产

数据资源和数据资产都是数据汇聚产生的结果，数据资源是数据的自然维度，数据资产是数据的经济维度，两个概念相互补充、有机融合。

数据资源是载荷或记录信息的按一定规则排列组合的物理符号的集合。它可以是数字、文字、图像，也可以是计算机代码的集合。数据资产从本质上来讲是产权的概念，是指由个人或企业拥有或者控制的，能够为个人或企业带来经济利益的、以物理或电子的方式记录的数据资源。2024年以来，数据资产入表进入快车道，全国实现数据资产入表的案例迅速增加，数据资产的重要性日益重要，但如何更好地使数据资产"入表"，还存在一些待解决的问题。

3）数据要素和数据要素市场

生产要素主要包含土地、资本、技术、劳动力和数据。数据作为新型生产要素，具有劳动工具和劳动对象的双重属性。首先，数据作为劳动对象，经过采集、加工、存储、流通、分析等环节，具备了价值和使用价值；其次，数据作为劳动工具，通过融合应用能够提升生产效能，促进生产力发展。因此，数据要素是一个经济学术语，指参与到社会生产经营活动中，为所有者或使用者带来经济效益的数据资源，是数字经济发展的基础和关键资源。

数据要素市场是将尚未完全由市场配置的数据要素转向由市场配置的动态过程，其目的是形成以市场作为根本的调配机制，实现数据流动的价值或者使数据在流动中产生价值。数据要素市场化配置是一种结果，而不是手段。数据要素市场化配置建立在明确的数据产权、交易机制、定价机制、分配机制、监管机制、法律法规等保障制度的基础上。

未来数据要素市场的发展,需要不断动态调整以上保障制度,最终形成数据要素的市场化配置。

2. 数据要素的独特属性

与土地、劳动、资本、技术等传统生产要素相比,数据要素具有独特性。数据作为独特的技术产物,具有虚拟性、低成本复制性和主体多元性。这些技术特性影响着数据在经济活动中的性质,使数据具备了非竞争性、潜在的非排他性和异质性。数据的以上特性使得与传统生产要素相配套的规则体系、生态系统等难以直接沿用。

1) 数据要素的技术属性

一是数据要素具有虚拟性。数据是一种存在于数字空间中的虚拟资源。土地、劳动力等传统生产要素都是看得见、摸得着的物理存在,与数据要素的虚拟性形成鲜明对比。二是数据要素具有低成本复制性。数据作为数字空间的重要要素,表现为数据库中的一条条记录,而数据库技术和互联网技术又能使数据在数字空间中发生实实在在的转移,以相对较低的成本无限复制自身。三是数据要素具有主体多元性。数字空间中的每条数据可能记录了不同用户的信息,数据集的采集和汇聚规则又是由数据收集者设定的,用户、收集者等主体间存在复杂的关系。同时,每家企业、每个项目都可能对所用的数据资源进行一定程度的加工,每次增、删、改的操作都是对数据集的改变,因而这些加工者也是数据构建的参与主体。

2) 数据要素的经济属性

一是数据要素具有非竞争性。得益于数据能够被低成本复制,同一组数据可以同时被多个主体使用,一个额外的使用者不会减少其他现存数据使用者的使用,也不会产生数据量和质的损耗。非竞争性为数据带来更普遍的使用效益与更大的潜在经济价值。二是数据要素具有潜在的非排他性。数据要素拥有者为保护个人的数字劳动成果,会采用高成本的人为或技术手段控制数据的流通。因此,在实践中数据具有部分的排他性。然而,一旦数据拥有者主动放弃控制或控制数据的手段被攻破,数据就失去了排他性。三是数据要素具有异质性。相同数据对不同使用者和不同应用场景的价值不同,一个高价值领域的数据对另一领域的企业来说可能并不重要。

(二) 数据要素为数字经济发展提供了不可或缺的动力支持

随着数据量井喷式增长、数据产业规模持续扩张、数据技术产品不断创新发展及数据引发管理模式变革,数据要素已成为数字经济发展过程中不可或缺的动力。

1. 数据量井喷式增长

根据国际数据公司(IDC)预测,2025 年全球数据量将达到 163ZB。随着数据量的指数级增长,数据分析算法和技术不断迭代更新,数据创新应用和产业优化升级不断发展,数据对社会变革的影响更加深远。根据第 53 次《中国互联网络发展状况统计报告》,截至

2023年底，中国累计建成5G基站337.7万个，同比增长46.1%；网民规模达10.92亿人，互联网普及率达77.5%；算力基础设施综合水平稳居全球第二位，算力总规模超过230EFLOPS，越来越多的城市成为"双千兆城市"，不断打通数字经济发展"大动脉"。

2. 数据产业规模持续扩张

一方面，产业数字化转型更加深入。2023年，中国制造业重点领域数字化水平加快提升，关键工序数控化率、数字化研发设计工具普及率分别达到62.2%和79.6%。另一方面，服务业新业态更加活跃。2023年，中国网上零售额15.42万亿元，同比增长11%；移动支付普及率达到86%，居全球第一；中国市场手机总体出货量累计2.89亿部，同比增长6.5%；新型显示产业产能规模位居全球第一。以数字化、网络化、智能化等技术为主要代表的沉浸旅游成为新的消费增长点，截至2023年底，在线旅行预订的用户规模达5.09亿人，扩大消费新动能更加强劲。"数商兴农"成效显著，全年农村网络零售额达到2.49万亿元。

3. 数据技术产品不断创新发展

当前，数据底层技术框架日趋成熟，数据技术产品不断分层细化，覆盖数据存储、计算、分析、集成、管理、运维等各个方面的技术有了长足进步。以大数据和数据技术为基础发展起来的物联网、人工智能、区块链等新技术对社会发展产生颠覆影响。截至2023年底，中国具备行业、区域影响力的工业互联网平台超过340个，工业设备连接数超过9600万台（套），建设5G工厂300家，有力地推动了制造业降本增效，为新型工业化发展奠定了坚实基础。

4. 数据引发管理模式变革

数据应用帮助政府实现科学高效决策，提升公共服务质量和水平，为解决交通安全、医疗卫生、社会治安等公共问题提供了更加精细和高效的方法。我国数字政府建设从"一网通办""一网通管""一网协同"，到高效办成一件事，在线公共服务更加便捷可及，智慧出行、智慧医疗等的发展不断提高了人民群众幸福感。

二、数据要素的价值实现

激活数据要素的最终目的是以多元化、创新性的方式投入生产，为经济社会创造更高的价值。随着信息技术的进步和产业结构的演变，数据要素投入生产的方式可以归纳为三次价值释放阶段，如图2-1所示。

（一）一次价值：数据支撑业务贯通

数据要素投入生产的一次价值释放体现在支撑政府、企业或其他主体的业务系统运行，实现业务之间的贯通。首先，不同业务系统通过其系统功能生成数据，这些数据随后被业务系统规范处理，实现了数据的标准化，并逐步累积成为可用资源。其次，这些数据也是业务系统流畅运作的基石，数据通过计算机的处理实现了业务的标准化、自动化管理及操作。最后，达到一定标准化水平的数据具备了通用性，数据贯通了线下与线上的界限，以及业务流程间的界限，甚至具有贯通组织内部业务领域间的界限的能力。

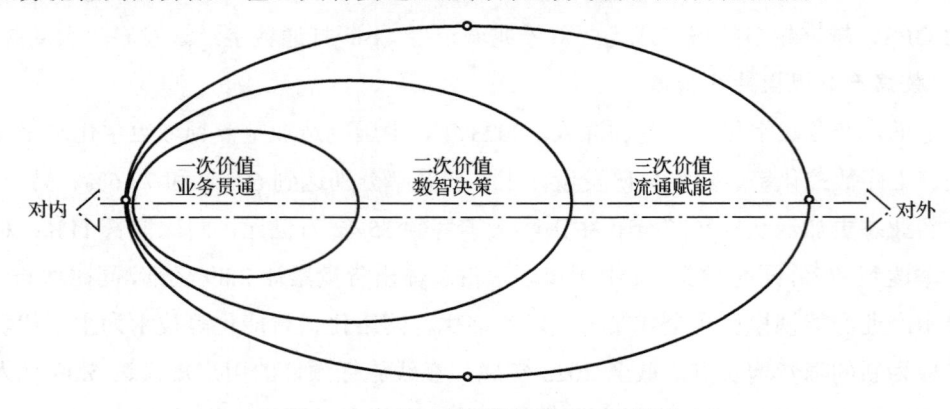

图 2-1 数据要素价值释放的三个阶段

资料来源：中国信息通信研究院.《数据要素白皮书（2022 年）》，2023 年。

在这个过程中，数据主要以业务系统为单元进行集中生成和存储，相应的数据管理活动主要围绕着增加、删除、修改、查询、对齐及合并基本数据库而展开，重点放在优化特定业务领域的流程和确保业务数据的贯通性上。即便在这一阶段数据未能实现深层次的整合和分析，但是无论是在开发系统中积累数据，还是通过数据规范化业务流程，抑或是利用数据串联不同的业务环节，都是数据生态中极为关键的生产性活动，为创造价值做出了贡献。因此，有效地利用数据的一次价值，是实现数字化转型和提升组织的运营管理效率的第一步。

为了实现数据的一次价值释放，需要推动业务数字化及各类信息系统建设。这一阶段，各主体所拥有的数据类型相对单一，技术门槛相对较低，重点在于深入挖掘自身的业务需求，明确业务数字化的具体方向，为进一步挖掘数据的生产要素价值奠定重要基础。

案例 2-1　上海深入推进"一网通办""一网统管"打造城市治理现代化新范式

近年来，我国全面开展电子政务建设，各级政府业务信息系统建设和应用成效显著。业务数字化的方式实现了数据在系统中的有效运转和贯通，公共服务水平得到全面提升，"最多跑一次""一网通办""一网统管"等创新实践不断涌现，为数字政府建设奠定了基础。特别地，上海以"一网通办""一网统管"建设作为牵引治理体系和治理能力现代化的"牛鼻子"，形成了城市治理数字化赋能的新范式。

上海是中国最大的经济中心城市，常住人口近 2500 万人，市场主体超 300 万家。为加快城市治理系统转型升级，上海以三大市级项目措施作为重要抓手。首先，上海"一网通办"平台通过深化"放管服"改革，优化营商环境，为企业、群众打造政务服务全覆盖、线上线下双同步的一站式服务体系。该平台入选了联合国全球电子政务经典案例。近年来，上海在全国政务服务能力评估中均名列前茅。其次，上海"一网统管"系统通过运用大数据相关技术力求精准发现问题、研判形势、预防风险，为治理现代化注入强大动能。该系统潜心打造平战一体、双向协同的"1+16+16+215"融合指挥体系，其中包括1个市级指挥平台、16个市级专项指挥平台、16个区级指挥平台和215个街镇指挥平台，在78个部门和1398个应用的加持下，显著提升了城市运行管理效率。最后，上海AI+政务服务应用依托趋势智能研判、资源统筹调度和人机协同决策，推动政务服务调整优化。通过加强安全隐私保护标准和数字技术应用的潜在风险评估与防范机制，建立健全了城市治理现代化数字规则管理体系。

总体来说，上海通过数据归集、治理、应用与监管，助力城市治理体系转型升级，发挥了数据的基础资源与创新引擎作用，牢牢抓住了治理体系数字化建设；通过推进公共数据开发利用，实现高效率流动、高质量供给，并推动数字化工具和数据服务向基层延伸应用，实现高标准赋能。

（二）二次价值：数据推动数智决策

数据要素投入生产的二次价值释放体现在通过加工、处理和分析数据，揭示出数据之间更深层次的关系和规律，使生产、经营、服务、治理等环节的决策更加智能化和精准化，进而实现经营分析与决策的全局优化。一方面，组织内决策层通过对众多数据的有效管理和深入分析，采用"用数据说话、用数据决策"的方式，利用数据揭示的核心指标和信息来评估发展动态，及时有效地识别并应对潜在风险，同时开辟创新行动计划。另一方面，数据分析的功能已被深度集成到业务系统之中，与业务流程紧密融合，即时的数据挖掘、分类、预测、聚类将给公司业务赋予智能化的价值。

数据要素二次价值释放的关键在于数据提供独特的观察视角，推动决策的智能化。这里的决策不仅涉及人的主观选择和判断，也涵盖了机器的智能化分析与推断。为了激活数据要素的潜在二次价值，各组织应当积极地增强对数据重要性的认识，提高挖掘数据的技术能力，借助人工智能等前沿技术的支持，打造一个能够自动化、智能化地搜集、处理并执行数据操作的新生产体系，从而去除人类认知中的误差和偏见，并在竞争激烈的市场中充分发挥数据的核心竞争力。战略决策者应当结合对业务目标的深入理解与海量数据挖掘所获得的信息，做出更加明智的决策。执行层能够充分利用数据分析结果，通过智能的链接和图谱分析等手段做出更高效的决策，并让机器识别出关键的函数、标签和画像，实现预测和分析的自动化，从而使得数据的二次价值能够进一步回馈一次价值，让整个业务流程运转得更加智能化。

案例 2-2　山东省农村信用社联合社建设智慧营销服务平台

农商银行以电子文档及线下等传统方式采集积累了大量的客户信息，数据分析与应用主要以人工管理为主，数据的利用效果欠佳，使用场景较为单一，面临着信息不对称、营销模式陈旧及营销决策依赖传统经验等问题，缺乏针对性、系统性、高效性的客户营销手段，难以满足客户多样化和专业化的需求。随着数字经济的不断发展，各大银行也在寻求数字化转型，通过充分整合中小企业的经营数据，挖掘更准确的企业客户画像与信用评分，用来评估中小企业贷款风险，降低中小企业融资成本。

山东省农村信用社联合社依托大数据、人工智能等新兴技术，于2020年6月启动了基于大数据技术的智慧营销服务平台项目建设。平台自推广使用以来，从根本上解决了全省农商银行的营销痛点，为强化营销人员管理、深耕零售客户营销提供了有力的科技保障，提升了全省农商银行营销管理的科学性和精细化水平，促进了各项资产、信贷业务快速发展，提高了"三农"和社区服务能力，增强了全省农商银行核心竞争力。

该平台的具体做法如下。一是以"机器算法+模型+数据"为支撑，全面整合行业内外数据，在全方位客户画像的基础上，实现客户360度全景视图、关联关系图谱及分级分层分群，为产品推介、评级授信和风险监测提供数据支撑。二是以数据为驱动，将人工智能技术和专家判断相结合，利用机器学习算法，构建营销场景模型，为客户精确匹配产品、渠道，为营销人员推荐合适的营销方式和营销时机。三是依托系统积累的数据，给予营销人员有关风险预警信息的提示，包括业务到期、客户流失等，将风险防控关口进一步前移，通过提前采取压降措施，降低金融风险，增强银行核心竞争力。

（三）三次价值：数据流通对外赋能

数据要素投入生产的三次价值释放体现在让数据流动到更需要的地方，让不同来源的优质数据在新的业务需求和场景中汇聚融合，实现双赢、多赢的价值利用。例如，利用来自法院的企业判决数据、来自银行的信用数据等精准描绘企业画像，或利用来自电网的用电数据、来自电商平台的消费数据、来自物流公司的物流数据等提供宏观经济度量等。

流通赋能是数据要素价值飞跃的重要驱动力。一方面，数据具有规模报酬递增效应，大规模、多维度的数据融合汇聚创造的价值倍增。在金融、物流、通信、汽车等众多领域，各类业务均可被多方来源的数据赋能，将自有数据与外部数据进行充分融合，可以实现数据应用价值的最大化。因此，随着各组织不断挖掘数据要素投入生产的一次价值和二次价值，其对于数据的需求已经超越了自身产生的数据规模。另一方面，目前数据资源在很大程度上被少数实体控制，出现了数据资源分布不均、结构失衡等问题。数据的低成本复制特性意味着，在不增加过多额外成本的前提下，可以实现更广泛、更大规模的数据利用，这不仅能够为生产和运营带来更高的效率和超额利润，还可能带来更广泛的社会福利。

数据要素投入生产的三次价值释放的关键在于培育数据要素市场。一方面，各组织应当有效地管理其数据资源，增强高品质数据的供应能力，并明确对外部数据的需求，积极探索合作机会。另一方面，在培育数据要素市场时，需要在确保数据安全和保护隐私的基础上，遵循数据自由流通和普遍受益的原则，进行合理的激励和规范，形成有效支持数据价值完全释放的合力。通过数据要素市场实现数据供需双方高效规范匹配，不断推动市场规模的扩大，创造新的经济增长点，从而实现在多样化应用场景中持续释放数据要素的商业价值、经济价值和社会价值。

案例 2-3　北京市创新"政府监管+企业运营"的公共数据市场化应用模式

为推动北京市公共数据在金融与社会领域的应用，北京市经济和信息化局实施"政府监管+企业运营"的公共数据市场化应用模式，利用金融业覆盖领域广、数据需求大、应用场景多等优势，授权北京金融控股集团有限公司所属北京金融大数据公司（下文均简称"北京金融大数据公司"）建设金融公共数据专区，并承接公共数据亟需、特需的工商、司法、税务、社保、公积金、不动产等多维数据 30 亿余条，覆盖 14 个部门机构、260 余万个市场主体，实现按日、按周、按月稳步更新，公共数据汇聚质量和更新效率均处于全国领先水平，实现全国首个公共数据授权运营模式落地。

北京金融大数据公司建立了涵盖系统运维、资产管理、数据管理、合规管理等 38 项制度在内的数据安全管理制度体系。在此基础上，一方面，建成数据集成开发平台，建立敏感数据输出的脱敏规则和主体授权机制，确保数据安全合规输出；另一方面，创新发展了数字普惠服务，推出了京云企业征信平台，突破传统征信服务的数源局限，引入专区汇聚的税务、社保、公积金等高价值公共数据，大幅提升了企业信用数据的丰富性和全面性。此外，北京金融大数据公司利用区块链等技术建立大数据资源管理系统，实现政务数据全流程留痕管理，提升数据标准化服务水平。

三、数据要素"三权分置"的产权制度理论

数据作为数字经济的第一生产要素，其权属问题不仅影响数据流通，也会影响数字经济高质量发展。基于此，2022 年 12 月 2 日，中共中央、国务院印发的《关于构建数据基础制度更好发挥数据要素作用的意见》（下文均简称《数据二十条》），成为我国数字中国和数据要素市场建设的纲领性文件。《数据二十条》创设性地提出数据资源持有权、数据加工使用权、数据产品经营权"三权分置"的产权制度，为破解数据高效合规流通提供了

理论指引。本部分将从数据要素权利配置的特点和数据流通的复杂性来阐述构建数据要素产权制度的必要性和"三权分置"数据产权观念的创新性。

（一）构建数据要素产权制度的必要性

构建数据要素产权制度的必要性主要体现在以下三个方面：一是新型数据要素产权制度是构建数据基础制度的基石和核心；二是数据所有权思路阻碍数据要素真正高效流通；三是数据所有权应与数据标的特征和应用场景相适应。

1. 新型数据要素产权制度是构建数据基础制度的基石和核心

数据作为新型生产要素，具有无形性、非消耗性、可复制性等特点，对传统产权、流通、分配、治理等制度提出了新挑战，亟需构建与数字生产力发展相适应的新型生产关系。当前，我国数据流通仍处于发展初期和市场培育阶段，其核心任务是构建数据要素基础制度，这对于充分释放数据要素的价值、激活数据要素潜能具有重大意义。但是，当前清晰合理的数据要素产权制度缺位，不仅使得大量潜在数据供给方不敢或不愿进场交易，还容易导致手握海量数据实际控制权的互联网公司野蛮生长、数据滥用和算法歧视等问题日益严重，最终培育数据要素市场的难度日益增大。

2. 数据所有权思路阻碍数据要素真正高效流通

传统生产要素的权益配置建立在绝对排他的所有权基础之上，但是相较于土地、劳动力等传统生产要素来说，数据要素无法通过排他性来建立产权配置体系。就生产过程而言，数据要素往往是多方主体围绕网络平台共同参与、协作生产的结果，其中不仅包含了原始数据主体的信息内容，更是融合了平台企业主体在其中所投入的资本和技术等要素。这意味着数据要素承载了多方主体的不同合法权益，呈现出典型的"权利束"状态，数据产权制度的构建无法以基于传统要素特点的"所有权"制度为基础。因此，数据产权制度的构建应弱化数据权属争议，核心任务在于确认各个参与主体在数据价值链上分别主张的数据权益，且必须保证这些数据权益之间的相容性。

3. 数据所有权应与数据标的特征和应用场景相适应

在数据价值开发利用过程中，真正参与全流程的数据往往已经不是原始数据，而是经过加工后的衍生数据，其个人可识别性或企业敏感性已相对弱化，对侵害个人或企业主体权益的风险已经非常低或可通过各种机制被有效管理。在讨论数据的权属关系时，脱离了数据的形态、敏感程度属性及具体应用场景是无意义的，应该根据数据的种类、数据的风险级别在具体应用场景中进行讨论。数据资源持有方能否就数据开发利用等权利进行授权显得至关重要，而权利流通起来才能实现数据要素的真正流通。

（二）"三权分置"数据产权观念的创新性

《数据二十条》构建了数据产权、数据流通和交易、数据要素收益分配、数据要素治理四个方面的制度框架，提出了 20 条政策举措，可以说为推动数据在更大范围内有序流动和合理集聚、进一步促进数据价值转化应用指明了方向。《数据二十条》提出的数据资源持有权、数据加工使用权、数据产品经营权"三权分置"的产权制度，是对数字经济时代围绕数据要素应有的生产关系进行的一次体系重构。

1. "三权分置"产权制度是促进数据要素流通的现实路径

《数据二十条》创新性地提出构建"数据产权结构性分置制度"，即在关于数据权属的建构上淡化甚至放弃了"所有权"概念。《数据十二条》初步提出了数据资源持有权、数据加工使用权和数据产品经营权。值得注意的是，《数据二十条》并没有穷尽列举所有的权利，数据产权还可以在这三种权利以外进行扩展。其中，数据资源持有权是对应"所有权"而提出的一项新型权利，数据处理者有权依照法律规定或合同约定自主管理所取得的数据资源；数据加工使用权和数据产品经营权则是在数据资源持有权基础上衍生出的权利种类，它们是可对外授权的价值链后端的权利。结构性分置的数据产权制度将大大解放数字生产力，促进数据真正释放其价值。

2. "三权分置"产权制度促进了数据产业领域的专业化分工

"三权分置"产权制度鼓励将数据的加工挖掘和产品经营交由更专业的机构来开展，保护参与主体对数据的合法持有、加工和经营，促进数据精细化加工，推动数据产品专业化经营，这将加速数据价值的充分释放和数据要素市场的建立。《数据二十条》明确提出，培育一批数据商和第三方专业服务机构，为数据交易双方提供数据产品开发、发布、承销和数据资产的合规化、标准化、增值化服务。"三权分置"的制度设计有利于孕育数据流通环节中的专业第三方服务机构，包括数据加工服务商、数据技术提供商、数据中介、数据经纪人、数据产品和服务提供商等，从而营造更健康的数据交易服务生态。

3. 落实"三权分置"产权制度的前提是数据分类分级管理制度及数据流通交易场景化的负面清单

《数据二十条》提出，要加强数据分类分级管理，把该管的管住、该放的放开，推进数据分类分级确权授权使用和市场化流通交易。当前，"一刀切"的数据治理方式已不能满足市场对数据要素生产的需求。无论是公共数据、企业数据还是个人数据，推行分类分级管理制度，形成梯度化的管控力度，才是促进数据高效流通和释放数字生产力的科学路径。当前，政府和企业层面都在加快推进数据分类分级管理制度，已基本形成一般数据、重要数据、个人信息等分类分级标准。法律法规已对个人信息、重要数据的流通设定了基本原则要求。未来，应制定数据流通和交易的负面清单，进一步明晰数据流通的监管红线。

第二节　我国数据要素市场培育现状

当前，在国家政策引领、地方试点推进、企业主体创新、关键技术创新等多方合力作用下，我国数据要素市场不断进行探索和创新，"十四五"期间数据要素市场整体将进入群体性突破的快速发展阶段。

一、数据要素市场政策布局与实践：顶层设计与配套措施

《数据二十条》颁布之后，我国数据要素市场改革明显提速。地方政府根据自身基础和特点，在以数字中国建设和综合性数据要素制度体系为代表的顶层设计方面，以及以国家数据基础设施、数据产业与数商发展、数据安全体系等为代表的配套措施方面，开展了积极探索实践。

（一）顶层设计政策布局与实践

数据要素市场的顶层设计政策布局与实践主要包括数字中国建设制度的政策布局和综合性数据要素制度的政策布局。

1. 数字中国建设制度的政策布局

数字中国建设是数据要素化发展的最终目标。在国家层面，2022年以来中央发布了一系列文件，其中包括《"十四五"数字经济发展规划》《关于推进实施国家文化数字化战略的意见》《国务院关于加强数字政府建设的指导意见》《全国一体化政务大数据体系建设指南》《数字中国建设整体布局规划》《数字经济促进共同富裕实施方案》，在数字经济、数字文化、数字政府、数字中国等方面作出顶层设计，指明了进一步发展的方向。在地方层面，许多地方政府制定出台了数字省域的综合制度，部分地方政府制定了数字经济、数字政府、智慧城市、数字文化、数字社会等领域的专项制度。

2. 综合性数据要素制度的政策布局

当前，我国经济社会正处于数字化与数据要素化两个阶段相互交错发展阶段，数字化已日臻成熟，而数据要素化正在快速发育。在国家和地方层面上已形成一批综合性数据要素制度。

在国家层面，2015年8月31日国务院印发的《促进大数据发展行动纲要》，提出了加快政府数据开放共享、推动产业创新发展、强化安全保障三项任务，是我国第一部综合性数据要素制度。2020年3月30日印发的《中共中央 国务院关于构建更加完善的要素市场化配置体制机制的意见》，首次确定了数据要素作为新型生产要素的地位。2021年12月21日，国务院办公厅发布《要素市场化配置综合改革试点总体方案》。2022年12月2日印发的《数据二十条》，首次提出了数据产权、流通交易、收益分配、安全治理等方面的数据要素基础制度，奠定了我国数据要素制度的"四梁八柱"。在地方层面，各地政府在综合性数据要素制度建设方面，主要通过制定出台条例、数据要素方案等形式，开展了许多积极探索。

（二）配套措施政策布局与实践

数据要素市场的配套措施政策布局与实践主要包括数据基础设施制度、数据技术和产业发展制度、数据安全制度三方面的政策布局。

1. 数据基础设施制度的政策布局

随着经济社会从信息化阶段进入数字化阶段，进而迈入数据要素化新时代，作为承载经济社会发展载体的基础设施也从信息基础设施升级到数字基础设施，如今正在形成数据基础设施。中央和地方政府在数字基础设施方面已制定较为系统的纲要和规划，但在数据基础设施方面仍未达成共识。

在国家层面，2016年9月5日国务院发布的《政务信息资源共享管理暂行办法》明确提出国家政务信息资源共享平台是国家关键信息基础设施。中共中央办公厅、国务院办公厅发布的《国家信息化发展战略纲要》提出，"要加快构建陆地、海洋、天空、太空立体覆盖的国家信息基础设施。" 2021年3月12日由全国人大审议通过发布的《中华人民共和国国民经济和社会发展第十四个五年规划和2035年远景目标纲要》首次提出新型基础设施的概念。2022年1月12日国务院发布的《"十四五"数字经济发展规划》首次提出数字基础设施的概念。2022年9月13日国务院办公厅印发的《全国一体化政务大数据体系建设指南》指出，包括国家电子政务外网、政务云、全国一体化政务数据共享枢纽、全国一体化政务服务平台、国家数据共享交换平台等模块的政务数据基础设施基本建成。2023年12月25日，国家发展改革委等部门发布《关于深入实施"东数西算"工程加快构建全国一体化算力网的实施意见》，逐步构建起国家数据基础设施制度体系。

在地方层面，部分地方政府将数据基础设施相关规范体现在数字省域、数字经济、数字政府等综合性制度中；还有一些地方政府根据自身特点分别制定出台了新型基础设施、数字基础设施和信息基础设施发展规划、行动方案、条例、指导意见等专项制度，主要包括上海市、浙江省、山东省、贵州省、海南省、安徽省和重庆市等省市。

2. 数据技术和产业发展制度的政策布局

由于当前经济社会正处于从数字化发展向数据要素化发展的转型期，作为数据要素化新阶段的主导产业，数据产业的发展规划还未在全社会达成共识。无论是国家层面还是地方层面，都未形成体系性的数据产业和数商发展政策和制度。

在国家层面，2016年12月18日工业和信息化部发布的《大数据产业发展规划（2016—2020年）》是我国第一部数据产业专项规划。2022年1月12日国务院发布的《"十四五"数字经济发展规划》，专门论述了"加快推动数字产业化"，包括增强关键技术创新能力、提升核心产业竞争力、加快培育新业态新模式、营造繁荣有序的产业创新生态等。2023年2月中共中央、国务院发布的《数字中国建设整体布局规划》提出"做强做优做大数字经济"。2023年12月31日国家数据局等17部门联合印布的《"数据要素×"三年行动计划

（2024—2026年）》中首次提出"数据产业"概念，并提出"数据产业每年增长20%"的发展目标。

在地方层面，地方政府将促进数据产业发展作为数据要素化的核心任务，出台了一系列法律政策，促进当地数据产业发展。具有代表性的省市包括浙江省、上海市、北京市、广东省、深圳市、天津市、贵州省、福建省、海南省、安徽省和吉林省。

3. 数据安全制度的政策布局

数据安全是数据要素化的保障，数据要素化必须建立在安全可信基础上，应在数据要素全生命周期各环节确保数据的安全可信。

在国家层面，我国已制定出台了《中华人民共和国数据安全法》《中华人民共和国网络安全法》《中华人民共和国个人信息保护法》《关键信息基础设施保护条例》（简称"三法一例"）等法律法规，建立了较完善的数据安全法律制度体系。

在地方层面，由于国家层面已制定了"三法一例"等法律法规，因此大多数地方都直接沿用和遵循国家相关法律，只有个别省份制定了省级数据安全相关规范、条例和办法，主要包括《上海市政务数据分级与安全保护规范》《贵州省大数据安全保障条例》《天津市数据安全管理办法（暂行）》《广西政务数据安全管理办法》等。

二、数据要素市场政策布局与实践：数据流通

数据开放、数据共享和数据交易是公共数据流通的三种主要方式（见表2-1）。其中，数据开放是指政府和公共事业部门对社会公众免费提供公共数据；数据共享是指政府部门内部的公共数据免费共享；数据交易是指引入市场化机制将本来不能向社会公开的公共数据，通过隐私技术加工成数据产品或服务，向社会有偿开放。

表2-1 数据要素市场的流通模式及主要特点

流通模式	主要特点
数据开放	供给方无偿提供数据；需求方免费获取数据；无货币参与
数据共享	共同作为供给方和需求方；互相提供数据；无货币参与
数据交易	供给方有偿提供数据；需求方支付获取费用；货币作为媒介

（一）数据开放：以公共数据为主的开放持续推进

在数据开放中，以公共数据为主的开放持续推进。本部分将明晰数据开放的概念和特征，并在此基础上梳理公共数据开发开放的政策布局。

1. 数据开放的概念和特征

数据开放是供给方无偿提供数据，需求方免费获取数据，没有货币媒介参与的数据单向流通形式。由于数据供给方无法通过开放直接获得收益，因此开放的对象往往是公共数据。公共数据是指国家机关和法律、行政法规授权的具有管理公共事务职能的组织在履行

公共管理职责或提供公共服务过程中收集、产生的各类数据，以及其他组织在提供公共服务中收集、产生的涉及公共利益的各类数据。一般而言，公共数据被认为归国家或全民所有，管理、开放等职责由政府或其他公共机构代为行使。由于其公共性，去除个人敏感信息、企业商业秘密、国家秘密之后，公共数据向社会开放可以向社会回馈其自身拥有的高价值。建立公共数据开发开放平台是各地政府推进数据开放的主要手段。

2. 公共数据开发开放的政策布局

我国公共数据资源开发开放经历了信息资源开发利用、信息公开、全国一体化政务大数据体系建设、政务信息资源共享开放等不同发展阶段，中央到地方出台了关于政府数据和公共数据共享、开发、开放、管理等的一系列文件。

在国家层面，2002年8月中共中央办公厅、国务院办公厅转发的《国家信息化领导小组关于我国电子政务建设指导意见》首次提出"规划和开发重要政务信息资源"，开启了我国政务信息资源开发利用的序幕。2004年12月13日中共中央办公厅、国务院办公厅发布了《关于加强信息资源开发利用工作的若干意见》，成为我国第一个信息资源开发利用的纲领性文件。2006年12月国务院办公厅发布的《关于政府网站建设和管理工作的意见》将政府信息公开作为政府网站建设和评估的主要内容。2007年4月5日国务院发布的《中华人民共和国政府信息公开条例》，将政府信息公开纳入法律规范之下，后于2019年4月3日进行修订。2016年中共中央办公厅、国务院办公厅发布的《国家信息化发展战略纲要》提出"开发信息资源，释放数字红利"，包括加强信息资源规划、建设和管理，提高信息资源利用水平等。2022年6月6日国务院发布的《国务院关于加强数字政府建设的指导意见》明确提出"构建开放共享的数据资源体系"。2023年2月中共中央、国务院发布的《数字中国建设整体布局规划》提出"畅通数据资源大循环"。在中央政策文件指引下，各地根据自身实际情况，出台了一系列公共数据、政务信息共享开放的办法、指南、实施细则、管理规定、建设方案、条例。

（二）数据共享：政府参与的数据共享趋势加强

在数据共享中，政府参与的数据共享趋势加强。本部分将明晰数据共享的概念和特征，并在此基础上梳理公共数据授权运营的政策布局。

1. 数据共享的概念和特征

数据共享是数据的供给方和需求方互为供需双方，相互提供数据，没有货币媒介参与的数据双向流通形式。根据共享主体的不同，数据共享可分为政府间共享、政企之间共享、企业之间共享等形式。在政府间共享方面，共享工作持续推进，国家数据共享交换平台进一步完善。在政企之间共享方面，共享逐渐形成趋势。在企业之间共享方面，共享以供需合作需求为牵引，多发生于同一生态内企业和产业链上下游企业之间，主要通过点对点协商约定方式相互提供数据，这种内部协商模式导致数据共享情况整体处于黑箱状态，具体共享方式、开发利用方式相对不透明。

2. 公共数据授权运营的政策布局

在国家层面,《"十四五"数字经济发展规划》部署了"创新数据要素开发利用机制"的重点任务,首次在国家层面上提出"对具有经济和社会价值、允许加工利用的政务数据和公共数据,通过数据开放、特许开发、授权应用等方式,鼓励更多社会力量进行增值开发利用"。《数据二十条》明确提出,对各级党政机关、企事业单位依法履职或提供公共服务过程中产生的公共数据,加强汇聚共享和开放开发,强化统筹授权使用和管理。自此,授权运营正式成为国家认可的,以及与共享、开放并列的三种公共数据开发利用方式之一。

在地方层面,我国公共数据授权运营最早起源于成都市。早在 2018 年 6 月,成都市就制定并发布了《成都市公共数据管理应用规定》;2020 年 10 月,成都市又出台了《成都市公共数据运营服务管理办法》。《"十四五"数字经济发展规划》明确提出"鼓励开展公共数据授权运营",这意味着成都市首创的公共数据授权运营模式得到了国家层面肯定。《数据二十条》发布后,公共数据授权运营方式在全国范围迅速推广,各地方积极探索适合自身情况和特点的具体模式。

(三)数据交易:场内数据交易重启热潮

在数据交易中,场内数据交易重启热潮。本部分将明晰数据交易的概念和特征,并在此基础上梳理数据交易和跨境流通的政策布局。

1. 数据交易的概念和特征

数据交易是供给方有偿提供数据,需求方支付获取费用,主要以货币作为媒介的数据单向流通形式。数据交易可对接市场多样化需求,灵活满足供需各方利益诉求,激发市场参与主体的积极性,促进数据资源高效流动与数据价值释放,对于加快培育数据要素市场具有重要意义,正在成为数据流通的主要形式。

传统的数据交易以点对点的方式进行,即数据需求方和供给方通过两两协商或平台对接的方式实现数据交易。但是,点对点数据交易模式的规范程度和交易效率较低,难以大规模推广,特别是在建设全国统一大市场的背景下,点对点交易不利于实现大规模数据要素的市场化配置。目前,全国各地以设立数据交易机构为主要抓手,鼓励集中式、规范化的"场内数据交易"。

2. 数据交易和跨境流通的政策布局

数据流通交易是指数据在不同主体、不同领域、不同地区、不同国家之间的流动,是数据要素化的中枢神经。数据资源只有流动起来才能发挥关键生产要素的作用,数据流通交易的范围越广、速度越快,数据的价值潜能越能得到充分发挥。

在国家层面,鲜有关于数据交易的专门政策,通常是在数据条例、公共数据条例、数据要素和数据要素市场化改革实施办法等综合性文件中提出。《数据二十条》专篇论述了建立合规高效、场内外结合的数据要素流通和交易制度。此外，财政部发布的《关于加强数据资产管理的指导意见》《企业数据资源相关会计处理暂行规定》《关于加强行政事业单位数据资产管理的通知》等文件，是与数据交易最直接相关的国家层面政策。国家层面的数据跨境流通政策包括：国家网信办发布的《规范和促进数据跨境流动规定（征求意见稿）》《数据出境安全评估办法》《个人信息出境标准合同办法》，海关总署发布的《海关总署支持前海深港现代服务业合作区全面深化改革开放若干措施》。在地方层面，大多数地方政府在数据条例、数据管理办法等综合性数据政策文件中进行了专门规定。

三、数据要素市场供需对接向多行业扩展

目前，参与数据要素市场的主体较为集中，数据供给方主要包括政府、大型国有企业和大型互联网企业，数据需求方主要涉及工业、互联网、医疗、金融等行业。

（一）政务数据要素市场

政务数据要素市场主要有以下特征：一是依托数据采集打造政务数据资源库；二是数据存储方式向集约化存储深化推进；三是政府数据综合分析以服务场景为牵引不断深入；四是加快建设政务数据要素市场生态保障体系。

1. 依托数据采集打造政务数据资源库

当前，我国已初步形成了覆盖中央、省、市、县等不同层级的政务数据目录体系。数据生产部门按照政务数据目录和相关标准规范，通过人工或系统方式采集基础数据、主题数据、部门数据，依托全国一体化政务服务平台将数据向上级数据平台或数据中心进行归集，并由数据主管部门根据数据属性建立数据资源基础库和主题库。此外，针对政务数据共享交互，我国已基本建成国家、省、市多级数据共享交换体系，多层级政务数据流通框架初步建成。

2. 数据存储方式向集约化存储深化推进

根据《数字政府标准化白皮书（2023）》提供的信息，全国31个省（直辖市、自治区）基本完成了政务云基础设施建设，超过70%的地级市已经建成或正在建设政务云。各省份通过搭建集中的基础架构平台，将传统的政务应用迁移到该平台上，集中存储数据，提供政务数据资源管理服务。

3. 政府数据综合分析以服务场景为牵引不断深入

通过各级政府的政务大数据平台构建的政务数据仓库，为城市管理、生态治理、交通布局、食品安全、金融服务等多个应用场景的数据分析提供支持，进而为跨行业和跨场景的应用提供多样化的共享服务。此外，在产业发展、市场管理、社会福利和应急管理等重要领域，开展政务大数据综合分析应用，推动政府决策更加精确和科学，为实施有效的策略和指导提供了关键的后盾。

4. 加快建设政务数据要素市场生态保障体系

针对政务数据保障体系，目前各级政府已经制定了一系列政务数据安全管理的标准和规范。这些措施促进了不同部门和不同层级之间数据的汇总和共享，提高了数据管理能力和数据质量，充分发挥了数据资源的潜在价值。例如，贵州省依托"一云一网一平台"基础设施，已建立较为完善的数据管理、共享开放标准体系，并在提高数据质量方面先行先试，建立数据质量评估体系，开展共享交换平台的数据质量评估，强化数据高质量供给和保障。

（二）不同行业数据要素市场

除了政务数据要素市场，我国逐步形成了不同行业的数据要素市场，包括工业数据要素市场、互联网数据要素市场、医疗数据要素市场和金融数据要素市场。

1. 工业数据要素市场

当前，我国工业数据要素领域处于加速发展阶段，工业数据在设备健康管理、供应链协同业务模式创新、覆盖工业全流程场景数据分析挖掘应用等诸多方面发挥了较大作用。但是，工业企业内部，以及其与供应链上下游企业之间的合作日益依赖各种数字技术的应用，这带来了新的挑战和问题。

1）数据获取需要技术支持

在面对复杂对象或复杂巨系统时，传统数据缺乏具体的工程方法论及可使用的工具。对于寻求数字化转型的工业企业而言，如何管理企业的数据要素资源，如何让数据要素产生价值并有效服务工业全流程最为重要。在实践过程中，多数工业企业缺少处理来自复杂巨系统的组织域、职能域、业务域、数据域的大数据操作系统。

2）数据库缺乏整体布局

工业数据亟需从生产力要素全局关联性、数据的逻辑性和多重关联性出发，形成新的"数据湖"。工业数据要素需要基于组织运筹学的系统工程、现代工业工程的顶层视角和全局眼光理解、应用数据。

3）生产力数据库缺失

工业数据多以工业现场控制设备采集数据为主，数据采集量巨大，具有较强的连贯性及关联性，工业协议互联互通也存在较大的瓶颈。因此，在现有软件难以发挥要素优化配置作用的情况下，再加之企业主体对工业技术工程和管理工程的事务逻辑认知有限，应用软件系统越多，形成的数据孤岛就越多，工业数据要素几乎无法在企业数字化转型中发挥应有的作用。

2. 互联网数据要素市场

当前，我国互联网数据要素市场具有以下特征：一是以线上线下相结合的方式进行多源异构数据采集；二是借助平台优势促进数据流通共享成为发展趋势；三是海量数据分析

第二章 数据要素市场改革与发展

处理能力显著提高业务决策水平；四是互联网领域数据要素市场生态保障持续加强。

1）以线上线下相结合的方式进行多源异构数据采集

互联网数据涉及个人数据、业务数据、平台数据等，大多通过线上方式进行采集。其中，个人数据主要依靠数据主体主动上传，经营数据主要在企业各管理系统中采集调取，业务数据从各类应用软件中采集，其他数据可从开放网络平台采集。线下数据采集主要通过问卷调查、用户访谈、实地调研、用户反馈等方式，将数据沉淀、存储到企业数据库中。

2）借助平台优势促进数据流通共享成为发展趋势

互联网数据流通可分为内部流通和外部流通两种。内部流通基于企业内部运营框架数据流，形成包含数据感知、数据决策、策略行动和效果反馈在内的数据流通闭环。外部流通主要体现为安全合规的数据交易，通过 API 接口、隐私计算等技术，实现企业间的数据流通应用。目前，全国各地成立了不少数据交易机构，阿里、百度、腾讯、京东、美团、字节跳动等互联网平台型企业也基于自身的云平台产品在场内提供相关数据产品和服务。

3）海量数据分析处理能力显著提高业务决策水平

借助先进技术深入挖掘海量的用户行为数据，分析用户的行为特征、内在需求和生命周期，构建一套全面的数据指标、用户模型和监控体系。在此基础上，对用户进行有效分层，为其提供定制化和个性化的产品和服务，实现专业有效的市场洞察、目标精确的营销推广、服务至上的用户体验，提高业务决策效率，打造数据驱动的业务新模式。

4）互联网领域数据要素市场生态保障持续加强

当前，随着海量互联网数据存储、分析、应用、流动，保障数据安全成为互联网数据要素市场发展的重中之重。在《中华人民共和国网络安全法》《中华人民共和国数据安全法》《中华人民共和国个人信息保护法》的基础上，2021年11月国家网信办起草《网络数据安全管理条例》并公开征求意见。

5. 医疗数据要素市场

目前，我国医疗数据要素市场具有以下特征：一是医疗数据的存储方式相对单一；二是医疗数据的加工处理逐渐智能化；三是政府机构主导下的医疗信息共享体系日益完善；四是医疗数据的分析应用已取得阶段性进展。

1）医疗数据的存储方式相对单一

医疗数据作为医疗卫生行业的关键数据资产，为防止数据泄露，多采取网络物理或逻辑隔离的方式，将数据存储在本地机房或政务云平台。

2）医疗数据的加工处理逐渐智能化

医疗数据加工包括数据脱敏、建立主索引、数据管理、数据清洗、数据映射、数据归一、标准化和结构化处理。医疗数据治理工作繁杂耗时，利用人工智能手段可以简化数据加工过程，高效地对原始数据进行脱敏、清洗、归一等，并基于 ICD 编码等标准完成数据标准化处理，对主观数据进行结构化处理，大大提高了工作效率。

3）政府机构主导下的医疗信息共享体系日益完善

近年来,国家卫生健康委致力于推动全国健康信息平台等基础设施建设,制定了一系列医疗卫生机构信息化建设标准与规范,包括电子病历评级、医疗信息互联互通的评级体系、智慧医院评级和检查检验结果互认等一系列措施,有效推动了健康医疗数据的互联互通,提升了医疗数据的共享程度。

4）医疗数据的分析应用已取得阶段性进展

在智慧医院领域,基于全院临床数据的科研分析、辅助决策支持、医保支付及医院管理等应用场景纷纷落地。在医药研发领域,自动化数据采集和数据分析应用于临床试验管理系统,临床试验和药物研发中的智能化应用逐渐推广。

4. 金融数据要素市场

目前,我国金融数据要素市场具有以下特征:一是依托业务流程采集汇聚海量数据;二是根据数据分类分级结果匹配存储模式;三是以保障数据安全为前提探索数据流通方式。

1）依托业务流程采集汇聚海量数据

金融机构通过多种方式在信贷、理财、投行等多业务条线全流程采集海量企业金融数据、个人金融数据和外部数据,在中后台收集包括财务、审计等银行核心数据。

2）根据数据分类分级结果匹配存储模式

金融数据广泛涉及个人、企业等方面的敏感数据,金融数据泄露可能对个人、企业、行业和国家安全造成重大影响。因此,金融数据存储将安全作为重要考虑因素。金融行业出台金融数据分类分级标准和安全标准,引导金融机构安全存储数据。金融机构普遍采用私有云或混合云的方式部署数据存储载体,对于高敏感数据以私有云为主要存储载体,对于中低敏感数据则以公有云或混合云为主要存储载体。

3）以保障数据安全为前提探索数据流通方式

受监管政策影响,金融机构在数据流通共享体系中,一般充当数据的使用方而非数据的供给方,金融机构之间进行数据交易流通较少。但监管政策鼓励在保证数据安全的前提下进行数据交换,对于低敏感数据,目前主要采用API接口的方式流通;对于较为敏感的数据,目前主要采用隐私计算的方式,在保证"数据可用不可见"的前提下,开展数据流通探索,安全释放数据价值。

第三节 我国数据要素市场培育的障碍

当前,我国数据要素市场发展处于初级阶段,在权利划分、定价体系、流通标准和技术支持等构成数据要素市场的关键要素方面,存在着诸多障碍和问题,制约了数据要素市场的健康发展。

一、权利归属难以界定，有待建立产权制度

在权利划分方面，我国数据要素市场的权利归属难以界定，具体表现为数据要素权利归属难以达成理论共识、难以凝聚产业共识、难以形成规则共识。

（一）数据要素权利归属难以达成理论共识

数据要素权利归属主要涉及权利属性、权利归属和权利内容三个方面。权利属性主要指数据应属于何种权利，权利归属主要指数据权利应归属谁，权利内容主要指主体享有哪些具体的数据权利。其中，权利归属是一个迫切需要解决的议题，它关系到谁来决定是否进行数据交易，谁来接受价款。数据要素权利归属问题复杂的原因在于，传统生产要素往往具有稀缺性、排他性，拥有清晰的、可分割的客体及明确的、独立的占有主体，传统产权制度设计可以通过评估、登记、监管等机制有效解决权利划分、争议仲裁等问题。但是，数据作为一种虚拟物品，具有低成本复制性和潜在的非排他性等属性，其并不适用于传统产权制度的核心理念。此外，数据要素权利归属呈现多元化，权利内容的繁杂化、数据应用场景的多样化、数据之间的复杂关联使得数据要素权利归属难以实现。这与传统产权制度中要素所有者的明确性、要素之间关系的稳定性和确定性等特征并不一致，因而界定数据要素权利归属存在困难。

（二）数据要素权利归属难以凝聚产业共识

构建数据要素权利归属制度的目标是明确数据的产权结构和归属规则，划定各参与方的权利和责任，通过制度设计保障数据可控。但是，对产业实践中的数据流通与使用来说，现阶段数据要素权利归属问题的核心不是决定将数据所有权赋予谁，而是如何理顺个人、企业、政府等不同主体之间的不同权益，以及合理配置各方权益。典型的例子是，随着互联网平台经济日益发达，个人用户与平台企业之间的权利关系问题日益突出。在平台服务使用过程中，个人用户生成的数据成为平台企业优化业务流程和创新商业策略，并获得市场优势的关键资产。但是，在这一过程中，用户行为产生的数据究竟归属于谁并不明确。从产权保护原则来看，个人用户是企业数据的逻辑起点，理应是数据权利拥有者。从产业发展实践来看，数据创造价值的前提是平台的规模化汇聚，个体持有的数据难以单独产生价值，当数据归属于平台企业，便能有效促进数据经济价值的增长。

（三）数据要素权利归属难以形成规则共识

在实际操作中，数据确权的顺利实施需要一系列的管理规则和有效的监管机制保驾护航。解决数据权利界定问题不仅与用户、企业、国家等多方主体有关，还需要考虑个人隐私保护、数据集中和平台竞争等多方面的法律关系。我国法律尚未对数据权属做出清晰规定，难以形成规则共识。现有法律多是从保护和监管的角度出发，并未对各种场景下数据

应归谁所有做出明确界定，也较少涉及数据本身所承载的其他权益关系。虽然《中华人民共和国反不正当竞争法》等承认数据具有竞争性利益，保护了部分数据权利，但具体规则尚未达成共识，具有较大不确定性，各市场参与主体容易陷入数据权属不清引发的纠纷之中。

二、估值定价缺乏依据，有待发挥市场作用

在定价体系方面，我国数据要素市场的估值定价缺乏依据，具体表现为传统的资产评估方法不完全适用于数据要素、数据产品的价格没有统一度量标准、会计报表核算数据价值价格面临挑战。

（一）传统的资产评估方法不完全适用于数据要素

传统的资产评估方法包括成本法、收益法和市场法三类。成本法以成本估值，收益法以预期收益折现估值，市场法则以市场上类似交易的成交价格作为估值参考。对数据的估值来说，采用成本法的问题在于数据生产涉及多元主体，成本不易区分，且贬值因素难以估算；采用收益法的问题在于数据的时效性、使用期限评估成为难点；市场法受制于数据要素市场尚不活跃，缺乏足够案例支持。数据预期产生的经济价值与数据具体应用场景、数据要素市场结构高度相关，不同主体间潜在收益、供求关系均有较大的异质性，目前对数据的价值和价格进行统一、标准化规定几乎是不现实的，现有数据资产评估方法均有其局限性，未必能客观、准确反映数据的真实价值。

（二）数据产品的价格没有统一度量标准

当前，各类数据交易场景或交易平台主要采取卖方定价、协议定价等方式。卖方定价即卖方通过评估自己的数据质量、成本、需方效用给出统一报价，这一过程由卖方主导，缺乏供需双方在市场机制下的博弈互动。协议定价虽然给予了供需双方充分的沟通机会，但双方的反复报价议价过程耗费了大量时间成本，无法形成标准化、大规模、高效率的价格发现机制。如果回归市场的本质要求，数据的价格仍应该遵循价值决定价格、市场供求影响价格的基本逻辑来确定。但是，数据价值的评估尚未形成统一规则，导致参与主体难以确定衡量价格的统一标准。

（三）会计报表核算数据价值价格面临挑战

严格意义上讲，只要数据能进行合理的估值定价，就应当能作为数据资产计入会计报表，数据资产估值定价应当与会计计量核算具有一致性。然而按照现行会计准则，数据资产入表存在现实困难。一方面，数据价值一部分体现在提升利润、增加客户、降低成本等方面，有重复计量的可能。另一方面，企业间数据资产差异较大，存在难以量化的内容，列报口径难以统一。因此，现有的会计核算方法仍无法为数据资产估值定价提供有效依据。

三、流通规则尚不完善，有待鼓励积极探索

在流通标准方面，我国数据要素市场的流通规则尚不完善，具体表现为现有法律法规尚不完善和配套规则体系尚不明确。

（一）现有法律法规尚不完善，难以消除市场主体的合规顾虑

虽然《中华人民共和国网络安全法》《中华人民共和国数据安全法》《中华人民共和国个人信息保护法》等现有法律对数据的规范利用和安全隐私保护进行了原则性规定，但是并未就数据流通市场的准入、监管等给出清晰的法律界定。例如，《中华人民共和国数据安全法》规定，"从事数据交易中介服务的机构提供服务，应当要求数据提供方说明数据来源，审核交易双方的身份，并留存审核、交易记录。"但其没有涉及数据交易双方在交易中的权利和义务。当前，我国的数据流通法律框架尚处于发展阶段，对数据流通行为缺少统一的监管体系，各类企业和组织在面临数据流通过程中的实际问题时，没有关于合规性风险评估的明确指南和依据，对于流通过程中的责任判断存在不确定性，进而导致在制定和实施数据流通策略时，它们表现出极为谨慎的态度。

（二）配套规则体系尚不明确，数据要素流通缺乏有效的激励和权益保护机制

现阶段，我国数据资源化和资产化等过程尚未完成，将数据视为直接交易的资产或产品的理论基础并不牢固。数据要素的权属界定、分类分级、估值定价和收益分配等方面缺乏系统框架，数据要素流通难以制定明确的配套规则。在此情况下，激励各方参与流通的体制机制尚不具备，保障参与各方权益的共识还未建立，参与方之间信任的建立缺乏规则的指引。在数据供给环节，合规风险的存在和激励机制的缺少导致数据供给不足。在供需对接环节，除权利和责任的界定、分配缺乏共识规约外，市场参与方之间还存在信任壁垒。在需求方应用环节，现有的数据流通过程和数据流通结果的监督机制薄弱。相关系统或平台的日志记录是现阶段最主要的监督依据，但大多只用于统一的计费和清算，很难用日志记录来核验需求方的数据应用方式，数据流通后的结果只能依靠形式核验，数据流通的事后监督不易实现，相关的信任与合规闭环仍然存在缺口。

四、流通技术仍未成熟，有待强化技术支撑

在技术支持方面，我国数据要素市场的流通技术仍未成熟，具体表现为数据安全流通的技术工具支撑尚不成熟、隐私计算技术存在诸多挑战。

（一）数据安全流通的技术工具支撑尚不成熟

一方面，数据在多主体间的安全流通过程需要恰当成熟的技术工具支撑。数据安全和

隐私保护是数据流通的前提，流通的数据可能侵犯个人隐私，也可能侵害企业的商业秘密和知识产权。由于数据可以低成本复制，屡发的数据泄露、越权滥用等事件加剧了人们的不信任感。因此，如何在保护数据安全和隐私的同时保证数据的可用性成为数据流通中的迫切需求。另一方面，数据流通涉及诸多技术环节的协同，现阶段数据安全流通技术体系尚未完全成熟。面对数据流通的多元模式，现有技术还不能完全满足实际场景下的落地应用需求。如何实现在原始数据可见的形态下保证流通的数据不被复制、篡改，目前尚无可行的技术解决方案。以数据脱敏、数据失真为代表的技术可以较低成本隐藏敏感信息，将数据转化为可以安全流通的形态。但是，这类技术可能会导致大量信息损失，降低数据使用价值。

（二）隐私计算技术存在诸多挑战

近年来，隐私计算技术被视为解决数据要素流通难题的关键技术。这种技术通过对敏感数据进行加密保护和算法协议设计，可以实现"原始数据不出域"，保障数据在流通与融合过程中"可用不可见"，有效解决数据流通后潜在的失控问题。但是，它在性能、安全和数据互联互通等方面仍存在诸多挑战。一是隐私保护计算的规模化部署面临性能瓶颈。目前，我国的隐私保护计算技术在特定应用场景中基本实现了可用性。然而，当这些技术需要处理更大规模的数据集、应对更大的数据体量或更加复杂的应用场景时，它们的运行成本会显著上升，且需要进一步提升技术性能。二是安全合规挑战影响市场信任。隐私计算无法完全规避安全合规风险，算法协议安全和开发应用安全是隐私计算产品安全性的两大挑战。三是互联互通壁垒或使"数据孤岛"变"数据群岛"。由于隐私计算底层技术和上层开发设计多样复杂，不同技术产品间无法互认、互用，因而可能将"数据孤岛"转化为"数据群岛"。现阶段，各技术厂商都在探索异构隐私计算互联互通的实现，但尚未出现完全成熟的案例。

第四节 我国培育数据要素市场的未来展望

当前，经济数字化被视为推动创新发展的重要动力，各国在数据公开、隐私保护、技术开发和人才培育等方面进行了前瞻性规划。为培育、发展数据要素市场，促进数据作为生产要素价值的最大化释放，需要进一步从数据开放共享、数据质量管理、数据交易流通和数据风险规制四个方面开展工作部署，助力数字经济高质量发展。

一、以开放共享为抓手释放数据体量优势

在数据开放共享方面，我国数据要素市场需要明确数据开放共享主体范围，并积极探索数据开放共享模式，实现以开放共享为抓手释放数据体量优势。

（一）明确数据开放共享主体范围

一是通过统一立法的形式明确数据开放共享主体范围。目前，我国还没有专门针对政府数据开放共享的法律规定，在现有的法规当中也没有清晰界定负有开放共享数据责任的主体。参考国际做法，我国应该考虑推出具体的公共数据资源开放共享管理规范，或在现有的法规体系中补充新增条款，以确立负责开放共享公共数据资源的主体范围。二是建立动态化清单管理体系明确数据开放共享范围。建立数据资源清单管理机制，由负有数据开放共享义务的主体结合实际工作制定数据开放共享清单，并定期进行清单调整和更新，以在保障数据安全的前提下，持续扩展数据共享的界限。

（二）积极探索数据开放共享模式

一是在政府层面搭建统一数据共享与开放云平台，提升数据开放共享质量和水平。依托国家技术资源优势搭建统一的数据开放共享云平台，鼓励各级地方数据开放共享平台接入，促进全国数据资源实现标准化整合、汇聚，为提升公共数据资源开放质量提供有力的技术支撑。二是在企业层面鼓励企业探索数据开放共享新模式。鼓励具有数据资源和技术优势的企业向社会开放共享数据，特别是鼓励企业向政府部门开放有助于社会管理的数据，增强全社会数据开放共享的积极性。三是加快多源多领域数据的融合。单一来源的数据体量有限，数据维度单薄，仅仅包含局部信息，经济价值较为有限。未来，业界对高质量多源融合数据的需求将不断上升，多行业、多领域的数据融合，跨部门、跨层级的数据流动，将形成更多的高质量数据，最大限度地实现数据要素的价值。

二、以质量管理为突破激活数据资源价值

在数据质量管理方面，我国数据要素市场需要制定公共数据质量要求和标准，并推动数据要素应用高质量发展，实现以质量管理为突破激活数据资源价值。

（一）制定公共数据质量要求和标准

一是明确对公共数据的质量要求。在统一的公共数据开放立法中明确公共数据的质量要求，或由具体行业主管部门对本行业数据质量管理要求进行具体规定，同时为私营主体数据质量管理提供借鉴参考。二是加快出台数据质量标准。一方面，结合数据开发利用和交易流通具体场景，细化数据质量要求，提高业务流程的顺畅性和决策的准确性；另一方面，加快推进数据标准化进程，促进数据更加规范化、统一化，便于数据存储、处理和分析，为数据的高效流通创造有利条件。三是构建数据质量第三方认证机制。由权威第三方对行业数据质量开展评估认证，激励企业注重自身的数据质量管理，提升整个行业的数据质量水平，为构建数据要素市场供需双方信任关系提供有效保障。

（二）推动数据要素应用高质量发展

一是促进数据要素为行业创造价值。当前，以数据要素为基础的新产业、新业态和新模式不断涌现。在工业、医疗、金融、公共治理等领域，数据的赋能、赋值、赋智效果越来越显著。未来，需要持续扩展数据要素的应用场景，加强数据要素与农业、贸易、通信、能源等传统行业深入融合发展。二是促进数据要素应用场景多样化。当前，我国数据要素在智能分析、决策指导、方案优化等方面的应用仍处于起步阶段。未来，随着数据理论技术的不断成熟、数据流通制度的不断完善、数据融合程度的不断提升，在人工智能、大数据、5G等新一代信息技术的加速助力下，数据要素的应用场景将呈现多样化、智能化特点，数据要素对经济发展的贡献度将会越来越高。

三、以交易流通为关键活跃数据要素市场

在数据交易流通方面，我国数据要素市场需要加快完善数据要素交易流通相关制度建设，并鼓励数据要素交易流通相关技术研发，实现以交易流通为关键活跃数据要素市场。

（一）加快完善数据要素交易流通相关制度建设

一是在数据相关法律法规建设中，需要清晰界定数据交易流通模式和允许流通的数据范围。对合法流通模式予以明确，对不适宜流通的数据范围予以禁止或限制，从而为数据依法依规交易流通扫清障碍，促进数据的有效利用和价值释放。二是我国相关行业的主管部门结合本行业的实际发展情况，针对行业内企业数据流通的创新模式、合同范本和法律责任等方面，发布相关的研究报告、指南或指引，帮助企业更好地理解和把握数据流通的规范和要求，指导企业间数据流通合作，加强行业主管部门与企业之间的沟通和协作，促进本行业的健康发展。三是我国相关行业组织可考虑从技术和产业实践入手，搭建不同行业之间的数据流通空间，针对不同的业务场景，特别是不同行业交叉融合的业务场景，构建企业间数据流通全流程的解决方案，促成不同行业的企业数据安全高效流通。

（二）鼓励数据要素交易流通相关技术研发

一是着眼于数据要素市场流通的各个环节，不断加大数据流通技术研发力度。一方面，持续推进自主可控技术工具研发，鼓励人工智能、区块链、隐私计算等前沿技术创新，尽快突破性能、安全、成本等瓶颈。另一方面，提升各环节通用技术水平，鼓励技术开源，提高相关技术工具的自动化、智能化水平，降低技术使用门槛。二是加强敏感数据识别、数据脱敏技术、数据泄露防护技术的突破，实现跨平台环境下数据安全合规应用，提升非公开数据保护能力，促进数据要素市场交易活力。

四、以风险规制为重点强化数据安全保障

在数据风险规制方面,我国数据要素市场需要加快推进数据风险立法,建立弹性包容的数据监督机制,并鼓励第三方机构在数据风险规制中发挥作用,实现以风险规制为重点强化数据安全保障。

(一)加快推进数据风险立法

一是完善数据泄露相关立法。借鉴各国的立法经验,加快完善数据泄露相关法律规定,明确数据泄露通知的触发条件和相关法律责任,努力构建科学有效的数据安全风险防范制度,为数据安全保驾护航。二是推进个人信息保护立法。加快推进《中华人民共和国个人信息保护法》的出台,明确个人对自身信息所享有的权利及企业对个人信息应承担的责任和保护义务。三是推进数据竞争反垄断立法。结合我国产业发展实践,深入研究数据垄断、数据不正当竞争等新兴问题。在此基础上,适时制定相关规则,修订现有立法,以强化对数据垄断风险的规制,确保数据要素市场的公平竞争。

(二)建立弹性包容的数据监督机制

一是在国家层面建立数据要素监管机制。一方面,国家可通过制定数据流通和交易的负面清单,划定合规监管红线,为市场主体的责任判断提供更加稳定的预期。另一方面,加快建立健全鼓励创新和包容创新的容错纠错机制,在监管红线的基础上,建立弹性包容的数据要素监管合规机制,使数据监管更加灵活和适应市场的变化,更好地推动数据要素的发展和应用。二是建立有效的跨部门执法协作机制。清晰界定不同职能部门在管理数据风险方面的责任,建立一个高效的跨部门协作的执法机制。充分发挥云计算、人工智能、区块链等现代技术手段的作用,以提高数据执法的质量和效率。特别是在数据安全管理和个人信息保护这些关键领域,应加强执法力度,确保数据要素市场的健康有序运行。

(三)鼓励第三方机构在数据风险规制中发挥作用

一是积极倡导第三方机构,诸如行业组织等,借助标准出台和行业指引等手段,引导个人和企业进一步贯彻落实数据相关的立法要求。在此基础上,充分发挥第三方机构的独立性和专业优势,通过开展第三方评估认证等方式,防范数据风险,维护数据要素市场秩序。二是随着数据要素市场化配置体系的不断完善,在数据要素市场中直接或间接服务于数据产品的形成、交易、开发利用的机构,诸如数据质量评估服务商、数据交付服务商、数据安全服务商、数据咨询服务商、数据治理服务商、数据经纪服务商、数据交易仲裁服务商、数据开发利用服务商等,逐步形成了数据要素产业上下游生态系统。三是在产业链层面,逐步完善数据要素市场的产业生态,通过多方主体协同发力,为数据要素有序市场化配置保驾护航。

第三章

数字产业集群化

数字产业集群化作为当今数字经济发展的重要趋势之一,引起了实业界和学术界的广泛关注。本章将深入探讨数字产业集群的理论与现实、发展情况、我国数字产业集群发展的优势与制约因素,以及我国数字产业集群化的发展目标与政策配套,旨在全面分析数字产业集群化对经济发展的影响和推动作用,为读者提供系统的理论知识和实践经验。

第一节 数字产业集群的理论与现实

随着全球数字化浪潮的兴起,数字产业集群作为数字经济时代的重要组织形式,已经成为推动经济社会高质量发展的新引擎。本节将深入探讨数字产业集群的理论基础、发展现状、优势与不足,以及未来的发展目标与政策配套,以期为推动数字产业集群的持续健康发展提供参考。

一、数字产业集群的概念

数字产业集群的理论融合了产业集群理论与数字经济特征,强调通过技术、算法、知识产权等无形要素的集中,促进产业创新和协同发展。近年来,我国数字产业集群发展迅速,初步形成了京津冀、长三角、粤港澳等核心区域,涌现出众多以数字领先企业为引领的产业集群。这些产业集群在推动经济结构优化升级、提升国际竞争力方面发挥了重要作用。

(一)数字产业

随着信息技术的飞速发展,数字产业这一新兴领域逐渐崭露头角,其独特的概念与核心特征值得深入探讨。

1. 数字产业的概念

数字产业作为当今经济发展中的重要组成部分,其范畴极为广泛,从传统的信息技术产业延伸至新兴的数字经济领域。其定义围绕着利用数字技术进行生产、加工和交付产品或服务展开，这一过程依赖计算机、互联网、通信技术等数字化工具和平台。

在数字产业中，传统的信息技术产业仍占据重要地位。该产业领域包括软件开发、网络服务、信息安全等，它们以信息技术为核心，为其他行业提供技术支持和服务。然而，新兴的数字产业更为多元化。除了传统的软件开发和网络服务，数字产业还囊括了数字媒体、互联网金融、电子商务、人工智能、虚拟现实、区块链等领域。

数字产业的蓬勃发展得益于数字技术的不断进步和创新。随着计算机技术的不断演进，数据处理和存储变得更加高效和便捷，互联网的普及和迅速发展为数字产业的壮大提供了广阔市场和渠道。与此同时，人工智能、大数据分析、物联网等新技术的应用也为数字产业注入了新的活力。

在数字产业中，互联网金融和电子商务是发展最迅速的领域之一。互联网金融通过互联网技术为用户提供各种金融服务，如支付、借贷、理财等，极大丰富了金融服务形式和渠道。电子商务则利用互联网平台进行商品交易，改变了传统商业模式，促进了商品流通，提高了消费者购物体验。

在数字化经济时代，数字产业的迅速崛起不仅改变了传统产业的运作模式，也为经济社会发展带来了新的机遇与挑战。其学术化的定义和理论阐述对于深入理解和把握数字经济发展的规律和趋势具有重要意义。

2. 数字产业的核心特征

数字产业具备如下几个方面的特征。

1）数字化生产过程

数字产业以数字化技术为基础，实现生产、加工、管理等各个环节的数字化。生产过程中涉及的数据、信息、知识等均以数字形式存在和传递。数字化生产过程可以提高生产效率、降低成本，并且使生产过程更加灵活和可控。

2）信息化服务提供

数字产业以信息技术为支撑，提供各种基于数字平台的服务，如软件开发、网络运营、数据分析、云计算等。数字产业的快速发展促进了信息社会的建设和经济的转型。例如，亚马逊作为全球最大的电子商务平台之一，通过提供各种线上购物、云服务等信息化服务，实现了业务规模和企业利润的持续增长。

3）技术创新驱动

数字产业具有较强的技术创新性，不断引入新技术、新工具，推动产业的发展和升级。这包括人工智能、大数据、物联网、区块链等前沿技术的应用和研发。技术创新是数字产业持续发展的关键驱动力之一，促使企业不断提升竞争力和创新能力。

4）全球化竞争

数字产业具有较强的全球化竞争性，企业之间的竞争不再受限于地域，而是面对全球市场。全球化网络环境为数字产业的跨国合作和竞争提供了机遇和挑战。例如，谷歌、

Facebook 等互联网巨头通过跨国合作、全球市场扩张等方式，不断扩大其在全球范围内的影响力和市场份额。

5）产业融合与创新模式

数字产业与传统产业之间存在日益密切的融合与交叉，数字技术正在改变传统产业的生产方式和商业模式，促进新的产业生态和商业模式的出现。数字技术的应用为各个行业带来了巨大的创新机遇，促进了产业的融合与升级。例如，共享经济模式的兴起改变了传统产业的运营方式，推动了经济结构的转型升级。

（二）产业集群

产业集群这一经济现象的核心概念及其标志性的核心特征也值得深入探讨。

1. 产业集群的概念

产业集群是指在某一地区或区域内，一类或多类相关产业在空间上聚集，通过共享资源、技术、市场和信息等形成一种紧密的产业网络和生态系统的现象。这种产业集群的现象通常呈现出多层次、多维度的交叉和相互依存关系，对于促进产业发展、提升竞争力、推动创新和经济增长具有重要意义。

地理因素、产业链条、市场需求、政府政策、人才资源等诸多因素共同作用形成了产业集群，促成了相关产业在某一地域内的集聚。例如，长三角地区的汽车产业集群，受益于区位优势、交通便利、产业链配套完善等因素，吸引了众多汽车制造商和配套企业的入驻，形成了完整的汽车产业生态系统。

产业集群对于区域经济和产业发展的作用是多方面的。一方面，产业集群可以提高生产效率、降低成本，提升产品和服务的质量和竞争力，有利于企业的发展壮大。另一方面，产业集群可以促进技术创新和知识共享，推动产业链的升级和转型，有助于区域经济的结构调整和转型升级；同时，产业集群能够吸引人才、资金和企业入驻，形成良性循环的发展格局。

2. 产业集群的核心特征

产业集群是在某一地域范围内，同类或相关产业集聚形成的一种产业组织形式。其核心特征包括产业密集度、产业链的完整性、技术创新、知识共享和产业集群治理等。这些特征相互作用，共同推动了产业集群的形成、发展和演化。

第一，产业密集度是在某一地域范围内，同类或相关产业的集聚程度。产业密集度反映了产业集群内部产业的数量和规模，是产业集群形成和发展的基础条件之一。例如，珠三角地区就是一个典型的制造业集聚区，涵盖了众多的制造业企业，形成了较高的产业密集度。

第二，产业链的完整性是产业集群的另一个重要特征。产业链的完整性指的是产业集群内各个环节的衔接性和协同性，反映了产业集群内部产业之间的相互依存和协作关系。

例如，汽车产业集群内部涵盖了原材料供应商、零部件制造商、整车生产厂家、销售服务商等各个环节，形成了完整的汽车产业链。

第三，技术创新是产业集群的核心驱动力之一。产业集群通过引入新技术、新工具，推动产业的发展和升级。技术创新不仅涉及生产工艺、产品设计等方面，还包括管理模式、营销策略等方面。通过技术创新，产业集群能够提高生产效率、降低成本，提升产品和服务的质量和竞争力。

第四，知识共享是产业集群的重要特征之一。产业集群内部企业之间存在密切的合作和交流关系，其通过共享知识、经验和资源等，促进了技术创新和产业升级。知识共享不仅发生在企业内部，还涉及企业之间、企业与研究机构之间的交流合作。例如，美国的硅谷地区以其开放的创新文化和知识共享机制，吸引了全球范围内的高科技人才和资金，成为全球科技创新的中心之一。

第五，产业集群治理是产业集群的重要保障。产业集群治理涉及政府引导、企业自律、协会组织等多种方式，通过规范和管理产业集群的发展，保障产业集群的健康发展。良好的产业集群治理能够提高产业集群的竞争力、促进企业创新和协同，促进经济的可持续发展。

（三）数字产业集群

数字产业集群作为一种重要的产业组织形式，在当今数字经济时代具有日益突出的地位和作用。本节主要对数字产业集群的概念进行深入探讨，并结合理论对其核心特征进行分析。

1. 数字产业集群的概念

根据 2021 年国家统计局发布的《数字经济及其核心产业统计分类（2021）》，数字经济产业涵盖数字产品制造业、数字产品服务业、数字技术应用业、数字要素驱动业、数字化效率提升业五大类。数字产业集群主要是指包括数字产品制造业、数字产品服务业、数字技术应用业、数字要素驱动业等数字经济核心领域的企业，以及科研、金融、物流、贸易、知识产权等相关支撑机构和公共服务平台等在特定区域聚集而形成的产业活动的空间形态和网络化组织形态。它的形成通常受到地理位置、资源禀赋、交通条件等因素的影响。根据国际贸易和区域经济发展的理论，地理位置对于产业集聚具有至关重要的作用。例如，近年来珠三角、杭州湾、北京大兴等地区都形成了以数字产业为主导的集群，得益于其良好的地理位置和优越的交通条件，吸引了大量人才和资金，推动了产业的发展和创新。

数字产业集群的发展还受到政府政策和产业结构的影响。政府在数字产业发展中提供的政策支持和引导，对于集群的形成和壮大起着至关重要的作用。政府通过出台税收优惠政策、提供人才培训和技术支持等措施，吸引更多的数字企业和人才聚集在一起，推动集群的形成和发展。同时，产业结构的优化和升级也是数字产业集群发展的重要因素。随着经济结构的调整和产业升级，数字产业集群将逐步向高端化、智能化方向发展，推动数字经济的快速增长。

2. 数字产业集群的特征

数字产业集群具有如下特征。

1）地理区域集聚性

地理区域集聚性是数字产业集群的显著特征之一。数字产业集群内的企业往往倾向于在特定的地理区域内集中分布，形成产业集聚现象。例如，硅谷在美国加州旧金山湾区的形成，集聚了大量的科技企业和创新人才，成为全球数字产业的重要集聚地之一。地理区域集聚有助于企业之间的交流和合作，提升了产业的创新能力和竞争力。

2）数字产业互动性

数字产业集群内部的企业之间存在着密切的互动关系，这是其形成和发展的重要动力之一。数字产业集群内的企业之间不仅在技术创新、产品研发等方面展开合作，还积极开展人才培养、信息共享和市场拓展等活动。这种互动性有利于促进产业链上下游企业的协同发展，推动整个产业集群的良性循环。

3）创新生态系统

数字产业集群内部形成了一个良性的创新生态系统，促进了技术创新和产业发展。在数字产业集群中，企业之间展开广泛的技术交流和合作，共同推动产业的创新和进步。创新生态系统为企业提供了良好的创新环境和平台，有利于激发企业的创新活力和创新潜能。

（四）三者概念的异同

数字产业集群、数字产业和产业集群是三个相关但有所区别的概念。

三者的主要区别在于核心产业和形成方式。数字产业集群强调数字产业的集聚和互动，具有数字技术的特征；数字产业包括数字产业化和产业数字化，不限于特定地理区域；产业集群是一种更为普遍的产业组织形式，其核心产业可以是任何行业，其形成方式也不限于数字化。

数字产业集群是数字产业发展的重要形式之一，其形成和发展对于促进地区经济发展、推动科技创新和提升产业竞争力具有重要意义。因此，政府和企业应加强合作，积极推动数字产业集群的发展，推动经济转型升级和可持续发展。

二、数字产业集群的理论基础

数字产业集群的理论根基，包括区域经济学理论、创新生态系统理论、产业集群理论、知识经济理论及产业生态学理论，旨在通过这些多维度的理论视角，为理解和推动数字产业集群的发展提供坚实的理论支撑。

（一）区域经济学理论

区域经济学理论提供了解释数字产业集群形成和发展的基本框架。根据区域经济学理论，地理区域内的企业和产业存在着集聚效应和外部性效应，这种集聚效应能够促进经济的增长和创新的发生。数字产业集群的形成正是受到了地理区域集聚效应的影响，数字企业倾向于在特定地理区域内集中分布，形成数字产业集群。区域经济学作为研究地区内经济现象和规律的学科，对数字产业集群理论的形成和发展起到了重要的推动作用。

1. 地理集聚

地理集聚理论是区域经济学的重要分支之一，主要研究企业为什么倾向于在特定地理区域内集中分布的问题。这一理论为数字产业集群的形成提供了重要的解释。根据马歇尔的产业集群理论，企业在同一地区集聚的原因包括资源优势、技术外溢、劳动力市场等。数字产业集群往往是在具有比较优势的地理区域内形成的，如美国的硅谷、中国的中关村等，这些地方聚集了大量的数字企业和创新人才，形成了数字产业集群的特定生态环境。

2. 区位选择

区位选择理论是区域经济学的另一重要理论，主要研究地理位置对企业生产和经营活动的影响。该理论认为，地理位置决定了企业的成本、市场和竞争环境，从而影响了企业的竞争力和生存能力。在数字产业集群的形成过程中，企业选择的地理位置往往与区位选择理论密切相关。例如，企业选择在人才密集、科研机构集中的地区建立研发中心，以获取人才和技术资源，提升创新能力和竞争优势。

3. 区域创新

区域创新理论是区域经济学、产业集群理论中的重要内容，主要研究创新对经济增长和产业发展的影响。数字产业集群的形成和发展离不开创新的推动。创新是产业发展的动力和基础，数字产业集群通过创新促进了产业链的升级和技术的进步。例如，硅谷作为全球知识和技术创新中心，以其独特的创新生态系统吸引了大量的创新型企业和科技人才，推动了数字产业的快速发展。

4. 空间溢出效应

空间溢出效应理论认为，地理区域内的企业和产业之间存在着技术、信息和人才等资源的流动和共享，形成了一种相互促进的关系。数字产业集群的形成受到空间溢出效应的影响。例如，数字产业内部的企业之间存在技术溢出和人才流动，这种交流和合作促进了产业的集聚和发展，形成了良性循环的产业生态系统。

5. 政府政策支持

政府政策支持理论认为，政府政策支持对区域经济发展和产业集群形成起到重要作用，数字产业集群的形成和发展也受到政府政策支持的影响。例如，政府可以通过提供财政支持、税收优惠、科研资金投入、人才培养和引进等政策措施，促进数字产业集群的形成和壮大。政府还可以建立相关的科技园区、孵化器和技术转移中心，为数字产业企业提供创新创业的支持和服务。此外，政府可以通过规划和管理城市空间布局，提供基础设施建设和交通运输配套，优化营商环境，吸引更多的数字产业企业和人才聚集到特定的地理区域，推动数字产业集群的形成和发展。

（二）创新生态系统理论

创新生态系统理论强调了企业、政府、研究机构和其他利益相关者之间的合作与协同对于创新和产业发展的重要性。数字产业集群作为一个创新生态系统，能够提供良好的创新环境和平台，有利于激发企业的创新活力和创新潜能。数字产业集群内部企业之间的技术交流和合作，促进了产业的技术创新和产品升级，推动了整个产业的发展。在数字产业集群的形成和发展过程中，创新生态系统理论发挥了重要作用，推动了数字产业集群理论的形成。

1. 创新的开放性和合作性

在数字产业集群中，企业之间存在密切的合作关系，共同推动产业的创新和发展。企业可以通过合作共享资源、共同研发新技术、共享市场信息等方式，加速创新过程，提高创新效率。同时，集群内的企业不仅依赖内部的协同创新，还通过开放平台与全球创新网络建立联系，共享最新的技术和市场趋势。不同领域的企业和机构可以在集群中实现资源整合和价值创造，为产业注入持续的创新活力。

2. 创新的多样性和包容性

数字产业集群中的企业具有不同的创新需求和能力，创新生态系统为各种类型的企业提供了平等的创新机会。创新生态系统中的企业可以根据自身的需求和优势，选择合适的合作伙伴，共同开展创新活动。这种多样性和包容性有助于激发企业的创新潜能，推动数字产业集群的持续发展。

3. 创新的生态适应性和动态演化

数字产业集群是一个不断演化的生态系统，受到技术、市场、政策等多重因素的影响。创新生态系统为数字产业集群提供了灵活性和适应性，使其能够及时应对外部环境的变化，保持竞争优势。例如，随着人工智能、大数据分析等新技术的快速发展，数字产业集群需要不断调整和优化自身的创新策略，以适应市场需求的变化。

（三）产业集群理论

产业集群理论提供了数字产业集群形成和发展的重要参考。根据产业集群理论，相近产业之间存在集聚和互动的倾向，这种集聚和互动有助于提升产业的竞争力和创新能力。数字产业集群作为数字产业的集群形式，也具备了这种集聚和互动的特点，数字产业内的企业之间在技术、人才和市场等方面进行密切合作，共同推动产业的发展。在数字产业发展过程中，产业集群理论对数字产业集群的形成和发展起到了重要的推动作用。

1. 地理区域内企业之间的集聚效应

根据马歇尔的"外部规模经济"理论，企业在同一地理区域内集聚，可以共享资源、共同利用技术和人才，从而提高生产效率和竞争力。这种集聚效应在数字产业集群中尤为突出，例如，硅谷、深圳等地都是以数字产业为核心的集聚地，吸引了大量的科技企业和创新人才，形成了独特的产业生态系统。

2. 产业内部企业之间的相互依存关系

在产业集群中，不同企业之间存在着复杂的产业链和价值链关系，彼此之间相互依存、相互支持。例如，数字产业集群中的硬件制造企业与软件开发企业之间存在着密切的合作关系，共同推动了数字产品的创新和生产。这种相互依存关系有助于提升整个产业集群的竞争力和创新能力。

3. 地理区域内企业之间的信息交流和技术创新

在产业集群中，企业之间的信息交流和技术创新更加便捷和高效，有利于促进创新企业的孵化和技术转化。例如，数字产业集群中的企业可以通过举办行业展会、技术论坛等方式，分享最新的科研成果和市场信息，共同探讨解决方案，不断推动产业创新。

4. 产业集群的动态演化和持续创新

产业集群是一个不断演化的生态系统，受到技术、市场和政策等多种因素的影响。数字产业集群需要不断调整和优化自身的发展战略，适应市场的变化和需求的变化，保持竞争优势和创新活力。

（四）知识经济理论

知识经济理论强调了知识在经济发展中的重要作用，认为知识是推动经济增长和创新的主要驱动力。数字产业集群作为一个以知识密集型产业为核心的集群形式，充分利用了知识和技术的优势，促进了产业的快速发展和创新能力的提升。在数字产业集群的形成和发展过程中，知识经济理论发挥了重要作用，推动了数字产业集群理论的形成。

1. 知识经济理论促进了数字产业集群理论的形成

知识经济强调知识作为一种重要的生产要素，对经济增长和创新起着决定性作用。数字产业集群作为一种以数字技术和知识密集型产业为核心的产业组织形式，充分利用知识经济理论，强调技术创新和知识交流在产业发展中的重要性。数字产业集群中的企业通过共享知识、技术和人才，加速了创新和产品研发的过程，提高了产业的竞争力和创新能力。因此，知识经济理论为数字产业集群的形成提供了重要的理论支持。

2. 知识经济影响了数字产业集群的发展模式

知识经济理论强调知识的创新和传播对产业发展的重要性，促进了数字产业集群模式的发展和演进。数字产业集群在知识经济的推动下，不断探索新的发展路径，形成了以创新驱动、知识密集、产业融合为特征的发展模式。因此，知识经济理论的指导促进了数字产业集群发展模式的不断完善和创新。

3. 知识经济为数字产业集群发展政策的制定提供了重要的指导

知识经济理论强调知识资本的重要性，强调政府在知识经济时代的重要角色。在数字产业集群发展过程中，政府可以通过制定支持性政策，促进知识的创新和流动，推动数字产业集群的发展。例如，政府可以加大对科研机构和高校的支持，加大技术研发和人才培养的投入，为数字产业集群的发展提供有力支持。因此，知识经济理论为政府制定数字产业集群发展政策提供了重要的理论指导。

（五）产业生态学理论

产业生态学理论强调了企业之间相互依存和相互影响的关系，认为产业是一个动态演化的生态系统。数字产业集群作为一个产业生态系统，数字产业内部的企业、政府、研究机构等存在着密切的关联和相互作用。在数字产业集群的形成与发展过程中，产业生态学理论发挥了重要作用，推动了数字产业集群理论的形成和发展。

1. 产业生态学推动了数字产业集群理论的形成

产业生态学关注产业内各主体之间的相互作用，以及与外部环境的互动关系，强调了产业发展不是孤立的、封闭的系统，而是一个开放的、动态的生态系统。在数字产业集群的研究中，产业生态学为理解数字产业集群内部企业之间的相互依存关系、合作关系和竞争关系提供了新的视角。例如，集群内部企业通常通过构建协作网络和共享创新资源，在提升整体竞争力的同时形成了动态平衡，这一过程还伴随着不同主体在技术标准、市场份额等领域的博弈和适应。通过这些互动，集群内部逐渐形成了更为稳定的生态秩序和发展机制。

2. 产业生态学影响了数字产业集群的发展模式

数字产业集群借鉴产业生态学的理论框架，通过构建开放的、共享的创新生态系统，促进产业内部企业之间的合作和创新，推动了数字产业集群的快速发展。例如，数字产业集群通过建立开放式的创新平台和生态共享机制，促进了技术创新和资源共享，推动了数字产业集群的可持续发展。因此，产业生态学为数字产业集群的发展模式提供了重要的理论指导。

3. 产业生态学为数字产业集群发展政策的制定提供了重要的指导

政府通过制定产业政策、优化产业生态环境和构建创新生态系统等措施，促进数字产业集群的发展。例如，政府加大对数字产业集群的资金支持和政策扶持，鼓励企业间的合作创新和资源共享，推动数字产业集群的良性发展。因此，产业生态学为政府构建开放式、协同化的政策体系提供了理论依据，助力数字产业集群实现可持续的创新驱动发展。

第二节　数字产业集群的发展情况

本节深入探讨和分析数字产业集群的发展现状及演进态势。

一、数字产业集群的全球发展概况

本节专注于概述数字产业集群在全球范围内的发展概况与趋势。

（一）主要数字产业集群的地理分布

数字产业集群的地理分布是全球数字经济发展需要关注的重要问题。各个地区都在积极推动数字产业的发展，形成了一系列具有地域特色的数字产业集聚地。

1. 美国硅谷

美国硅谷被誉为全球科技产业的发源地，位于美国加利福尼亚州的旧金山湾区。这一地区聚集了大量的科技企业、初创企业及风险投资机构。硅谷的兴起得益于早期的计算机产业，如惠普、英特尔等公司的发展。随着互联网的崛起，硅谷迅速发展成为全球领先的数字产业集群之一。据统计，硅谷地区有超过 6000 家高科技企业，涵盖了软件、互联网、生物技术、人工智能等多个领域。知名企业包括谷歌、苹果、Facebook 等，这些企业不仅在技术创新上处于领先地位，还成为全球数字产业的标志。

2. 中国科技创新中心

中国科技创新中心集聚了大量的数字企业和科研机构，包括深圳、北京和上海等地，其中，深圳的创新型企业达到 15 万家以上，占全国的 1/5。深圳作为中国的"硅谷"，拥有众多知名的科技企业和创新孵化器，是中国数字产业的重要基地。北京作为中国的政治和文化中心，也聚集了众多的数字企业和研发机构。上海作为中国的经济中心，吸引了大量的数字企业和风险投资。中国的数字产业集群在政策支持和市场需求推动下蓬勃发展，为中国经济的快速增长提供了强大动力。

3. 日本东京湾区

东京湾区是日本最重要的数字产业集聚地之一，汇聚了日本众多的高科技企业和研发机构，约有 50%的日本研发机构位于该地区，每年有超过 4000 项专利在该地区产生。该地区拥有世界一流的技术水平和创新能力，在电子、汽车、通信等领域占据着重要地位。日本政府通过制定相关政策和提供支持，促进了数字产业的发展，将东京湾区打造成为国际知名的数字产业集群。

4. 英国伦敦科技圈

伦敦科技圈是英国数字产业的中心地带，集聚了大量的科技企业、初创企业和风险投资机构，每年吸引了超过 60 亿美元的风险投资，拥有全球最大的科技初创企业群体。该地区以其国际化的氛围、优越的商业环境和丰富的人才资源吸引着全球的数字企业。英国政府通过投资创新基金、支持科技创业等举措，积极推动数字产业的发展，促进了伦敦科技圈的壮大。

5. 印度孟买-班加罗尔科技走廊

孟买-班加罗尔科技走廊是印度数字产业的重要集聚地之一，涵盖了孟买和班加罗尔两个城市。该地区拥有众多的软件开发企业、科技园区和研发机构，是印度数字产业的核心。孟买-班加罗尔科技走廊每年产生的软件收入超过 600 亿美元，班加罗尔是印度最大的软件出口中心，其产业规模占全球软件服务市场份额的 40%以上。孟买作为印度经济和金融中心，吸引了大量的数字产业企业和投资，成为印度数字产业的枢纽之一。班加罗尔以其优越的科技人才和创新环境而闻名，被称为"印度的硅谷"，集聚了众多的高科技企业和科研机构，是印度数字产业创新的重要基地。

（二）全球数字产业集群的发展趋势和特点

本部分专注于剖析全球数字产业集群的演进趋势及其鲜明特征。

1. 全球数字产业集群的发展趋势

全球数字产业集群呈现出多样化的发展趋势，包括快速增长、区域差异、技术创新驱动、跨界融合、政策支持、国际合作与竞争等。随着数字经济的持续发展和全球化进程的加深，数字产业集群将继续成为全球经济增长的重要引擎和创新驱动力。

1）快速增长的数字经济规模

全球数字产业集群的发展趋势之一是数字经济规模的快速增长。随着信息技术的不断进步和数字化产业的持续发展，数字经济规模呈现出持续增长的趋势。根据《全球数字经济白皮书（2023 年）》的数据，2022 年美国数字经济规模为 17.2 万亿美元，中国的约为 7.5 万亿美元，德国的约为 2.9 万亿美元，在全球范围内分列前 3 位。不过，需要强调的是，不同机构或报告对于"数字经济"的定义与统计口径存在差异，具体数字可能略有出入，但整体趋势大体一致。与此同时，联合国贸易和发展会议（UNCTAD）的一些预测数据显示，2025 年全球数字经济规模可能达到 22.5 万亿美元，年均增速有望保持在 12.5%左右。这些数据从不同角度都表明，数字经济正在成为全球经济增长的重要引擎，并不断推动数字产业集群的演进与壮大。

2）区域性发展趋势的显现

全球数字产业集群的发展呈现出明显的区域性发展趋势。一方面，发达国家如美国、英国、德国等拥有先进的信息技术和数字基础设施，形成了一系列高水平的数字产业集群。例如，美国的硅谷、英国的科技创新走廊成为全球数字产业的重要集聚地。另一方面，新兴经济体如中国、印度、巴西等也在数字产业领域取得了长足的发展，形成了一批具有国际竞争力的数字产业集群。

3）技术创新的持续推动

技术创新是数字产业集群发展的关键动力之一。随着人工智能、大数据、云计算、物联网等新一代信息技术的不断涌现和应用，数字产业集群不断推动着技术创新和产业升级。例如，人工智能技术的飞速发展为数字产业集群注入了新的活力，推动了各个行业的智能化转型和升级。

4）产业融合与创新模式的凸显

随着数字技术在各个行业的广泛应用，不同行业之间的界限变得越来越模糊，产业之间的融合与交叉日益增多。数字产业集群内部涌现出一大批跨界融合的企业形态和创新模式，促进了产业的多元化和创新发展。

5）政策支持与产业生态建设

政策支持是数字产业集群持续发展的重要保障。各国政府通过制定相关政策、提供财政支持、优化营商环境等措施，积极推动数字产业集群的形成和壮大。例如，中国政府出台了一系列支持数字经济发展的政策措施，包括 5G 基础设施建设、数字化产业发展、人才培养等，为数字产业集群的持续发展提供了有力支持。

6）国际合作与竞争

随着数字经济的全球化趋势加剧，国际合作与竞争成为全球数字产业集群发展的重要特征之一。一方面，各国数字产业集群之间在技术创新、人才吸引、市场拓展等方面展开合作，共同推动数字经济的发展。例如，欧盟的《数字单一市场战略》等文件提出了促进数字经济一体化的目标，加强了成员国数字产业集群之间的合作与交流。另一方面，数字产业集群之间也存在激烈的竞争。发达国家的数字产业集群在技术创新和市场占有率方面具有较强的竞争优势，而新兴经济体如中国、印度等在数字经济领域的快速崛起也带来了新的竞争挑战。据《全球数字经济展望 2021》显示，中国数字经济规模已连续多年居全球第 2 位，且增速明显高于全球平均水平。因此，各国数字产业集群在国际合作与竞争中展现出多样化的发展态势，推动了全球数字经济的快速增长和全球数字产业集群的不断升级。

2. 全球数字产业集群的发展特点

数字产业集群作为全球经济发展的重要组成部分，呈现出一系列显著的特点，在地理分布、产业结构、创新能力等方面展现了其独特性。

1）地理分布广泛

在全球范围内，数字产业集群分布广泛，覆盖了多个国家和地区。美国的硅谷，中国的北京和深圳，英国的伦敦科技圈等，被认为是全球数字产业集群的重要代表。据统计，截至 2020 年，美国的硅谷拥有超过 20000 家高科技企业，涵盖了人工智能、生物技术、云计算等多个领域。同时，中国的数字产业集群也在迅速发展，2022 年中国数字经济规模达到 50.2 万亿元人民币，占 GDP 的比重相当于第二产业占国民经济的比重，达到 41.5%。

这些数字产业集群的兴起不仅促进了当地经济的发展,也对全球数字经济的发展起到了重要推动作用。

2)产业结构多样化

全球数字产业集群的产业结构呈现多样化的特点,涵盖了软件开发、互联网服务、电子商务、人工智能、虚拟现实等多个领域。硅谷以技术创新和风险投资为特色,聚集了众多高科技企业和创业公司;中国的数字产业集群以互联网、电子商务和移动支付为主导,成为全球数字经济的重要引擎之一。此外,欧洲、亚洲、拉美等地区的数字产业集群也在不同领域展现出自己的特色和优势,共同构成了全球数字产业生态系统。

3)创新能力突出

全球数字产业集群以其突出的创新能力闻名于世。这些集群聚集了大量的科研机构、高校、创业企业和技术人才,形成了良好的创新生态系统。硅谷的创新生态体系包括斯坦福大学、加州理工学院等世界一流的高校和研究机构,为其技术创新和科研成果转化提供了强大支撑;中国的数字产业集群则以快速的市场响应能力和持续的技术创新为特点,推动了移动支付、电子商务等领域的快速发展。这些数字产业集群的创新能力不断提升,为全球数字经济的发展注入了新的动力和活力。

4)跨界融合趋势明显

全球数字产业集群呈现出跨界融合的趋势,不同的产业在数字化转型过程中交叉融合,形成了新的产业生态格局。例如,数字技术与传统制造业的融合促成了工业互联网的发展,将智能制造与互联网技术有机结合,实现了生产方式和商业模式的全面升级。

5)产业结构优化与创新升级

数字产业集群的发展在推动产业结构优化与创新升级方面发挥了重要作用。随着数字技术的广泛应用,传统产业逐渐向数字化、智能化转型,形成了新的产业生态系统。数字产业集群不仅促进了数字产业的发展,还催生了一批新兴产业和业态。例如,在硅谷数字产业集群中,除了以硬件和软件为主的科技公司,还涌现出了一大批互联网金融、人工智能、生物技术等新兴产业公司,推动了产业结构优化与创新升级。

(三)中国数字产业集群的发展趋势和特点

本部分致力于深入探讨中国数字产业集群的发展动向与独特特征。

1. 中国数字产业集群的发展趋势

中国作为全球最大的数字经济市场之一,数字产业集群的发展呈现出一系列显著的趋势,这些趋势不仅反映了中国数字经济的发展现状,也为未来的发展提供了重要参考。

1)区域发展不平衡趋势

中国数字产业集群的发展存在明显的地区不平衡趋势。一方面,北京、上海、深圳、杭州等一线城市数字产业集群发展日趋成熟,形成了较为完整的产业生态和创新生态系统。例如，深圳作为中国的创新中心之一，汇聚了众多知名科技企业和创业公司，成为全球领先的数字产业集群之一。另一方面，中西部地区和东北地区数字产业集群相对薄弱，发展水平较为落后。这种区域发展不平衡现象在数字经济发展中较为突出，成为中国数字产业集群高质量发展的重要挑战。

2）创新驱动发展趋势

中国数字产业集群的发展逐渐由规模扩张向质量提升和创新驱动转变。政府提出的创新驱动发展战略为数字产业集群的升级提供了政策支持和政策环境。例如，中国制定了一系列促进科技创新和数字经济发展的政策，如《新一代人工智能发展规划》等，为数字产业集群的创新发展提供了政策保障；同时，中国数字产业集群中涌现出了一大批创新型企业和科技型企业，如华为、阿里巴巴、腾讯等，推动了数字产业集群向高端化、智能化方向发展。

3）产业融合与协同发展趋势

随着数字技术的不断发展和应用，产业融合成为中国数字产业集群发展的重要趋势之一。数字产业集群内的企业不再局限于某一领域，而是开始涉足多个领域，实现产业链的延伸和产业融合。例如，中国数字经济发展已经促进了传统产业向数字化、智能化转型，涌现出了一大批数字化转型的企业和产业集群。数字技术与传统产业的融合不仅促进了产业升级，还创造了新的增长点和新的商业模式，推动了产业的协同发展和创新。

4）国际合作与开放共享趋势

中国数字产业集群的发展逐渐走向国际合作和开放共享。中国积极参与全球数字经济合作与交流，共同推动全球数字经济发展。同时，中国数字产业集群内部也在加强企业之间的合作与交流，形成了一种开放共享的创新生态系统。例如，中国的共享经济发展迅速，共享单车、共享汽车等新型业态不断涌现。

2. 中国数字产业集群的特点

中国数字产业集群的发展具有多样性和复杂性，反映了中国数字经济发展的多维度特征。以下将从产业集聚特征、技术创新特征、政策支持特征、人才培养特征和国际合作特征等方面，对中国数字产业集群的发展特征进行详细分析。

1）产业集聚特征

中国数字产业集群的发展呈现出明显的产业集聚特征。一方面，一线城市和"新一线"城市的发达城市如北京、上海、深圳、杭州等，集聚了大量数字企业和创新资源，形成了数字产业集群的核心区域。另一方面，二线城市和中西部地区数字产业集群发展相对滞后，但也在加速追赶的过程中。例如，成都、武汉等城市正在逐渐形成数字产业集群，吸引了大量创新型企业和人才的聚集。

2）技术创新特征

中国数字产业集群的发展受益于技术创新的持续推动。中国政府提出的创新驱动发展战略为数字产业集群的技术创新提供了政策支持和政策环境。数字产业集群内部涌现出了一大批技术领先的企业和创新团队，如华为、阿里巴巴、腾讯等，推动了数字产业的创新发展。同时，数字产业集群促进了不同行业之间的技术融合和交叉创新，推动了数字经济向高质量发展的转型。

3）政策支持特征

中国政府通过制定一系列支持数字产业发展的政策和举措，积极推动数字产业集群的发展。例如，政府出台了《新一代人工智能发展规划》等一系列产业政策，为数字产业的创新发展提供了政策支持和政策环境。此外，政府加大了对数字产业集群的财政投入和项目支持，推动数字产业集群向高端化、智能化方向发展。

4）人才培养特征

人才是数字产业集群发展的重要支撑和核心竞争力。中国数字产业集群注重人才培养，不断优化人才培养机制和体系。数字产业集群内部吸引了大量优秀的技术人才和管理人才，形成了一支高素质的人才队伍。同时，政府加大了对人才培养的支持力度，通过建设数字产业人才培训基地、设立人才奖励政策等方式，吸引和培养更多的数字产业人才。

5）国际合作特征

一方面，中国数字产业集群积极吸纳国外先进技术和管理经验，促进产业升级和转型。例如，中国与一些发达国家在数字产业发展领域建立了合作机制，共同推动数字经济的发展，并通过国际合作项目促进技术创新和人才交流。另一方面，中国数字产业在不断拓展海外市场，积极参与全球产业链分工，推动中国数字经济向世界输出。

二、数字产业集群的发展历程

本部分着重论述数字产业集群的演进历程，包括早期发展阶段、发展成熟阶段、当前发展状况。

（一）早期发展阶段：数字技术的兴起和产业集群初步形成

数字产业集群的早期发展阶段始于数字技术的蓬勃兴起，并伴随着产业集群的初步雏形逐渐显现。

1. 数字技术的兴起

随着信息技术的迅速发展，数字技术在20世纪末至21世纪初逐渐成为经济发展的引擎之一。数字技术的兴起源于信息技术的发展。20世纪80年代至90年代初期，个人计算机的普及和互联网的出现使得信息技术迅速普及。20世纪90年代中期以后，随着移动通信技术、大数据、人工智能等新一代信息技术的涌现，数字技术开始逐渐成熟和普及。数字技术的发展不仅加速了信息的传播和交流，也为产业创新和升级提供了新的动力。

2. 产业集群初步形成

在数字技术兴起的背景下,早期的数字产业集群初步形成。例如,硅谷在美国加利福尼亚州旧金山湾区形成,是全球最著名的数字产业集群之一,聚集了众多的科技公司、创业企业和高科技人才,成为全球创新和科技发展的重要中心之一;中国的中关村、以色列的特拉维夫、印度的班加罗尔等地,也逐渐形成了自己的数字产业集群。

3. 政策环境与支持措施

政府的政策支持对数字产业集群的初步形成起到了关键作用。政府通过制定相关政策、提供财政支持和优化营商环境等措施,积极引导和推动数字产业集群的发展。美国政府在硅谷地区实施了一系列的创新政策和税收优惠政策,为科技创新和企业发展提供了良好的政策环境。中国政府出台了一系列支持数字产业发展的政策,如科技创新基金、创业孵化器等,为数字产业集群的初步形成提供了政策支持。

4. 人才培养与技术创新

早期数字产业集群的形成离不开人才培养和技术创新的支持。在数字技术兴起的背景下,各地政府和企业纷纷加大对人才培养的投入,建设了一批高水平的科研机构和高校。同时,企业积极开展技术创新和研发活动,推动数字技术的不断进步和应用。例如,硅谷地区的斯坦福大学、加州理工学院等一批顶尖学府,为硅谷科技创新提供了源源不断的人才支持;同时,硅谷地区的谷歌、苹果、Facebook 等一批科技企业,也在技术研发和创新方面处于全球领先地位。

5. 地域竞争与合作

早期阶段,数字产业集群的地域竞争格局主要集中在发达国家的一些核心城市和地区。例如,硅谷作为最早兴起的数字产业集群之一,以其丰富的科技人才和创新环境,吸引了大量的科技企业和初创公司进驻,形成了独特的竞争优势。此外,其他地区如纽约的数字媒体产业集群、伦敦的金融科技产业集群等,也在地域竞争中展现了各自的特色和优势。

(二)发展成熟阶段:数字产业集群的蓬勃发展和壮大

数字产业集群步入发展成熟阶段,标志着其经历了蓬勃的发展与显著壮大的过程。

1. 数字产业集群规模的扩大

随着数字产业集群的不断发展,其规模不断扩大。以中国为例,在政策支持和技术创新的推动下,中国数字产业集群蓬勃发展,形成了一批具有国际影响力的数字产业集群。据统计,截至 2021 年底,中国已经形成了包括北京、上海、深圳、杭州、成都等在内的数十个数字产业集群,涵盖了人工智能、大数据、云计算、数字娱乐等多个领域。

2. 产业链的完善和优化

随着数字产业集群的壮大,其产业链也得到了进一步完善和优化。数字产业集群内的企业之间形成了密切的产业协同关系，从原始创意到产品设计、研发、生产、销售和服务环节形成了完整的产业链。这种产业链的完善和优化有助于提高数字产业集群的整体竞争力和创新能力，推动数字产业集群的持续健康发展。

3. 创新能力的提升

在数字产业集群发展成熟阶段，创新能力得到了进一步提升。通过产业链上下游企业的合作与竞争，数字产业集群内的企业不断加强技术创新和产品创新，推动了产业的不断转型升级。例如，深圳作为中国重要的数字产业集群之一，在人工智能、物联网、生物科技等领域涌现出了一批具有全球竞争力的企业，为数字产业集群的创新发展做出了重要贡献。

4. 人才队伍的壮大和优化

数字产业集群的发展壮大也吸引了大量优秀的人才加入。在数字产业集群中，人才是推动创新和发展的重要动力。数字产业集群吸引了大量高素质人才的涌入，技术人才、管理人才、市场人才等为数字产业集群的发展提供了强大的人才支撑。同时，数字产业集群也通过各种方式加强人才培养和引进，优化人才队伍结构，提升了数字产业集群的创新能力和竞争力。中央和地方政府非常重视数字产业集群的人才集聚，党的二十大报告提出要"强化数字人才队伍建设、加快推动数字经济高质量发展"；工业和信息化部印发的《促进中小企业特色产业集群发展暂行办法》对产业集群人才集聚提出了指导意见；深圳市制定的《深圳市数字经济产业创新发展实施方案（2021—2023年）》，明确了深圳市具体的人才吸引和培养措施等。

5. 国际竞争力的提升

随着数字产业集群的不断壮大和成熟，其国际竞争力也得到了显著提升。中国的数字产业集群在全球范围内具有重要影响力，例如，中国的互联网企业、电子商务企业、人工智能企业等在国际市场上表现出色，成为全球数字经济的重要参与者和推动者。数字产业集群的国际竞争力的提升不仅有助于中国数字产业集群在全球数字经济中占据重要地位，也为中国经济的全球化发展做出了重要贡献。

6. 政府支持政策的不断完善

政府在数字产业集群发展成熟阶段的支持政策也在不断完善。随着数字经济的崛起，政府意识到数字产业集群对经济发展的重要性，因此加大了对数字产业集群的政策支持和投入。政府通过制定相关产业政策、优化营商环境、加大科技创新投入等措施，积极推动数字产业集群的发展。中国政府连续多年出台了一系列促进数字经济发展的政策文件，包括《国家数字经济创新发展试验区建设总体方案》等，为数字产业集群发展提供了政策支持和指导。

7. 国际合作交流的加强

随着数字产业集群的发展壮大，国际合作交流也得到了进一步加强。数字产业集群与国际上其他地区的产业集群之间展开了广泛的合作与交流，共同探讨数字经济发展的新趋势和新模式，加强了经验分享和资源整合。同时，数字产业集群之间也积极开展国际合作，共同开拓国际市场，推动数字经济的全球化发展。

8. 生态环境保护与可持续发展

随着数字产业集群的发展，人们对生态环境保护和可持续发展的重视也日益增强。数字产业集群在追求经济效益的同时，也注重生态环境保护和资源利用的可持续性。例如，一些数字产业集群通过推动绿色能源利用、减少碳排放、提高资源利用效率等措施，积极响应国家的生态文明建设和可持续发展战略，为数字产业集群的发展注入了绿色动力。

9. 社会责任意识的提升

随着数字产业集群的发展，企业和组织对社会责任的认识也在不断提升。数字产业集群内的企业越来越重视社会责任，积极履行企业社会责任，参与公益事业和社会建设。例如，数字企业通过捐赠资金、参与慈善活动、开展志愿服务等方式，回馈社会，促进社会和谐稳定，增强了企业的社会形象和影响力。

（三）当前发展状况：数字产业集群的现状和未来发展趋势

本部分聚焦于数字产业的当前发展态势及其未来发展趋势。

1. 数字产业集群的现状

数字产业集群作为数字经济的重要组成部分，正在全球范围内迅速发展，并呈现出多样化的特点和趋势。本部分将从地理分布、产业结构、技术创新、人才培养等方面对数字产业集群的现状进行分析。

1）地理分布

数字产业集群的地理分布呈现出多样性和分散性，但一些区域仍然显著地成为全球数字产业的中心。硅谷作为全球最著名的数字产业集群之一，聚集了众多知名的科技企业，如谷歌、苹果、Facebook 等，成为全球数字经济的风向标。中国的广深港澳科技创新走廊、印度的班加罗尔、以色列的特拉维夫等也逐渐崭露头角，在全球数字经济中占据重要地位。

2）产业结构

数字产业集群的产业结构日益丰富多元，涵盖了软件开发、互联网服务、人工智能、大数据、云计算、物联网、生物科技等多个领域。这些领域的企业相互依存、相互配合，形成了完整的产业链，为数字经济的全面发展提供了有力支撑。

3）技术创新

技术创新是数字产业集群发展的核心驱动力之一。在数字产业集群中，企业不断进行技术创新，推动着数字经济的快速发展。人工智能、大数据、云计算、区块链等新兴技术正在数字产业集群中得到广泛应用，为产业的升级和转型提供了有力支撑。

以硅谷为例，该地区拥有全球顶尖的技术人才和研发机构，每年都涌现出大量的科技创新成果。谷歌的无人驾驶汽车、苹果的 iPhone、Facebook 的社交网络平台等产品都是硅谷创新的代表作品，引领着全球科技的发展潮流。

4）人才培养

人才是数字产业集群发展的重要保障和核心竞争力。数字产业集群的兴起吸引了大量优秀人才的聚集，形成了人才密集的优势。这些人才涵盖了技术研发、市场营销、管理运营等多个领域，为数字经济的创新和发展提供了强有力的支撑。

2. 未来发展趋势

数字产业集群作为数字经济发展的核心引擎，在全球范围内正呈现出日益多元化和复杂化的发展趋势。

1）智能化发展

智能化发展是数字产业集群未来的重要发展方向之一。随着人工智能、物联网、自动化等新一代信息技术的迅速发展，智能化技术将在数字产业集群中得到广泛应用，推动产业升级和转型。国际数据公司（IDC）的报告显示，全球边缘人工智能市场规模预计将在 2025 年达到约 500 亿美元，较 2020 年增长约 10 倍。智能化技术的发展将为数字产业集群带来更高效、更智能的生产方式，提升产业的竞争力。

2）跨界融合

未来，数字产业集群将更加注重产业之间的跨界融合。不同产业之间的融合将加速创新和发展，推动数字经济向更高层次发展。例如，数字技术与生物科技的结合将推动医疗健康产业的发展，数字技术与金融业的融合将推动金融科技的快速增长。数字产业集群将积极探索不同产业之间的合作模式，促进产业的协同创新和共同发展。

3）全球化布局

数字产业集群将更加强化全球化布局，加强与其他国家和地区的合作与交流。随着数字技术的发展，全球范围内的数字产业集群将更加紧密地相互联系，形成全球数字经济发展的新格局。中国的数字产业集群已经成为全球数字经济的重要参与者和推动者，不断加强与其他国家和地区的合作，共同推动全球数字经济的发展和繁荣。

4）生态环境建设

未来，数字产业集群将更加注重生态环境建设和可持续发展。数字产业集群将积极参与绿色技术的研发和应用，推动数字经济与生态环境的良性互动，实现经济增长与生态环境保护的双赢。例如，谷歌在全球范围内积极推动可再生能源的应用，承诺在 2030 年实现全面碳中和，并于 2021 年宣布投资 10 亿美元用于可持续发展项目。数字产业将加强企业社会责任意识，积极参与生态环境保护，助力可持续发展，推动数字经济与生态环境的良性互动。

5）政策支持持续增强

政府在数字产业集群发展中将继续加强政策支持力度，为数字经济的健康发展提供有力保障。政府的支持政策包括财政、税收、人才培养、科研创新等多个方面，旨在营造良好的发展环境，激发企业创新活力，推动数字产业集群的快速成长。例如，中国政府发布了《关于促进数字经济高质量发展的若干政策措施》，明确提出支持数字产业集群发展，加大对数字经济领域的投入力度，推动数字产业集群的创新发展和持续提升国际竞争力。

6）数据安全和隐私保护

随着数字产业集群的不断发展，数据安全和隐私保护问题日益受到关注。数字产业集群中涉及大量个人隐私数据和商业机密信息，如何保护好这些数据资产成为一个重要课题。政府和企业需要加强数据安全管理，建立健全数据安全保护体系，加强对个人信息的保护和管理，防范数据泄露和信息安全风险。同时，政府需要制定相关法律法规和政策措施，规范数字产业的数据采集、存储、处理和共享行为，保障公民的合法权益和社会稳定。

7）国际合作与竞争

随着数字产业集群的全球化发展，国际合作与竞争将更加激烈。各个国家和地区的数字产业集群将加强合作，共同推动全球数字经济的发展。同时，数字产业集群之间的竞争将日益加剧，各个国家和地区都希望本国和本地区的数字产业集群在全球数字经济中占据更有利的位置。为此，政府需要制定有效的产业政策，提升数字产业集群的国际竞争力，积极参与国际合作与竞争，推动数字产业集群向更高水平迈进。

8）创新生态建设

创新是数字产业集群发展的核心驱动力。政府需要加强创新生态建设，激发企业创新活力，培育更多具有国际竞争力的创新型企业。政府可以通过建设科技园区、设立创新基金、提供创新政策支持等方式，推动创新资源的集聚和优化配置，促进科技成果转化和产业升级。同时，政府还应加强与高校、科研院所等科技创新主体的合作，构建产学研用相结合的创新生态体系，推动科技创新与产业发展深度融合，实现经济高质量发展。

9）社会责任与可持续发展

数字产业集群在追求经济效益的同时，也需要承担起社会责任，促进可持续发展。政府需要加强对数字产业集群的监管和引导，推动企业履行社会责任，积极参与公益事业，关注环境保护、资源节约、社会公正等方面的问题。同时，政府应鼓励数字产业集群注重可持续发展，推动绿色技术的应用，加强环境保护和生态建设，实现经济增长与生态平衡的良性循环。

第三节 我国数字产业集群发展的优势与制约

本节深入剖析我国数字产业集群在发展中展现的独特优势及所面临的制约因素，旨在全面揭示其在蓬勃兴起过程中既有的坚实基础与亟待突破的挑战。

数字中国

一、数字产业集群发展的驱动因素

数字产业集群的发展受到多种因素的驱动，这些因素相互作用、相互促进，共同推动着数字产业集群的蓬勃发展。

（一）科技创新驱动

科技创新是数字产业集群发展的重要驱动力之一。随着科技水平的不断提高，新一代信息技术不断涌现，如人工智能、物联网、大数据、区块链等，为数字产业集群的发展提供了强大的技术支持。

（二）市场需求驱动

市场需求是数字产业集群发展的另一个重要驱动因素。随着消费者需求的不断升级和变化，数字化产品和服务的需求不断增加，促进了数字产业集群的快速发展。中国互联网络信息中心发布的第 53 次《中国互联网络发展状况统计报告》显示，中国互联网用户规模持续增长，截至 2023 年 12 月，中国网民规模达到 10.92 亿人。这一巨大的市场需求为数字产业集群的发展提供了巨大动力。

（三）政策支持驱动

政策支持是数字产业集群发展的重要保障。政府通过出台一系列支持数字产业发展的政策和措施，为数字产业集群的发展提供了良好的政策环境和政策支持。例如，《国家新一代人工智能发展规划》提出了一系列支持人工智能产业发展的具体政策措施，为数字产业集群的发展提供了政策保障。

（四）人才支持驱动

人才是数字产业集群发展的重要支撑。优秀的人才是数字产业集群创新发展的关键因素。中国拥有丰富的科技人才和创业人才，为数字产业集群的发展提供了强大的人才支持。中国高等教育毕业生数量持续增长，这些优秀人才的涌现为数字产业集群的发展提供了强大的人才保障。

（五）全球化发展驱动

全球化是数字产业集群发展的重要动力。数字产业集群通过与国际市场的深度融合和合作，不断拓展国际市场，加速了产业的国际化进程。商务部发布的《中国数字贸易发展报告（2022）》显示，2022 年中国可数字化交付的服务进出口额为 3727.1 亿美元，同比增长 3.4%，规模再创历史新高。

二、我国数字产业集群发展的优势

中国作为世界第二大经济体，数字产业集群的发展具有独特的优势，主要体现在以下几个方面。

（一）庞大的市场规模

中国作为世界上人口最多的国家之一，庞大的市场规模为数字产业集群的发展提供了巨大优势。根据国家统计局数据，当前中国的人口总数超过 14 亿人，而且还在不断增长。同时，中国的经济总量在全球范围内居于前列，国内生产总值（GDP）在 2023 年达到了 126.06 万亿元人民币，居世界第 2 位。这一巨大的市场规模为数字产业提供了广阔的发展空间和丰富的商机。在这样的市场环境下，数字产业集群可以更好地满足消费者多样化的需求，推动创新和技术进步，实现经济规模效益和产业链优化升级。因此，中国数字产业集群能够充分利用国内庞大的市场规模优势，加速产业集群的形成和发展，为经济的高质量增长提供有力支撑。

（二）不断增强的科技创新能力

中国在科技创新领域取得了显著进展，成为全球创新的重要引擎之一。世界知识产权组织发布的《全球创新指数报告 2023》显示，中国在创新能力指数上排名全球第 12 位。中国政府不断加大对科技创新的投入力度，推动科技成果转化和产业应用，为数字产业集群的创新发展提供了强大的支撑。

（三）完善的数字产业链和配套服务体系

中国拥有完善的数字产业链和配套服务体系，形成了较为完整的数字产业生态圈。从制造业到服务业，从软件开发到互联网金融，中国的数字产业链日益完善，为数字产业集群的发展提供了良好的基础和支撑。同时，中国政府积极推动数字产业与相关产业的融合发展，促进产业链上下游的协同创新和合作。

（四）政策支持力度大

中国政府高度重视数字经济和数字产业集群的发展，出台了一系列支持政策和措施。例如，《关于促进数字经济高质量发展的若干政策措施》提出了加快数字基础设施建设、加强数字产业创新发展、推动数字经济与实体经济深度融合等一系列措施，为数字产业集群的发展提供了政策支持和保障。

（五）人才优势和创业氛围

中国拥有丰富的人才资源和创业氛围，为数字产业集群的发展提供了强大的人才支持。中国的高校毕业生数量庞大，技术人才和创业人才不断涌现；同时，中国政府积极推动人才培养和引进工作，为数字产业集群提供了充足的人才保障。与此同时，中国的创业氛围日益浓厚，政府鼓励和支持创新创业，为数字产业集群的发展注入了源源不断的创新活力。

三、我国数字产业集群发展的制约因素

我国数字产业集群在蓬勃发展的同时，也面临着一些制约因素，这些因素可能影响我国数字产业集群的健康发展。

（一）高端人才短缺

人才短缺一直是我国数字产业集群发展中的一大制约因素。尽管我国拥有庞大的人口基数，但高端数字产业人才相对匮乏。这在一定程度上制约了数字产业集群的技术创新和发展。尽管我国高等教育毕业生数量不断增长，但数字经济快速发展的需求与高端数字人才供给之间的矛盾仍然存在。因此，人才短缺问题仍然是制约我国数字产业集群发展的一个重要因素。

（二）前沿技术创新能力不足

前沿技术创新能力不足也是我国数字产业集群发展面临的瓶颈之一。尽管我国数字产业取得了长足的发展，但与发达国家相比仍存在一定的技术创新差距。特别是在一些前沿领域，如人工智能、区块链等，中国数字产业集群的技术创新能力相对欠缺。这一问题可能会影响我国数字产业集群的国际竞争力。

（三）市场体系有待完善

市场体系不完善是制约我国数字产业集群发展的另一个重要因素。尽管我国数字市场规模庞大，但市场体系有待完善，市场环境和规则也存在一些问题。例如，知识产权保护不力、市场准入门槛较高、行业规范不统一等问题，都可能影响数字产业集群的发展。因此，需要进一步完善市场体系，提高营商环境的竞争力，为数字产业集群的发展创造更加良好的市场环境。

（四）安全风险隐患日益突出

数字产业的发展也面临着安全风险隐患。随着数字产业集群规模的不断扩大和数字技术的不断进步，网络安全、数据隐私等问题日益突出。网络攻击、数据泄露等安全事件可能对数字产业集群的发展造成重大影响。因此，需要加强对数字产业集群的安全防护和风险管控，提高数字产业的安全性和可靠性。

（五）生态环境保护亟待加强

数字产业的快速发展，也带来了生态环境保护方面的挑战。数字产业集群的发展可能

会导致资源消耗、能源消耗、环境污染等问题，对周边环境造成一定影响。因此，需要加强数字产业集群的绿色发展，推动数字产业向绿色、低碳、可持续方向发展，实现经济发展与生态环境保护的良性循环。

（六）国际竞争压力增大

随着全球数字产业的迅速发展，我国数字产业集群也面临着来自国际竞争的压力。发达国家和其他新兴经济体的数字产业也在不断壮大，竞争日益激烈。我国数字产业集群在技术创新、市场开拓、品牌建设等方面需要与国际先进水平保持竞争力，这对我国数字产业集群的发展提出了新的挑战。

（七）政策不确定性

政策不确定性也是制约我国数字产业集群发展的一个因素。政策环境的不稳定和政策调整的频繁变化可能会影响数字产业企业的投资决策和发展规划。因此，需要加强政策制定和落实的连贯性和稳定性，为数字产业集群的健康发展提供更加稳定的政策环境。

（八）金融支持不足

金融支持不足也是制约我国数字产业集群发展的一个关键问题。尽管中国政府对数字产业的发展提供了一定的金融支持政策，但与发达国家相比，我国数字产业集群在资本市场的融资渠道相对不足，对创新型企业和高科技产业的支持力度有限。因此，需要加大对数字产业集群的金融支持力度，拓宽数字产业集群企业的融资渠道，提高资金保障能力。

（九）技术标准缺乏统一性

技术标准缺乏统一性也是我国数字产业集群发展的一个制约因素。技术标准的不统一，可能会导致不同企业之间的技术无法兼容，阻碍了数字产业集群的协同创新和发展。因此，需要加强技术标准的统一制定和推广应用，提高数字产业集群的技术整合能力和竞争力。

第四节　我国数字产业集群化的发展目标与政策配套

本节聚焦于我国数字产业集群化发展的宏伟目标及其配套政策体系，旨在深入探讨为实现这些目标所制定的战略规划、政策导向和支持措施，以全面理解我国数字产业集群在政策引领下的发展方向与路径。

一、我国数字产业集群化的发展目标

数字产业集群化是中国经济转型升级的重要战略，其发展目标涉及多个方面，包括经济增长、产业升级、科技创新、就业增加、国际竞争力提升等。

数字中国

（一）经济增长

我国数字产业集群化的首要目标之一是促进经济增长。数字产业已成为中国经济的重要支柱之一，对国民经济增长的贡献日益突出。数字产业集群化的发展将进一步加速数字经济的蓬勃发展，推动中国经济朝着高质量发展的方向迈进。

（二）产业升级

数字产业集群化的重要目标之一是推动产业升级。随着数字技术的广泛应用，传统产业正经历着数字化、智能化的转型升级。数字产业集群的形成和壮大将促进传统产业向数字化、智能化方向转型升级，提高产业的附加值和竞争力。例如，以电子商务为代表的数字经济模式正在改变传统零售业态，推动零售业向线上线下融合发展，提升了整个零售业的效率和竞争力。

（三）科技创新

数字产业集群化的发展目标之一是推动科技创新。数字产业集群为科技人才的聚集提供了良好的环境和平台，有利于促进科技成果的转化和应用。政府加大对数字产业的支持力度，鼓励企业加大研发投入，推动关键核心技术的突破，提高自主创新能力。

（四）就业增加

数字产业集群化的另一个发展目标是增加就业。数字产业集群的发展将进一步扩大数字经济领域的就业规模，为劳动者提供更多就业机会，促进社会稳定和经济发展。

（五）国际竞争力提升

数字产业集群的发展将有助于提高中国数字经济在国际市场上的话语权和影响力，加强中国在全球数字经济格局中的地位。随着我国数字产业集群的壮大，中国数字企业在国际市场上的竞争力也将逐步提升，为中国经济的全球化发展做出更大贡献。

（六）数字治理能力提升

随着数字化进程的加速，数字治理已成为国家治理体系和治理能力现代化的重要内容。数字产业集群化发展需要进一步提升数字治理能力，加强对数字经济、数字社会和数字生态的管理和监管，保障数字经济健康、有序、可持续发展。

（七）促进数字化转型

随着数字技术的发展，传统产业正在经历数字化转型的加速阶段。数字产业集群化的发展需要进一步推动各行业加快数字化转型步伐，提高数字化水平，实现生产、管理、营销等全方位的数字化升级。

（八）加强安全保障

数字产业集群化的发展需要加强信息安全、网络安全和数据安全等方面的保障。随着数字化进程的加速，信息安全、网络安全等问题日益突出，数字产业集群化的发展需要建立健全的安全保障体系，加强对关键信息基础设施和数据资产的保护，确保数字产业集群的安全稳定运行。

二、我国数字产业集群化高质量发展的政策配套

为促进我国数字产业集群化发展，应配置一系列政策，以推动数字产业集群的形成、壮大和创新发展。

（一）技术创新政策

技术创新是数字产业集群发展的核心驱动力之一。政府应该加大对技术创新的支持力度，鼓励企业加大研发投入，推动前沿技术的突破和应用。政府可以通过设立专项资金、加强科技人才培养、提供税收优惠等方式，支持数字产业集群的技术创新活动。例如，国家高新区的建设、创新创业园区的设立等都是政府促进技术创新的重要举措。

（二）人才培养政策

人才是数字产业集群发展的重要保障。政府应该加强对人才培养的支持，鼓励高校加强与企业合作，培养适应数字产业发展需求的高素质人才。同时，政府可以出台各项政策，吸引国际人才来中国创业创新，加速数字产业集群的国际化进程。例如，建立人才引进与培养计划、提供优厚的人才待遇等，可以有效提升数字产业集群的人才储备和竞争力。

（三）市场开放政策

市场开放政策是数字产业集群发展的重要保障之一。政府应该加强市场开放，促进数字产业集群与国际市场的对接与合作。政府可以通过扩大对外开放、降低市场准入门槛、加强国际合作等方式，推动数字产业集群与全球数字经济的深度融合，拓展数字产业集群的发展空间和市场规模。

（四）创新金融政策

创新金融政策是数字产业集群发展的重要支撑。政府应该加强创新金融政策的制定和实施，推动金融创新，为数字产业集群的发展提供更加便利化、多样化的金融服务。政府可以通过设立风险投资基金、支持科技型企业上市、推动数字货币发展等方式，促进数字产业集群的融资和投资活动，提升数字产业集群的发展活力和竞争力。

（五）加强知识产权保护政策

知识产权保护是数字产业集群发展的重要保障。政府可以加强知识产权保护政策，建立健全法律法规体系，加大对知识产权侵权行为的打击力度，保护数字产业集群中企业的创新成果和知识产权。同时，政府可以加强知识产权的宣传和培训，提高数字产业从业人员对知识产权保护的重视程度。

（六）拓展国际市场政策

拓展国际市场是数字产业集群发展的重要战略。政府可以出台一系列政策，鼓励数字产业集群中的企业积极拓展国际市场，加强与国际企业的合作与交流，提升数字产业集群在国际市场上的竞争力。例如，政府可以提供国际市场拓展的相关政策支持、加强对外贸易合作等。

（七）优化营商环境政策

优化营商环境是数字产业集群发展的重要保障。政府加强有利于优化营商环境的政策制定和实施，简化行政审批程序，降低市场准入门槛，提高政府服务效率，为数字产业集群的发展营造良好的营商环境。

（八）加强科技基础设施建设政策

科技基础设施建设是数字产业集群发展的重要支撑。政府可以加大对科技基础设施建设的投入，加快科技创新平台和研发机构建设，提升数字产业集群的科技创新能力和竞争力。例如，政府可以加强科研院所和高校的科技创新平台建设、推动数字产业集群与科研机构的合作等。

（九）加强产业链衔接政策

产业链衔接是数字产业集群发展的重要环节。政府通过加强产业链条的规划和引导、鼓励企业加强产业链的合作与协同创新，推动数字产业集群内外部产业链的紧密衔接，促进上下游产业协同发展，提升数字产业集群的整体竞争力。

第四章

制造业数字化绿色化转型

二十届中央财经委员会第一次会议强调,加快建设以实体经济为支撑的现代化产业体系,关系我们在未来发展和国际竞争中赢得战略主动。要把握人工智能等新科技革命浪潮,适应人与自然和谐共生的要求,保持并增强产业体系完备和配套能力强的优势,高效集聚全球创新要素,推进产业智能化、绿色化、融合化,建设具有完整性、先进性、安全性的现代化产业体系。产业智能化、绿色化、融合化的发展理念体现了制造业数字化绿色化融合发展的前瞻性指导方向。截至 2022 年底,我国拥有 41 个工业大类、207 个工业中类、666 个工业小类,是全世界唯一拥有联合国产业分类中全部工业门类的国家,推动制造业数字化、绿色化转型升级,是加快推进新型工业化的必由之路。

第一节 制造业数字化绿色化转型的基本理论

本节将率先深入探索制造业数字化与绿色化转型的核心理念与基础理论框架,旨在剖析数字化技术如何与绿色可持续发展理念相融合,共同推动制造业从传统模式向高效、环保的现代生产模式转型的深层逻辑与理论依据。

一、制造业数字化绿色化融合发展的内涵和作用

本部分将细致解读制造业数字化转型与绿色发展深度融合的内涵精髓及其深远作用。

(一)制造业数字化绿色化融合发展的内涵

根据《工业数字化绿色化融合发展白皮书(2022 年)》的定义,制造业数字化绿色化融合发展是指在工业文明向生态文明发展的过程中,以数据资源作为关键生产要素,以新型通信技术融合应用、全要素数字化转型作为重要推动力,以现代信息网络作为重要载体,以减污降碳扩绿增长作为重要抓手,不断破除数字化和绿色化之间相互独立的技术壁垒,数字化绿色化作用于工业化,共同推进工业高质量发展,不断提高工业数字化、绿色化、

数字中国

先进化的水平,实现经济效益与生态效益、社会效益共赢的工业经济增长方式。其中,数字化是绿色化和工业高质量发展的途径和手段,绿色化则是数字化和工业高质量发展的底色和方向。

(二)制造业数字化绿色化融合发展的作用

制造业数字化绿色化融合发展的作用体现得尤为显著且全面,具体展现在以下几个关键维度。

1. 加速构建制造强国蓝图

在全球视野下,制造业正迈向绿色化与智能化的转型发展新纪元。我国作为传统的制造业与互联网大国,在当前新时代背景下,亟需将传统优势有效整合,打造核心竞争力。借助科技革命带来的创新技术,加速推进传统制造业向绿色化智能化升级,深化行业结构调整,以绿色和可持续发展的理念实现由大到强的质变。

2. 稳步提升人民的幸福感

改革开放40余年来,虽然大力推进制造业发展助推了经济的飞跃,但也造成了资源与环境的巨大负担,影响了人民生活质量的持续提升。现如今,将数字化与绿色化思维融入制造业发展中,通过信息技术将绿色基因渗透到传统产业之中,不仅孕育了先进的生产组织模式,也奠定了绿色产业体系的基础,以此提高民众的生活品质和幸福指数。

3. 加快提升产业国际竞争力

2008年国际金融危机之后,联合国环境规划署提出的绿色经济发展议题被广泛接受,绿色发展已经成为国际经济发展的主导议题和国际趋势。要求出口的产品和服务既要在量上领先,又要在质上有优势,推动互联网技术与制造技术的深度融合,贯彻创新、协调、绿色、开放、共享的新发展理念,才能不断加快提升我国绿色制造的国际竞争能力。我国要想加快构建以国内大循环为主体、国内国际双循环相互促进的新发展格局,必须确保输出的产品和服务在规模和质量上都要具有优势。只有深入推进信息技术与制造技术融合发展,才能不断增强我国绿色制造的国际竞争力。

二、制造业数字化绿色化融合发展的内在逻辑

数字经济依靠数据要素、信息网络和数字技术等新型生产要素,能够在产出水平既定的条件下消耗更少能源,呈现出集约型、高效率的经济增长模式。然而,大数据的存储、转移、处理及分析过程会不可避免地耗费大量以电力为主的传统能源,而数字技术虽然提供了节能减排的解决方案,却可能陷入能源与碳的"回弹效应"。因此,唯有主动推动数字化绿色化融合发展,将人与自然的和谐共存基本准则贯穿于数字化发展全程,才能在真正意义上提升产业体系的绿色发展层级。

数字化与绿色化的关系是相互补充、相得益彰的伙伴关系。在信息革命的时代背景下,

数字化成为推动产业绿色化发展的关键手段,而在可持续发展的要求下,绿色化也成为产业数字化发展的必然趋势。借助数字经济为产业高质量发展注入强劲动能,同时,以动态演进的绿色发展标准牵引数字技术创新。通过数字技术与绿色制造技术的深度融合与创新,促进传统优势产业与战略性新兴产业的协同发展,从而实现数字化与绿色化的良性发展循环。

三、制造业数字化绿色化融合的发展阶段

我国制造业数字化绿色化融合的发展历程分为四个阶段。

(一)初期萌芽阶段(2003—2015年)

2003年,党的十六大提出科学发展观,经济与环境协调发展问题被提上议程。2007年,党的十七大明确提出"要加快转变经济发展方式",这是我国开启绿色发展的重大进步。在数字经济方面,我国早期的探索主要集中于信息化建设和电子商务发展领域,这一过程见证了我国关于经济与环保协调发展理念的初步形成。这个阶段制造业数字化绿色化融合发展的理念和政策方兴未艾。

(二)探索起步阶段(2016—2020年)

2016年,"可持续发展理念"被列为全面建成小康社会新发展理念之一。2019年,新发展理念、生态文明和建设美丽中国的要求写入《宪法》。工业和信息化部"十三五"工业绿色发展规划十大任务之一就是实施绿色制造+互联网,首次提出提升工业绿色智能水平。工业和信息化部、国家发展改革委等部门联合印发的《绿色制造工程实施指南(2016—2020年)》,提出的基本原则之一就是积极应用信息网络技术和大数据等先进手段,在各行业大中小企业全面推行绿色制造,加快构建绿色制造体系。这一阶段我国第一次提出通过实施绿色制造+互联网,提高制造业绿色智能水平的战略构想,展现了对于绿色制造全面推进的坚定决心。

(三)加速推进阶段(2021—2035年)

随着碳达峰碳中和目标的提出,我国对产业生态环境因素的重视达到了空前的高度。数字中国建设方案的提出,更将数字经济的发展推向新的高峰,数字化绿色化融合发展步入加速推进的新征程,上升为国家战略。我国碳达峰碳中和"1+N"政策体系提出要推进工业领域数字化智能化绿色化融合发展,《"十四五"工业绿色发展规划》将加速生产方式数字化转型作为九项主要任务之一。围绕加速生产方式数字化转型,《"十四五"工业绿色发展规划》指出,要以数字化转型驱动生产方式变革,采用工业互联网、大数据、5G等新一代信息技术提升能源、资源、环境管理水平,深化生产制造过程的数字化应用,赋能绿色制造。

（四）深度融合阶段（2036—2050年）

2036年开始，我国将进入碳排放快速下降阶段，并为2060年实现碳中和做好攻坚准备，经济结构优化，经济质量与核心竞争力显著提升。届时，高能耗领域的数字化绿色化融合技术将实现规模化应用，力争在全球能效领域达到领先水准，推动制造业增长与碳排放实现脱钩。

我国制造业的数字化绿色化融合将不断深化和完善，为实现绿色发展和高质量发展提供坚实的支撑，书写新时代制造业转型升级的华彩篇章。

第二节 制造业数字化绿色化融合发展的国外探索和实践

本节将简要勾勒国外在推动制造业数字化绿色化融合发展方面的积极探索与实践历程。

一、欧盟的探索与实践

欧盟对于工业的绿色化和数字化转型给予了极高的关注和重视，其在全球范围内处于领先地位，特别是在绿色战略、工业战略，以及绿色化与数字化双重转型的战略规划方面，展现了其前瞻性和深远的战略视野。通过精心制定的战略规划，欧盟旨在引领工业领域实现数字化与绿色化的双重飞跃，彰显了其在推动可持续发展和科技创新道路上的坚定决心。

（一）绿色战略

2019年12月，欧盟委员会颁布《欧洲绿色新政》，通过向清洁能源和循环经济转型，计划使欧洲到2050年成为全球首个碳中和大陆，促进欧洲经济稳定可持续发展。《欧洲绿色新政》初步明确了在若干重点领域实现上述目标的政策路径。

（二）工业战略

2020年3月，欧盟委员会颁布《欧洲新工业战略》，以碳中和与数字化转型双重战略为基本路径，为欧洲制定全新的工业战略，加速欧洲工业的创新与变革，以保持欧洲在全球工业领域的领导变革能力。《欧洲新工业战略》提出了三大愿景与三大策略。三大愿景包括：愿景一，欧洲工业具备全球竞争力和世界领先地位；愿景二，到2050年使欧洲成为世界上第一个实现气候中立的大陆；愿景三，要打造欧洲的数字化未来，让欧洲成为全球数字领导者。三大策略包括：策略一，欧洲工业转型的基础性策略；策略二，强化欧洲工业和战略主权（欧盟指出，实施战略自主权的核心是减少对其他国家的依赖，通过该项举措能够帮助欧洲在关键材料、技术、基础设施、安全等战略领域获得更大利益，也将为欧洲工业提供一个发展自身市场、产品和服务的机会，更有利于提高其全球竞争力）；策略三，合作伙伴关系治理（欧盟认为欧洲需要密切关注工业生态系统中所有的参与者，涵盖从最小的初创企业到最大的公司，从学术界到研究界，从服务商到供应商）。

三大愿景让欧洲工业拥有全球竞争力和世界领先地位，为实现 2050 年碳中和、打造欧洲的数字化未来奠定基础；三大策略则为欧洲工业转型提供基础性策略，强化欧洲工业和战略自主、合作伙伴关系治理。2021 年 5 月，欧盟委员会发布了更新版的《欧洲工业战略》，重点关注在特殊背景下加强单一市场的抵御能力、应对欧洲战略依存关系及加速绿色和数字化过渡，旨在提升欧洲在全球工业中的领导者地位，在数字和绿色领域取得先发竞争优势。

（三）绿色化和数字化双重转型战略

欧盟委员会在 2021 年发布的"地平线欧洲计划"宣布，未来两年将拨款 7.24 亿欧元，支持制造业和建筑业数字化发展及减少碳足迹。2022 年 6 月，欧盟委员会颁布《2022 年战略前瞻报告：在新的地缘政治背景下实现绿色化与数字化转型》，确定了十个关键行动领域，最大限度地促进绿色化和数字化协同发展，从而增强欧盟跨部门经济韧性和开放性战略自主。其中，绿色化和数字化转型相结合的五大关键领域包括能源、交通、工业、建筑和农业；十个关键行动包括加强关键产业韧性和开放性战略自主、加强绿色和数字外交、对关键材料和商品进行战略管理、加强经济和社会凝聚力、对教育和培训系统进行适应性调整、增加对新技术和基础设施投资、探索综合性可持续发展评估框架、确保前瞻性单一市场监管框架、加紧制定可持续发展全球化标准、促进强大的网络和数据安全共享框架。

2023 年 3 月，欧盟委员会公布了《净零工业法案》和《关键原材料法案》提案，搭建起了绿色协议工业计划的第一根支柱，以确保欧盟在清洁技术生产方面发挥主导作用。《净零工业法案》是欧盟绿色协议工业计划的关键部分，旨在确保到 2030 年欧盟至少 40%的包括风力涡轮机、电池、热泵、太阳能电池板、可再生氢等在内的清洁技术需求在欧洲本土制造。2024 年 2 月 6 日，欧盟理事会、欧盟委员会和欧洲议会就《净零工业法案》达成临时协议，以此促进欧盟为实现气候目标所需净零技术的工业部署，加强欧盟在工业绿色技术方面的优势。

二、英国的探索与实践

与欧洲其他国家相比，英国工业数字化转型的步伐更快，主要在于其重视科技产业和低碳技术优势，并积极部署绿色工业革命，以实现净零排放战略目标。

2017 年 1 月，英国政府发布《现代工业战略绿皮书》，确立提高能源供应效率及绿色发展等十项重点任务。2017 年，英国政府出台《数字发展战略》，强调英国在脱欧以后要持续通过提高生产力和推动全国增长来提高生活水平和经济增长，并将《现代工业战略绿皮书》中概述的原则应用于数字经济，强调重视数字经济的发展。

2019 年，英国启动了一项政府投资计划，聚焦信息技术领域机器人可信赖自治系统平台和新运输系统等。2021年3月，英国在G7国家中率先推出《工业脱碳战略》，提出从供应链整合和优化角度降低碳排放，以减少重工业和能源密集型行业的碳足迹；英国在《交通脱碳：更好、更绿色的英国》中提出，通过数据共享等方案优化交通效率、加快脱碳步伐。2021年10月，英国发布《净零战略》，核心在于建立以数据和数字化为基础，更智能、灵活的能源系统，支持英国企业向绿色技术过渡。2022年4月，英国发布《英国能源安全战略》，加大在核能、海上风电、氢能等再生能源领域的投资。

三、美国的探索与实践

美国在工业数字化绿色化融合发展的过程中，注重系统性、整体性、均衡性，在战略规划、成效目标、研发投入、人才培训等方面的综合实力名列前茅。

2014年，美国开始实施《先进制造战略》，将数字设计与制造等技术作为引领未来产业发展的关键。2016年，美国公布"智能制造振兴计划"，提出建立内嵌能压缩和排放降低材料制造研究所、制造环境下机器人制造创新研究所等五大制造中心。2020年12月，美国工业互联网联盟首次发布《工业数字化转型白皮书》，描述了云计算、数字孪生等关键技术的应用场景，提出"快速、开放、高效"的创新流程是数字化转型的关键。2020年，美国提出《零碳排放行动计划》，推广零碳排放技术、建立清洁能源经济、优化产业政策和开展气候外交，助推美国2050年实现碳中和目标。

2021年11月，美国政府发布的《迈向2050年净零排放的长期战略》提出，在2030年实现温室气体排放量在2005年的基础上减少50%～52%的目标；在2035年实现100%清洁电力的目标；在2050年实现100%清洁能源和碳中和的目标。2022年8月，美国通过了高达3690亿美元的《通胀削减法案》，用于清洁能源产业税收抵免和补贴。2022年9月，美国能源部发布"美国工业脱碳路线图"和"美国交通脱碳蓝图"，确定了美国工业关键部分脱碳的路径，明确了智能制造和数据分析技术在工业和交通脱碳的应用路径。2023年4月，美国白宫科技政策办公室（OSTP）、能源部（DOE）、国务院（DOS）联合发布《美国国家创新路径》，旨在加快推进清洁能源关键技术创新。

四、日本的探索与实践

日本已经实现了碳达峰，目前发展重点聚焦在2050年实现碳中和。在绿色战略方面，2018年6月安倍内阁颁布的《第四次循环型社会形成推进基本计划》，明确指出日本绿色回收产业发展目标。2020年12月，日本发布《2050年碳中和绿色增长战略》，明确了2050年日本实现净零排放的碳中和目标，基于预算、税制、金融、监管、国际合作五个政策工具，在海上风电、电动汽车、氢能等14个重点领域推进碳减排，提出了具体的发展目标和重点任务。2021年，日本进一步提出要在2030年实现温室气体排放较2013年下降46%的目标。2021年10月，岸田文雄内阁制定了《第六次能源基本计划》，确定了日本绿色能源产业发展总体方向。2023年，日本经济产业省更新《2050年碳中和绿色增长战略》，调整纳入其中的技术领域。

在数字战略方面，2021年6月日本经济产业省首次发布《半导体数字产业战略》，从半导体、数字基础设施、数字产业三个维度提出了总体和细分领域的战略目标及施策方向。

为了推动绿色制造，日本于2008年实施《环境与能源革新技术开发计划》，投资300亿美元推进插电式混合动力车及燃料电池车等绿色技术研发。2011年，日本进行税制改革，将碳税改为以化石燃料碳排放量为征收基础，既避免了重复征税，又减弱了碳税推行阻力。2020年12月，日本发布了《2050年碳中和绿色增长战略》，明确十年内设立一个2万亿日元的"绿色创新基金"，作为推动企业研发和资本投资的激励政策。日本在2021年度税制改革中创设"碳中和投资促进税制"，并自2021年8月起正式实施。日本政府大力推进税收制度改革，将"碳中和投资促进税制"纳入《2021年度税制改革大纲》，并于2021年4月1日正式实施。

为促进数字经济和绿色经济协同发展，日本还在2021年度税制改革中创设"数字化转型投资促进税制"。日本政府期望通过实施"碳中和投资促进税制"和"数字化转型投资促进税制"，引导未来产业发展方向，鼓励企业将碳中和与数字化转型提升至战略层面，为长期可持续发展和提升竞争力主动进行投资。

第三节　制造业数字化绿色化融合发展的国内探索和实践

本节聚焦于我国制造业在数字化绿色化融合发展领域的积极探索与实践历程。

一、顶层设计的初步确立

2017年10月，党的十九大首次做出中国经济由高速增长阶段转向高质量发展阶段的历史性判断。高质量发展意味着中国经济由"数量追赶"转向"质量追赶"，由"规模扩张"转向"结构升级"，由"要素驱动"转向"创新驱动"，由"分配失衡"转向"共同富裕"，由"高碳增长"转向"绿色发展"。高质量发展"高效""公平""可持续"的目标奠定了我国未来发展基础，引领我国新时代中国式现代化建设的方向。

《中华人民共和国国民经济和社会发展第十四个五年规划和2035年远景目标纲要》正式将碳达峰和碳中和上升到国家战略层面。我国碳中和目标的设立与"十四五"规划的布局之年在时间上重合，目标时间的锚定及国家顶层发展规划文件的出台，意味着未来的碳排放强度会被纳入约束性指标，明确各个区域与行业碳排放控制任务的分配与协调。

《2024年政府工作报告》指出，"推动传统产业高端化、智能化、绿色化转型"。《中共中央　国务院关于完整准确全面贯彻新发展理念做好碳达峰碳中和工作的意见》提出，"推动互联网、大数据、人工智能、第五代移动通信（5G）等新兴技术与绿色低碳产业深度融合。"《2030年前碳达峰行动方案》指出，"推进工业领域数字化智能化绿色化融合发展。"在此过程中，相关部委也制定了配套措施，共同完成了顶层设计方案，具体如图4-1所示。

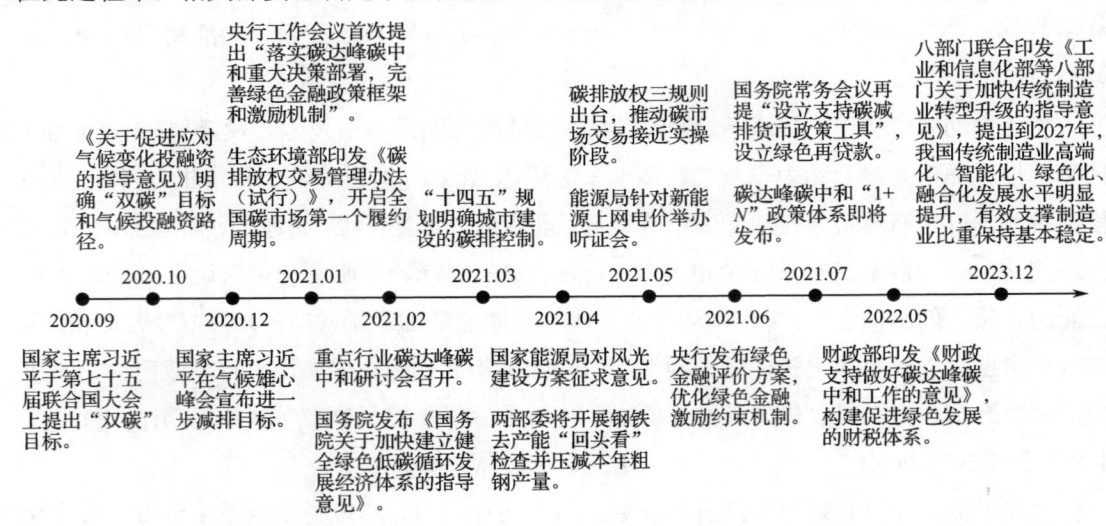

图4-1 制造业数字化绿色化融合发展在国内初步完成顶层设计

资料来源：黄奇帆，吴声，何帆，管清友. 数字上的中国[M]. 北京：中信出版社，2021.

二、具体发展路径的规划

2021年11月1日，工业和信息化部印发实施《"十四五"信息通信行业发展规划》，指出推动数字化绿色化协同发展。2021年11月15日，工业和信息化部发布了《"十四五"工业绿色发展规划》，提出要加速生产方式数字化转型，采用新一代信息技术提升能源、资源、环境管理水平，深化生产制造过程的数字化应用，赋能绿色制造。2021年12月，中央网络安全和信息化委员会发布《"十四五"国家信息化规划》，提出"加速信息技术赋能社会各领域节能减排"。

2022年6月，工业和信息化部等六部门印发《工业能效提升行动计划》，明确要"积极推动数字能效提档升级"，充分发挥数字技术对工业能效提升的赋能作用。2022年6月，工业和信息化部等六部门印发《工业水效提升行动计划》，提出"强化数字赋能，提升管理服务能力"，提高数字化水效管理水平，提升智慧化节水服务能力。2022年6月，工业和信息化部等五部门联合发布了《数字化助力消费品工业"三品"行动方案（2022—2025年）》，结合当前产业发展实际和技术演进趋势，确立了未来四年数字化助力消费品工业增品种、提品质、创品牌的主要目标。工业数字化绿色化融合发展的政策体系不断健全，为融合发展提供了战略指引。

2022年11月17日，中央网信办、国家发展和改革委、工业和信息化部、生态环境部、国家能源局五部门宣布联合开展数字化绿色化协同转型发展（双化协同）综合试点，并明确指出，开展"双化协同"综合试点是建设现代化产业体系，加快发展方式绿色转型的重要举措。以数字产业绿色低碳发展、数字技术赋能行业绿色化转型、行业绿色化转型带动数字产业为路径，形成数字化绿色化融合发展的良性循环格局。

2023年2月27日，中共中央、国务院印发的《数字中国建设整体布局规划》，进一步明确要加快数字化绿色化协同转型。2023年3月，《国家能源局关于加快推进能源数字化智能化发展的若干意见》提出，推动数字技术与能源产业发展深度融合，加强传统能源与数字化智能化技术相融合的新型基础设施建设，释放能源数据要素价值潜力，强化网络与信息安全保障，有效提升能源数字化智能化发展水平，促进能源数字经济和绿色低碳循环经济发展，构建清洁低碳、安全高效的能源体系。

三、制造业数字化绿色化融合的成功经验

制造业作为国民经济和综合国力的核心支柱，其重要性不言而喻。该行业的产品几乎覆盖了生活的每个角落，按照工艺特征制造企业主要分为流程型制造企业和离散型制造企业两大类。具体来说，流程型制造企业致力于将原材料经过精密加工，使其在形态或化学性质上发生根本性变化，最终形成新形态或新材料。石油和钢铁等行业便是典型的流程型制造企业。离散型制造企业，则通过将各式各样的独立零配件组合装配，最终构成完整的成品。离散型制造企业遍布众多行业，主要包括机械加工、汽车制造、服装设计、家具制作、五金生产等多个领域。

对于制造业未来的发展而言，不断优化工艺流程、提高产品质量、追求生产效率和可持续性，是推动国民经济蓬勃发展的关键所在。应当深刻认识到，制造业的繁荣不仅关乎一个国家的经济实力，更是衡量其综合国力的重要指标。

（一）流程型制造企业数字化绿色化融合实践

流程型制造企业借助大数据、云计算、人工智能及物联网等尖端数字技术，深度渗透至生产流程的每个环节，通过深化与绿色技术、先进工艺及设备的融合，提升企业的生产、能源、资源、环保效率，从而实现节能增效、降低成本、提升产品质量的目标，并驱动企业走向绿色低碳的转型升级之路。

企业通过实施数字化绿色化融合发展战略，不仅促进了产业链的协同发展、提升了生产过程中能源和物料的利用效率，而且实现了全流程能源管控和用能设备的智能管控运维全覆盖，推进生产工艺不断优化，推动末端治污减排，减少环境污染。

未来，通过不断的探索与创新，在大数据、云计算、人工智能和物联网等数字技术的助力下，流程型制造企业将进一步优化自身结构，在实现可持续发展目标的同时，为环境保护做出重要贡献。

数字中国

1. 酒泉钢铁（集团）有限责任公司实践

"十四五"以来，酒泉钢铁（集团）有限责任公司围绕"强龙头、补链条、聚集群"，坚决担负起甘肃省委、省政府赋予的高品质碳钢、不锈钢、铝三大产业链主企业的光荣使命，坚定不移做强做优做大钢、铝主业，积极推进一大批重点项目建设，在改旧育新中推动产业转型升级、企业扩量提质。作为甘肃省 2023 年度省列重大项目，炼铁工艺装备"三化"升级改造项目是酒泉钢铁（集团）有限责任公司通过淘汰落后产能，促进传统产业转型升级和高质量发展的重要举措。项目实施后，与现有 3~6 号高炉相比，劳动生产率提高 40%，碳排放总量降低 24.27%，将与现有的 1 号、7 号高炉形成同级别高炉群，大幅增强原燃料、设备备件、生产操作的通用性，进一步推动钢铁产业向高端化、智能化、绿色化转型发展。2023 年上半年，碳钢薄板厂冷轧中间库智能化改造项目建成投运。该项目对库区天车进行了智能化改造，并在国内首次应用自动化钢座架装入火车技术，实现了天车无人化运行。酒泉钢铁（集团）有限责任公司积极布局推进工业互联网、人工智能等新一代信息技术与传统制造业深度融合，加快"三化"改造步伐，已成为推动传统产业转型升级的重要方向。

2. 中国石化九江石化公司实践

根据工业和信息化部办公厅发布的《关于公布 2023 年新一代信息技术与制造业融合发展示范名单的通知》，中国石化九江石化公司获评"数字领航企业"，是石油石化行业唯一入选的企业。智能化是企业迈向高质量发展的必然选择，智能工厂建设更是企业转型升级的核心驱动力。作为国家智能制造标杆企业，中国石化九江石化公司大力推进智能工厂建设，通过不断探索和实践，取得了丰硕的数智化成果，目前从生产加工到产品检测均实现智能化，设备自动化控制率和生产数据自动采集率均超 95%，运行成本降幅达 22.5%，核心竞争力显著提升。企业数智化水平提升了，生产效率和经营管理水平也就提升了。中国石化九江石化公司深谙其重要性，在已经实现智能巡检、智能仓储、"环保监测"等基础上，又新投用了 5G 电子作业票、智能火焰识别等系统，让企业转型升级实现质效双提升。此外，中国石化九江石化公司还搭建了工业互联网平台，通过信息共享、数据融合构建起一个千人千面的岗位工作台，为各级经营管理人员决策提供数据支持。目前，中国石化九江石化公司涉及的生产运行、安全环保、设备管理等 12 个业务类型，在计算机端和手机 App 都能使用，即使不到现场也能第一时间掌握相关情况。

（二）离散型制造企业数字化绿色化融合实践

离散型制造企业致力于在产品研发设计、生产制造、环境排放、供应链管理等关键环节，借助数字孪生、工业互联网、人工智能、物联网等前沿数字技术，全面提升能源、资源的利用效率，实现节能环保、减污降碳的双重目标。企业通过深度推进数字化绿色化融合发展战略，主动进行产业改造与升级，从源头开始实施产品的绿色低碳设计，积极推动产品的轻量化、减量化进程，显著降低产品能耗，进一步提升产品的环保和低碳特性，有效减小产品使用及回收阶段对环境的负面影响。在生产环节，企业推进工艺与装备的优化升级，全面提高能源、资源的管理效率，积极推广个性化定制与柔性生产，通过精细化与智能化的生产过程管控和运维，最大限度地减少或避免污染排放。同时，企业对供应商实施动态清单管理机制，利用智能化手段高效调配上下游物料和产品，以科技创新促进生产力的跨越式发展，共同构筑绿色、可持续的未来。

作为中国新能源汽车领域的领军企业，比亚迪凭借其强大的研发实力和创新精神，在智能汽车进入领域取得了显著的成果。从2011年推出云钥匙，到2014年全球率先推出手机蓝牙钥匙，再到2019年全球首次推出汽车NFC数字钥匙功能，比亚迪始终站在智能进入技术的前沿。比亚迪电动汽车生产线上，部署了大量的传感器和监测设备，实时监测温度、湿度、压力和能耗等方面的信息。在电动汽车电池生产过程中，比亚迪引入了智能能源管理系统，实时监测设备的能源消耗模式。此外，比亚迪通过监测原材料的消耗，减少了废料产生，提高了资源利用率。

（三）数字企业数字化绿色化融合实践

数字企业在为各行业提供定制化服务的过程中，扮演着重要的角色，专注于能源优化、决策控制等领域的改造优化。这不仅实现了数字感知、信息集成、智慧管理的高度融合，而且有效推动了各行业向智能化、绿色化方向发展。对于数据中心而言，通过持续的整合与改造，配套设施技术取得了显著进步，这无疑推动了数据中心整体能效的提升，加强了算力的协同作用，进一步提高了云资源的利用效率。同时，在5G基站的建设上，我们致力于网络结构的优化及新技术、新器件的广泛应用，推动了共建共享的实现，有效地降低了基站的能耗。

1. 阿里云的实践

工业大脑是基于阿里云大数据的一体化计算平台，通过数据工厂对企业系统数据、工厂设备数据、传感器数据、人员管理数据等多方工业企业数据进行汇集，借助语音交互、图像/视频识别、机器学习和人工智能算法，激活海量数据价值，为解决工业智能制造的核心问题而打造数据智能产品，加速推动工业新基建建设。

阿里云利用自身在云计算、大数据、人工智能领域的技术优势，加上传统企业的业务知识积累，首创了ET工业大脑系列解决方案。阿里云在四川也在加速布局，总部设在四川的攀钢集团在会上公布了与ET工业大脑合作的阶段性成果。对提钒、脱硫、转炉炼钢、精炼、连铸等炼钢全流程相关的生产过程和检测数据进行挖掘分析，一年可节省4000吨炼钢原料。根据冷轧表检的缺陷识别数据，ET工业大脑还能辅助人工进行判定，目前可准确识别十多种缺陷。

2. 浪潮电子信息产业股份有限公司的实践

浪潮电子信息产业股份有限公司（以下简称"浪潮电子"）是全球领先的算力基础设

施供应商，一直在提供面向工业数据中心的全生命周期液冷整体解决方案，加快数据中心等数字基础设施的能效升级，从而推动工业经济的绿色化发展。数字化转型推动绿色创新过程涉及以下三个方面。①注重资源集约。浪潮电子建设了一个基于虚拟化"集中管理"自动调度和分布式计算的云计算平台，云计算平台支撑实现了柔性化的各类业务和服务的按需服务模式，降低了资源的获取成本，促进了大数据及相关智能化应用的发展。②智能制造。浪潮电子的智能制造实施面向集团总部的智慧运营，包括建设统一的平台、加强统一的数据治理和智能决策、提升总体的运营效率。③资源绿色化配置。浪潮电子在 2018 年就开始搭建数字化平台，平台总体技术架构包括基础资源层、数据资源层、应用支撑层和智慧应用层的横向资源整合层面，以及云计算大数据服务体系、信息安全体系、管理体系和标准体系的纵向资源重构层面。通过浪潮云海 OS 虚拟化平台和数据中心管理平台，浪潮电子能够设计软硬一体化的云计算解决方案，调动各产业单位绿色创新的积极性，提高企业的运营效率。

第四节　制造业数字化绿色化融合发展的实施路径和推进策略

本节将深入阐述制造业数字化绿色化融合发展的具体实施路径和高效推进策略。

一、制造业数字化绿色化融合发展的实施路径

《工业数字化绿色化融合发展白皮书（2022 年）》将工业数字化绿色化融合发展的实施路径归纳为"四个层面、四个方向"，整体上构成"四梁八柱"主体框架，通过抓住重点领域和关键环节，找准数字化绿色化融合的着力点和支撑点，为工业数字化绿色化融合夯实基础，具体如图 4-2 所示。

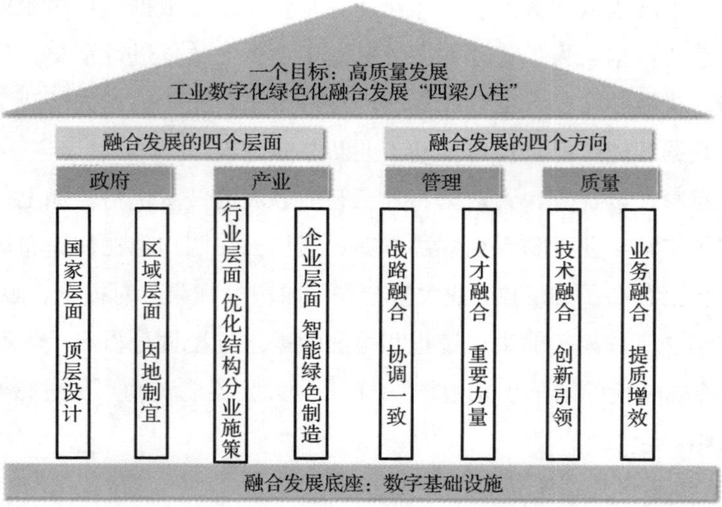

图 4-2　融合发展底座：数字基础设施

制造业数字化绿色化融合发展的四个层面简要归纳如下：国家层面，重视顶层设计；区域层面，特色发展因地制宜；行业层面，优化结构分业施策；企业层面，智能绿色制造。

在区域层面，可分为以下三种类型：对于资源依赖型城市，实施数字化改造，推进数字"赋绿"；对于绿色制造和数字经济发展程度较高、碳强度较低的城市，推动低碳产业建设，实现数字"强绿"；对于京津冀协同、长三角一体化、粤港澳大湾区等区域协同建设模式，强化区域协同与优势互补。

在行业层面，包括促进结构优化、注重分业施策、加快效率提升三个方面。

在企业层面，具体可分为：生产源头融合，开展数字化绿色设计；生产过程设备融合，实施能耗智能管控；生产过程工艺融合，创新智能绿色工厂；生产末端融合，推动向数字循环经济转型；供应链融合，构建数字化绿色供应链。

制造业数字化绿色化融合发展的四个方向包括战略融合、人才融合、技术融合、业务融合四个方向。第一，在战略融合、协调一致方面，主要包括数字化与绿色化发展战略的融合，即数字化发展战略与绿色化发展战略要协调一致，数字化发展模式与绿色化发展模式要高度匹配，数字化规划与绿色化发展要密切配合。第二，在人才融合、重要力量方面，主要包括数字化和绿色化在人才上的融合，即融合数字化和绿色低碳环保领域综合性高素质人才，从而准确判断未来发展的方向，及时推进制造业数字化绿色化融合并做好融合的战略规划工作。第三，在技术融合、创新引领方面，主要包括数字化技术与绿色化技术的融合，即以数字化技术应用为重点，以绿色制造为方向，对企业研发设计、生产流程进行再造，实现智能绿色制造。第四，在业务融合、提质增效方面，主要包括数字化和绿色化在业务上的融合，即以绿色化为业务发展方向，加快企业在生产、经营、管理、服务等方面的数字化水平，抓住业务发展需求，在不断革新中提高核心竞争力。

二、制造业数字化绿色化融合发展的推进策略

数字化、智能化和绿色化是制造业未来发展的趋势。绿色化动力作用于实体环节或物质空间，体现在通过绿色低碳技术，提升能源生产过程的普惠性及消费利用效率，以减少对石化能源等非可再生能源的消耗，增强能源供给的可持续性。数字化动力作用于虚拟空间，通过实体侧数据的收集，在虚拟空间以科学的建模手段和高效的实时运算能力为依托，形成对物质资源的聚合、再编排功能。以上两种动力导向的交织与融合，深刻影响能源数字经济的未来发展方向。

（一）完善数字化绿色化融合发展的顶层机制设计

在数字化绿色化协同转型发展综合试点地区构建示范项目，以积极探索可复制、可推广的高端产业孵化模式。加强对数字基础设施的绿色低碳导向，运用5G、人工智能等前沿科技，系统性地规划数字基础设施节能减排之路。

数字中国

依托精心挑选的试点园区及企业群体，探索信息化和工业化深度融合的创新发展模式。特别是，鼓励领军企业在培养具有行业特色的人才、建立庞大的行业数据库、加速工业技术软件化、推动能源管理智能化及打造产业链生态能力方面走在前列。

更进一步，夯实绿色金融创新发展的"数字底座"，促进数字技术与绿色金融业务深度融合，推进"科技—产业—金融"的良性互动循环。这些综合性措施，不仅促进了高质量的产业升级，而且将加速实现可持续发展目标，建立以科技创新引领经济社会发展的新模式。

（二）构建数字化绿色化融合发展的区域联动模式

要进一步增强对中西部地区数字化转型的支持力度，加快形成横向打通、纵向贯通、协调有力的数字中国建设一体化推进格局，特别是要推动"一带一路"沿线枢纽城市积极发展算力产业，确保"东数西算"工程的顺利实施。这对于整体规划和优化我国的数字化发展战略具有重要意义。

在此基础上，可以通过跨区域合作共建项目，在数字新基建、数字物流、能源互联网等关键领域进行总体规划。这不仅有利于借助先进的数字技术优化能源结构，而且能够推动传统产业与数字化、低碳技术的深度融合，加速传统实体产业的转型与升级。

信息化产业引领实体产业变革，不仅能够为经济持续健康发展提供强大动力，而且将在构建开放型、创新驱动的经济体系过程中发挥至关重要的作用。因此，全面实施和深化数字化转型战略，对于促进社会经济的全面发展和长远繁荣至关重要。

（三）发挥数字化绿色化融合发展的空间辐射功能

全面推进数字经济的快速发展，关键在于打造强大的数字基础设施网络，确保数据资源的流畅循环，实现软硬件互联互通。

在硬件设施方面，应制定城市群数字化绿色化融合的协同发展战略规划，通过加快城市群数字经济基础设施的全面升级，全面打造集约高效、经济适用、智能绿色、安全可靠的现代化基础设施体系。

在软服务环境建设方面，数字经济发展相对落后的城市应吸引和培养高水平的数字技术人才；各大中心城市应积极推动数字化工业软件合作，共同搭建一体化的工业互联网平台、工业大数据服务中心及智慧供应链，旨在通过这些举措推动数字经济的整体进步和创新。

（四）激发数字化绿色化融合发展的产业联动效应

应以绿色低碳智能制造、数字化产业循环体系构建、"双网融合"统筹布局为抓手，实现全产业链的资源高效集约利用。实施严格的行业标准和节能政策，不仅能有效驱动传统制造业，特别是高能耗企业引进与研发数字技术，而且能激发其通过数字化转型实现生产流程的再造，进而助力绿色制造领域的腾飞。此外，加速建设循环产业大数据库和工业平台，专注于智能再制造产业的发展，并积极探索循环经济的数字化治理创新，通过打通全产业链"信息壁垒"焕发循环经济发展活力。在确保能源数据安全的前提下，依托能源互联网，不仅能最大限度地释放能源大数据的价值，而且能推动其与工业互联网的深度融合，共同推进产业链的协同升级，乃至全面重塑产业链的格局，开启可持续发展的新篇章。

（五）健全数字化绿色化融合发展的保障服务体系

通过政策宣传、行业培训等形式，促使企业明晰区块链、智能制造、工业互联网等数字技术在生产流程的提质增效与节能降耗方面所具有的关键作用。加快培育数字化绿色化融合第三方咨询机构与供应商，针对设计、制造、消费、回收与处理全生命周期的数字化绿色化融合问题，提供专业服务与解决方案。建立数字化绿色化融合多元化融资机制，在充分发挥财政资金引导作用的同时，积极撬动社会资本涌向数字化绿色化融合关键领域。大力培养数字化绿色化融合综合人才，既要通过高校"新工科"等项目建设推进数字化绿色化融合教育，又要提高企业高管工业智能化管理能力，发挥企业家精神在数字化绿色化融合发展中的作用。

系统的政策宣传和专业的行业培训，可以帮助企业深刻认识到数字技术在提升生产效率、优化能源消耗方面的重要性。加快培育数字化绿色化融合第三方咨询机构与供应商，为产品设计、制造、消费、回收与处理全生命周期的数字化绿色化融合问题提供专业服务和定制解决方案。此外，建立多元化的数字化绿色化融合多元化融资机制至关重要，不仅要充分利用公共财政资金的引导作用，而且要积极引导私人资本投向这一领域的关键环节。

第五章

数字乡村与乡村振兴

党的二十大报告指出,"全面建设社会主义现代化国家,最艰巨最繁重的任务仍然在农村。"加快推进农业农村现代化,是实现农业强国建设和乡村全面振兴的必由之路。当前,数字经济蓬勃向前发展,新型基础设施在乡村加快落地,数字技术与乡村传统产业渗透融合持续深化,乡村数字生态逐步完善,数字乡村建设正逐步成为促进乡村发展和乡村振兴的新引擎、新方式和新路径,将为农业农村现代化带来新局面、新机遇和新发展。

第一节 数字乡村的发展现状

本节的首要任务是深入洞察当前数字乡村的发展现状,全面把握乡村数字化建设的最新进展与成就。

一、数字乡村建设的战略意义

充分认识和深刻把握数字乡村发展战略实施的重大意义,有助于明确历史使命,坚定发展方向,增强奋斗决心,提高执行标准,统一行动意志。中国数字乡村发展战略是在立足农业、农村和农民的实际需求,审视全国发展大局,放眼世界科技趋势,同时继承和发展前人智慧的基础上提出的,具有非常重要的现实意义。

(一)建设数字乡村是实现乡村全面振兴的迫切需要

乡村振兴战略的推进,是新时代"三农"工作的核心。这一战略要求根据"产业繁荣、环境和谐、文化先进、治理科学、生活美满"的总体指导,全面推进乡村在各个领域的振兴,主要包括经济产业的壮大、人才的培养与引进、文化的传承与创新、生态环境的保护与改善、组织结构的优化与提升。乡村振兴是一个全方位、多层次的系统工程。数字技术,作为当代社会的重要推动力,可以渗透到乡村发展的每个细节中,有效整合各类资源,实现资源优化配置,带来革命性的创新与变革。数字技术有助于我们深入挖掘和发挥各地农村的独特资源和优势，为乡村振兴打开更广阔的道路。数字乡村建设不仅是乡村振兴的新阶段，也是其新形态、新动力和新基础。数字技术的创新和应用可以为乡村振兴提供强大的内在动力，推动乡村经济社会的数字化转型和升级，最终实现乡村的全面振兴。

（二）建设数字乡村是促进城乡融合发展的有效途径

为了实现乡村振兴战略、推进新型城镇化，并全面建成小康社会，城乡融合发展成为重要任务。这一战略旨在实现城乡间的共生、共建、共享与共荣，注重双向交流与深度融合。它要求确保城乡居民享有平等的基本权益，提供均等的公共服务，实现收入分配的均衡化，合理配置城乡要素，以及促进产业的融合发展。数字技术的应用不仅有助于畅通城乡之间的商品和服务流通，还促进了资金、人才、技术等关键要素的双向流动。更重要的是，它显著改善了农村居民的思想观念、能力素质、组织形态和生活方式，使他们能够更好地分享经济发展的红利和科技进步的成果。

（三）建设数字乡村是实施数字中国战略的主要根基

数字中国战略为把握信息革命的历史机遇、加强网络安全和信息化工作、加快建设数字经济强国指明了前进方向，提供了根本遵循。数字乡村是数字中国的有机构成部分，但与智慧城市建设相比，数字乡村建设明显滞后，数字经济在农业中的占比远低于工业和服务业，成为数字中国建设的突出短板。因此，必须加快推进数字乡村的建设步伐，以激发和培育农业农村领域的新业态和新模式，从而为实现农业农村现代化提供坚实的支撑。此外，实施数字乡村战略，不仅可以强化农村基层治理工作，还能够显著提升乡村治理体系和治理能力的现代化水平。这将为数字中国的发展奠定坚实的基础，并进一步巩固其治理根基。

（四）建设数字乡村是增强国际竞争实力的必要举措

国际竞争的本质是科技与人才的竞争。在全球经济增长面临压力的形势下，数字经济展现出卓越的效能，它通过提升全要素生产率和推动传统产业转型升级，逆经济周期增长，成为全球经济增长的新动力。鉴于此，发展数字经济已成为国际社会的广泛共识。许多国家纷纷将数字乡村建设视为战略重点，旨在推动数字经济与农业农村发展的深度融合，以期在新一轮的经济转型中抢占先机。中国把握这一历史性机遇，致力于建设数字乡村，以此推动信息产业的纵深发展，进而拓宽数字技术的商业化应用领域。这不仅能够促进农村劳动力的优化配置，改善农村的人力资本结构，还能推动农业生产方式的现代化，提高农业科技含量。同时，数字乡村建设有助于激发和培养更多的数字人才，激励他们到农村投资与服务，引导外出务工和求学人员返乡创业就业。这些措施对于提升中国在科技、人才和农业等领域的国际竞争力具有战略意义。

（五）建设数字乡村是应对全球复杂形势的必然选择

现阶段，全球经济仍然面临着动能不足和增速放缓的问题。中国构建了以国内大循环为主体、国内国际双循环相互促进的新发展格局，农业农村扮演着供给主力和消费腹地的重要角色。随着数字经济的快速发展，乡村正逐渐成为生产与消费的新兴地理空间。建设数字乡村，不仅可以加速释放数字技术对农业稳定基础、保障供应、提升质量、增加效益的赋能作用，从而确保粮食安全并推动农业多功能性的发挥，而且有助于打通国内大循环的堵点，释放县乡市场的巨大内需潜力。

二、数字乡村建设的现状

数字乡村建设的现状呈现出一幅蓬勃发展的壮丽画卷。近年来，随着信息技术的飞速进步与创新应用的不断拓展，数字乡村建设已在全国范围内如火如荼地展开，取得了一系列令人瞩目的成就。从智慧农业的深耕细作，到乡村治理的智能化升级；从农村电商的蓬勃兴起，到信息服务的全面覆盖，数字技术正在以前所未有的深度和广度融入乡村的每个角落。这一系列变革不仅极大地提升了农业生产效率，促进了农产品的市场化流通，而且有效改善了乡村治理体系，增强了乡村公共服务能力，为农民群众带来了实实在在的便利与福祉。

（一）数字乡村建设的发展成效

数字乡村建设的发展成效体现在如下几个方面。

1. 全国数字乡村发展呈现良好开局

农业农村部信息中心发布的《中国数字乡村发展报告（2022年）》显示，经综合测算，2021年全国数字乡村发展水平达到39.1%，其中，东部地区为42.9%，中部地区为42.5%，西部地区为33.6%。2021年，共有12个省份的数字乡村发展水平高于全国平均水平。其中，浙江在全国继续保持领先地位，数字乡村发展水平达68.3%，高出第2名江苏9.6个百分点；上海、安徽和湖北分别以57.7%、55%和52.2%的发展水平列第3～5位。

2. 农业农村信息化基础设施明显改善

一方面，农村网络基础设施实现全覆盖，农村通信难问题得到历史性解决，农村和城市实现"同网同速"，城乡互联网接入鸿沟正逐步消除。另一方面，乡村融合基础设施建设积极推进，农村公路、水利、电网、农产品冷链物流等传统基础设施的数字化改造正全方位推进。

根据已发布"十四五"数字农业农村发展规划的省份情况来看，浙江已实现城乡同网同速，建成移动电话4G基站36万个、5G基站超6万个，实现行政村4G和光纤全覆盖，基本实现重点乡镇5G全覆盖，农村实现100MB以上接入速率。江苏实现农村4G网络全覆盖，5G基站累计开通7.1万个，自然村100%通宽带，全省农村每个聚居20户以上的自然村落都具备宽带上网能力。云南全省行政村实现光纤宽带网络和 4G 网络 100%覆盖，宽带接入能力达 200Mbps，自然村 4G 网络覆盖率达 92%，建成 5G 基站 1.8 万个。湖北全省所有行政村、95%以上的自然村（20 人以上）实现了光纤网络开通，4G 网络在农村全覆盖。

此外，随着广播电视重点惠民工程深入实施，农村地区广播电视基础设施建设和升级改造也在持续推进。据国家广播电视总局发布的《2021 年全国广播电视行业统计公报》，截至 2021 年底，全国广播节目综合人口覆盖率已达 99.48%，电视节目综合人口覆盖率达 99.66%，其中，农村广播节目综合人口覆盖率达 99.26%，农村电视节目综合人口覆盖率达 99.52%，基本实现乡村广播电视网络全覆盖、农村广播电视户户通。

3. 农业生产数字化改造升级快速推进

农业生产的数字化转型（包括大田种植数字化、设施栽培数字化、畜禽养殖数字化和水产养殖数字化）是数字乡村发展的重点和难点，是解决"谁来种地，怎么种地"的战略举措，也是我国由农业大国迈向农业强国的必经之路。《中国数字乡村发展报告（2022 年）》显示，近年来我国农业生产数字化改造升级快速推进。2021 年，全国农业生产信息化率达到 25.4%，较 2020 年增长了 2.9 个百分点。分区域看，东部地区为 29.2%，中部地区为 33.4%，西部地区为 19.1%。分省份看，农业生产信息化率高于全国平均水平的有 13 个省份。其中，安徽为 52.1%，居全国第 1 位；上海和湖北分别为 49.6%、48.5%，分列全国第 2 位和第 3 位；江苏以 48.2%列第 4 位，浙江以 45.3%列第 5 位。分行业看，畜禽养殖信息化水平最高，为 34%，设施栽培、大田种植、水产养殖的信息化水平分别为 25.3%、21.8%、16.6%。

从农业生产数字化水平排名靠前的省份具体实践来看，江苏持续将数字农业建设作为推动农业转型升级的重要支撑，连续多年将农业物联网技术纳入农业重大技术推广计划，构建了水产养殖、设施园艺、畜禽养殖三大重点领域农业物联网服务平台，累计建成全国农业农村信息化示范基地 12 家、数字农业新技术应用类省级数字农业农村基地 158 个；浙江已累计开展 2 批共 163 个数字农业工厂试点创建，示范带动 1184 个种养基地完成数字化改造，启动了西湖龙井茶、浦江葡萄、德清早园笋、桐乡杭白菊等 50 个单品种全产业链的数字化管理系统建设，并大范围应用智能大棚、温室环境自动控制、肥药精准施用、病虫害智能监测、农用无人机作业等技术；湖北紧紧围绕农业生产过程的数字化管理，积极应用视频监控、传感监测、自动控制、智能水肥一体化等技术建立了一批示范基地和示范企业，打造了一批高标准农田，服务覆盖面积近 200 万亩，建成了全省统一的农机信息化智能管理系统，累计作业面积超过 300 万亩。

4. 农村电商助力农业数字化

当前，电子商务正日益成为农产品销售的重要渠道，已经成为农业农村数字经济发展的领头羊和突破口，极大增强了农产品供应链的稳定性，极大增加了农民收入，特别是对打赢脱贫攻坚战、农产品稳产保供发挥了独特作用。商务部发布的《中国电子商务报告

2021》显示，我国电子商务交易额保持快速增长，2021年，全国电子商务交易额达42.3万亿元，同比增长19.6%；网上零售额达13.1万亿元，同比增长14.1%。农村电商畅通了工业品下乡、农产品进城渠道，2017年全国农村网络零售额突破1万亿元大关，2021年突破2万亿大关，达到2.05万亿元。2021年农产品网络零售额达4221亿元，同比增长2.8%。农业农村部信息中心和中国国际电子商务中心发布的《2021全国县域数字农业农村电子商务发展报告》显示，近年来，县域电子商务快速发展，在乡村振兴战略实施的背景下，支持农村电商、农产品电商、乡村人才发展的重要政策文件接连出台，县域电商进入规模化发展新阶段。

各省份在推进数字农业农村发展方面均取得了显著成效。浙江通过启动实施"互联网+"农产品出村进城工程，积极推进"网上农博"平台建设，培育了一批具有较强竞争力的县级农产品产业化运营主体和农产品品牌，2020年已拥有活跃的涉农网店2.4万家，实现农产品网络零售额1143.5亿元。江苏从2015年起每年开展电商"万人培训"活动，累计培训6万多人，全省农产品网络营销蔚然成风，形成了"沙集模式""沭阳模式"等一批知名度较高的电商发展模式，并积极与阿里巴巴、京东、苏宁易购等知名电商合作，累计开设地方特产馆345个，培育淘宝镇280个、淘宝村745个，淘宝镇和淘宝村数量分别居全国第2位和第4位，其中，以农产品销售为主的淘宝村数量居全国首位。湖北积极应用网络直播带货等电商新模式，潜江小龙虾、秭归脐橙、随州香菇、洪湖莲藕、恩施硒茶、蕲春蕲艾等特色农产品通过互联网卖向全国和全世界，其中，秭归脐橙网络年销售额突破10亿元。重庆大力拓展农产品电商流通和销售渠道，加强与阿里巴巴、京东等国内知名电商平台合作，联合盒马鲜生打造了全国首个"水上盒马村"，同时通过三级整合模式，整体对接国内知名电商营销平台，全市农产品网络零售额由2017年的32亿元增长到2020年的130.69亿元，年均增幅达到60%。

5. 基层乡村治理数字化水平快速提升

农村基层党务、村务、财务"三务"公开是维护和保障农村居民的知情权、参与权、表达权、监督权的重要内容和基本途径。信息技术的应用开辟了公开渠道，提高了公开质量，加快了公开步伐。近年来，在各级党委的领导下，综治部门切实把"雪亮工程"（以县、乡、村三级综治中心为指挥平台，以综治信息化为支撑，以网格化管理为基础，以公共安全视频监控联网应用为重点的"群众性治安防控工程"）作为一项民心工程来抓，扎实推进工程实施，行政村覆盖率快速提升，农村居民的安全感显著增强。根据农业农村部信息中心发布的《中国数字乡村发展报告（2022年）》，2021年"三务"网上公开行政村覆盖率达到78.3%，较2020年提升6.2个百分点。其中，党务、村务、财务的网上公开行政村覆盖率分别为79.9%、79.0%、76.1%。其中，上海和江苏的"三务"网上公开行政村覆盖率高达100%，浙江、安徽和湖南分别以99.9%、99.5%和98.9%列第3～5位。

近年来，各地扎实推进政务服务改革，利用数字化手段让信息多跑路、农民少跑腿，为农民群众提供了高效便捷的社会保险、新型农村合作医疗、婚育登记、劳动就业、社会救助、农用地审批和涉农补贴等重要民生保障信息化服务。《中国数字乡村发展报告（2022年）》显示，2021年，全国县域涉农政务服务在线办事率已达68.2%，相较2020年的66.4%上升1.8个百分点。分区域看，东部地区为72.5%，中部地区为71.8%，西部地区为62.3%。分县域看，全国已有超过85%的县（市、区）社会保险业务、新型农村合作医疗业务实现了在线办理；超过70%的县（市、区）劳动就业业务实现了在线办理。数字乡村发展水平全国前100位的县（市、区）政务服务在线办事率为95.5%，前500位的为88.6%。

在乡村治理数字化转型的典型地方实践中，非常值得一提的是浙江。根据《浙江省数字乡村建设"十四五"规划》，浙江通过整县制试点建设，积极示范带动全省乡村生产生活生态空间数字化、网络化、智能化发展，有效提升了乡村治理效能，夯实了乡村振兴基础。浙江已初步搭建了省级乡村治理数字化系统，大力推进农村"互联网+监督"，"雪亮工程"行政村覆盖率达98.3%，全省县域党务、政务、财务公开的行政村占比均超过98.5%。并以"浙政钉""浙里办"为载体，将与农民生产生活密切相关的所有事项都搬到网上，135项涉农公共服务事项实现网上办，省本级线上受理率达100%，平均审批时间缩短至4.3个工作日，部分实现秒办，农民的获得感大幅提升。

6. 农业农村数字化发展环境逐年优化

县级农业农村信息化管理服务机构是落实各级党委政府有关农业农村数字化部署要求、确保各项任务措施落地见效的基层队伍和组织保障。近年来，随着网信事业的不断深入和拓展，县级农业农村信息化管理服务体系持续强化完善。《中国数字乡村发展报告（2022年）》对农业农村数字化发展的重视主要体现在财政投入上，2021年全国县域农业农村信息化建设的财政投入占国家财政农林水事务支出的1.8%。各级、各地积极引入社会资本投资建设数字乡村，社会资本投资建设数字乡村的积极性持续高涨，市场优化配置资源作用日益凸显。2021年，全国县域农业农村信息化建设社会资本投入为954.6亿元，同比增幅达18%，其中，县均社会资本投入3588.8万元，乡村人均投入135.2元，分别比2020年增长17.2%和24%。

（二）数字乡村建设的发展短板

数字乡村建设在蓬勃发展的同时，也面临着一些不容忽视的短板与挑战，具体体现在如下几个方面。

1. 数字乡村发展不平衡不充分

从数字乡村的地区发展总体水平来看，东中西由强到弱、区域发展失衡的总体格局在短时间内难以改变。其中，以浙江、江苏、上海等为代表的东部沿海省份，数字乡村发展水平远高于众多西部省份。但是，浙江、江苏等数字乡村发展水平较高的省份，也存在县域之间发展不平衡的现象。在乡村信息基础设施建设投入、农业数字化改造升级、农村电商发展、乡村数字治理、数字乡村发展环境（尤其是财政投入和社会资本投入）等方面，省份与省份之间、县与县之间的差距非常显著。不充分主要表现在我国数字乡村的发展总体水平仍然很低，根据《2021年全国农业机械化发展统计公报》，2021年全国数字乡村发展水平为39.1%，与全国农业机械化发展水平仍相差约33个百分点，我国数字乡村的总体发展水平亟待提升。

2. 信息基础设施建设相对滞后

根据第50次《中国互联网络发展状况统计报告》，截至2022年6月，我国农村地区互联网普及率已达58.8%，但与全国互联网普及率74.4%相比仍有较大差距。此外，在当前推进乡村"新基建"过程中，以建设5G基站为例，由于5G工作频段高、基站建设场景多、投资规模大（5G设备单价是4G的2~3倍）、成本回收周期长，以至于目前5G基站建设仅延伸到大城市郊区、县城和人口比较集中的乡镇，农村地区严重滞后。特别需要指出的是，面向农业生产的4G和5G网络、遥感卫星、北斗导航、物联网、农机智能装备、大数据中心、重要信息系统等信息基础设施在研发、制造、推广应用等方面都落后于农业现代化发展的需求。

3. 农业生产数字化水平待提升

据农业农村部统计，2021年全国农业生产信息化水平为25.4%，而且这主要依靠相对易于推广的数字技术进行支撑。另外，不同行业的数字化生产水平存在明显的不均衡，且行业内的数字化应用程度亦存在不足。特别是在设施栽培与畜禽养殖领域，数字技术的应用率显著超过了种植业与水产养殖业。然而，与近年来农村电商的高速增长和乡村治理数字化的快速提升相比，农业生产数字化的进展相对滞后。受限于其内在脆弱性、技术供给不足等因素，农业生产数字化仍停留在普遍、单一的技术应用阶段，缺乏尖端的精准技术，集成度亦有待提高。因此，数字化在解放和发展生产力、挖掘和释放数字农业潜力方面的作用尚不明显。即使这些简单易用的数字技术，目前在许多县（市、区）的应用还基本处于空白状态。

4. 数字乡村资金投入力度不足

据农业农村部测算，2021年全国县域农业农村信息化建设的财政投入仅占同期国家财政农林水事务财政支出的1.8%（2020年为1.4%，2019年为0.8%）。根据《2021全国县域农业农村信息化发展水平评价报告》的统计，2020年，全国有535个县（市、区）基本没有用于农业农村信息化建设的财政投入（不足1万元），占全国县级区划总数的18.8%（2019年为310个，占10.9%）；有668个县（市、区）的财政投入在10万元以下，占23.5%（2019年为536个，占18.9%）。值得注意的是，财政投入超过1000万元的县（市、区）只有490个，仅占全国县级行政区划总数的17.2%。经分析，县域农业农村信息化的财政投入与县域数字农业农村的发展水平存在明显的正相关关系。这表明，在数字乡村迅速崛起的早期阶段，财政支持对推动农业数字化转型、增强乡村治理的数字化能力具有至关重要的作用。

因此，各级政府亟需增加财政投入，迅速解决发展中的短板问题。此外，从社会资本投入看，2020年，全国有841个县（市、区）基本没有社会资本投入（不足1万元），占全国县级区划总数的29.6%；有906个县（市、区）社会资本投入不足10万元，占比为31.9%；社会资本投入超过1000万元的县（市、区）只有740个，仅占26%。这进一步揭示社会资本在支持农业农村信息化建设方面面临的挑战。

三、数字乡村建设的基本路径

尽管中国农业农村信息化已历经近20年的探索和发展，但真正意义上的数字乡村建设，即凭借新理念、新规模、新高度推动新技术的综合应用并收获显著成效，尚处于起步阶段。推进数字乡村建设的过程，确实受到了理论和实践双重不足的制约，这与过去中国农村众多改革与创新所面临的困境颇为相似。历史经验告诉我们，中国农村的改革与创新应实现自下而上与自上而下的有机结合，通过精心设计的试点项目，将顶层设计与基层实践紧密结合。

因此，在推进中国数字乡村建设时，我们应遵循顶层设计、试点实践与基层创新相结合的指导原则，遵循"顶层设计—试点实践—全面推广"这一基本路径。在此过程中，特别需要关注试点的多层次性、顶层设计与试点实践之间的双向互动，以及加强对试点经验的理论提炼和实践总结，逐步积累起既具有普遍性又体现特定情境的宝贵知识和经验。待统一的框架和标准体系成熟后，再全面推进数字乡村建设（见图5-1）。

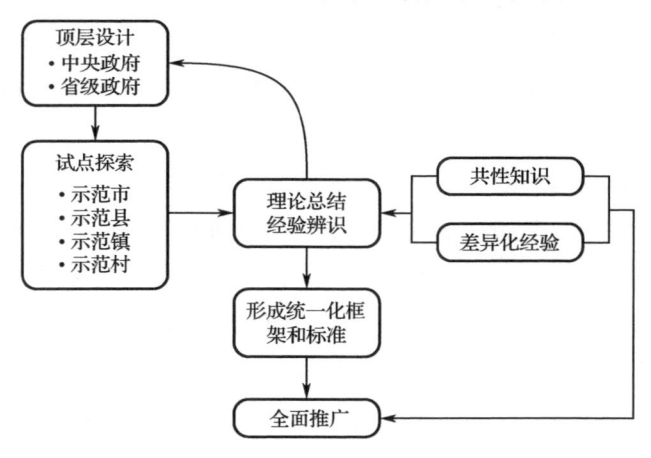

图5-1 中国数字化乡村建设的基本路径

2018年中央"一号文件"明确提出数字乡村发展战略的理念，中央政府和省级政府陆续启动第一轮顶层设计部署。2019年5月，中共中央办公厅、国务院办公厅印发了《数字乡村发展战略纲要》，要求各地区各部门结合实际认真贯彻落实。2020年1月，农业农村部、中央网络安全和信息化委员会办公室印发《数字农业农村发展规划（2019—2025年）》，对新时期推进数字农业农村建设的总体思路、发展目标、重点任务做出明确部署，擘画了数字农业农村发展新蓝图。此后，各省份为贯彻落实中央精神，陆续出台相应的实施意见，例如，浙江省出台《浙江省数字乡村建设实施方案》，广东省出台《广东省数字乡村发展试点实施方案》，等等。中央政府和省级政府出台的系列政策文件，使数字乡村建设在短短的三年内便由战略构想、方案规划迈入试点实施、部分先行地区快速推进的新阶段。

在试点的具体部署方面，2019年12月，浙江省率先在全国范围内启动了数字乡村试点建设工作，共确定包括杭州市在内的4个市、杭州市临安区等共计11个县（市、区）为数字乡村试点的示范市、县；同时，选定杭州余杭建光黑鱼专业合作社等72家主体作为数字农业工厂的试点示范主体。2020年7月，河南省农业农村厅与阿里巴巴集团签约合作，共同规划在未来五年内创建60个以上数字乡村建设示范县，并培育20家以上数字乡村建设领军企业，建设一批省级数字乡村建设创新中心。同年8月，广东省出台了《广东省数字乡村发展试点实施方案》，确立了数字乡村发展试点名单，包括10个试点县（市、区）和20个试点镇（街道）。2020年10月，中央网信办、农业农村部、国家发展和改革委员会、工业和信息化部、科技部、市场监管总局等单位联合印发《关于公布国家数字乡村试点地区名单的通知》，公布首批国家数字乡村试点地区名单，共有117个县（市、区）入围。随着试点工作的深入推进，试点范围逐渐延伸至市级和县级层面，示范区域也从原先的地级市和县域扩展至乡镇和村庄社区。这种多层次试点的策略不仅有助于探索数字乡村建设的协同机制，还能有效推动内源式发展模式的形成与运作，从而进一步激发基层的创新活力。

从浙江和广东的先行实践来看，试点示范市、县主要聚焦于数字乡村的体系构建、技术应用、政策制定、制度设计、发展模式等方面，积极寻求与乡村产业发展、行业管理能力提升、农民生活品质提高相契合的数字乡村发展路径。试点示范镇、村则更加注重结合当地特色，打造具有竞争力的数字乡村发展项目或产业。鉴于数字乡村建设内容的广泛性，一次性全面试点并不可行。因此，分阶段、分内容地进行试点成为更切实可行的策略。在试点过程中，首先要结合当地资源条件、前期基础和突出优势来确定试点内容，确保数字农业在各地的试点中都有所涉及；同时，集中资源优先建设特色产业或主导产业的数据库。此外，各地可以根据实际情况选择示范园区、示范基地、示范主体、示范工程等不同的试点对象。在试点实践的基础上，应不断总结经验教训，提炼共性知识和差异化经验，形成理论知识库和案例资料库，为中央政府和省级政府提供决策支持。这将有助于推动下一轮的顶层设计和试点示范工作安排，并通过多次的双向反馈循环，逐步构建出全国范围内统一的框架和标准体系，为数字乡村建设的全面推进奠定坚实基础。

第二节　乡村信息基础设施建设

随着信息技术的不断发展，信息技术的普及和应用逐渐向农村地区扩散。中共中央办公厅、国务院办公厅印发的《数字乡村发展战略纲要》明确指出，数字乡村发展战略的重点任务之一就是加快乡村信息基础设施建设，加快农村宽带通信网、移动互联网等农村网络发展，提升乡村网络设施水平。由此可见，在推进我国乡村全面振兴的战略中，农村信息化建设成了一个不可或缺的环节。

一、乡村信息基础设施建设的内涵和发展现状

本部分深入探究乡村信息基础设施建设的丰富内涵及其当前的发展态势。

（一）乡村信息基础设施的内涵

数字乡村是新一代信息技术赋能"三农"发展的集中体现。信息基础设施是数字乡村发展的关键支撑和重要保障，主要包括乡村网络基础设施、乡村信息服务基础设施和乡村融合基础设施三个部分。

1. 乡村网络基础设施

4G和5G移动网络、光纤网络、卫星等网络基础设施承载信息流、数据流在城乡间的高效流通，为"三农"转型发展提供数字底座。通信网络为农业生产过程的信息采集提供高速、精确、及时和广泛的传输通道，是农业物联网的基础承载平台。利用通信网络，农业物联网可实现传感数据的传输、存储、查询、分析、挖掘，为广域海量物联网节点感知数据提供存储和计算的云平台，可将人工智能等新一代信息技术融入农业生产过程，从而实现精准农业、智慧农业。

2. 乡村信息服务基础设施

乡村信息服务基础设施是位于农村地区，向农村居民提供政务、生产、生活等领域便捷化、智慧化信息服务的各类村级服务站点和设施，如村级政务服务代办站（点）、益农信息社、农村电子商务服务站等。数字乡村不是只在网络虚拟空间中，要线上线下结合发展，这些站点和设施就是线上和线下的重要结合点，承载着业务代办、培训、咨询、揽收、发货等多种面对面的服务功能，发挥着信息服务"最后一千米"的重要作用。信息服务基础设施是否完善，关系到农业新业态能否深入发展，关系到各类公共服务能否顺畅提供，与农村居民的切身利益息息相关。

3. 乡村融合基础设施

乡村融合基础设施主要是乡村公路、物流、水利、电网等传统基础设施数字化、智能化改造而形成的基础设施。融合基础设施是传统基础设施应用互联网、大数据、人工智能等技术转型升级而形成的新基础设施形态，主要包括两大类。一类是智能化传统基础设施形态，仍以提供原来的功能为主，围绕数据处理提供新的功能和服务，提高运行效率和服务质量。另一类是数字世界的传统基础设施新形态，如数字孪生体等。乡村智慧公路、智慧物流、智慧水利、智慧电网等融合基础设施，承载着绝大部分农业农村经济和社会活动，

为智慧农业生产、农村电商、数字化生活等数字乡村关键应用场景提供基础，为推动农业农村现代化建设、实现乡村全面振兴提供有力支撑。

（二）乡村信息基础设施建设的现状

根据《中国数字乡村发展报告（2022 年）》提供的数据，乡村网络基础设施建设成效显著，乡村信息服务基础设施建设广泛布局，乡村融合基础设施建设全面开展。

1. 乡村网络基础设施建设成效显著

随着"宽带中国"战略的深入实施和电信普遍服务试点的逐步深入，我国农村宽带网络覆盖率快速提升，乡村广播电视网络基本实现全覆盖。截至 2021 年底，全国行政村通宽带比例达到 100%，通光纤、通 4G 比例均超过 99%，基本实现农村城市"同网同速"。5G 加速向农村延伸。截至 2022 年 8 月，全国已累计建成并开通 5G 基站 196.8 万个，5G 网络覆盖所有地级市城区、县城城区和 96%的乡镇镇区，实现"县县通 5G"。面向农村脱贫户持续给予 5 折及以下基础通信服务资费优惠，已惠及农村脱贫户超过 2800 万户，累计让利超过 88 亿元。2021 年，农村居民平均每百户接入互联网移动电话 229 部，比 2020 年增长 4.4%。截至 2022 年 6 月，农村网民规模达 2.93 亿人，农村互联网普及率达到 58.8%，是"十三五"初期的 2 倍，城乡互联网普及率差距缩小了近 15 个百分点。

2. 乡村信息服务基础设施建设广泛布局

"互联网+政务服务"向村镇一级延伸，各地积极推进乡村网络覆盖、数据中心建设及信息化服务平台的搭建。建设村级政务服务站，提供高频服务事项的村级初审和代办，农村居民足不出村即可办理社保、公积金、优抚、就业创业、医疗保障、法律服务、帮困服务等涉农事务。益农信息社、农村电子商务服务站等基层服务站加快普及，为农村居民提供公益服务、便民服务、电子商务、培训体验等服务内容。截至 2021 年 11 月底，全国共建成运营益农信息社 46.7 万个，建成村级电子商务服务站点 14.8 万个。

3. 乡村融合基础设施建设全面开展

各地和有关部门大力推进农村公路、水利、电网、农产品产地冷链物流基础设施的数字化改造，乡村融合基础设施明显改善。一是农村公路数字化管理不断完善，2021 年已完成 446.6 万千米农村公路电子地图数据更新工作，并同步制作专项地图，全景、直观展示全国农村公路路网分布情况。二是数字孪生流域建设在重点水利工程先行先试，智慧水利建设进入全面实施阶段，截至 2021 年底，全国县级以上水利部门应用智能监控的各类信息采集点达 24.53 万处，其中 66.4%已纳入集控平台；截至 2022 年 6 月，已有 2766 个县共 53.04 万处农村集中供水工程建立了电子台账。三是农村电网巩固提升工程深入推进，2021 年全国农村地区供电可靠率达到 99.8%。四是支撑农产品上行的基础设施明显改善，截至 2022 年底，3 年共支持约 3.6 万个家庭农场、农民合作社、农村集体经济组织，建设 6.9 万个产地冷藏保鲜设施，新增库容 1800 万吨以上。

二、乡村信息基础设施建设与乡村振兴

乡村信息基础设施的全面建设与持续优化，极大地加速了乡村振兴的步伐，为其注入了源源不断的发展活力和创新动能。

（一）乡村信息基础设施建设集聚乡村振兴新要素

乡村信息基础设施构筑起乡村实时信息连接、数据处理及跨域协同能力，使得远距离高效协同办公、网上购物、线上娱乐、远程教育和医疗等更为顺畅，在一定程度上减弱物理世界的区位重要性，提升部分区位较为偏远但生态环境优良、文化符号鲜明的乡村对人才的吸引力，成为本地化人才的"发展驿站"，以及周边城市中高端人才开展培训学习、封闭式开发等活动的"间歇式聚合点"，从而形成乡村对人口和经济要素的反向吸引力。

（二）乡村信息基础设施建设重塑乡村振兴新链条

新基建带来数字技术的下沉应用，将推动乡村层面生态数据、农业数据、特色产业集群数据、休闲旅游观光数据等海量数据的汇聚、挖掘、分析，实现市场化的开发应用，形成独特的乡村数据经济价值；并在此基础上进一步提升县域生产、分配、交换、消费等环节效率，促进县域产业链、供应链、价值链的高阶跃升。例如，4G/5G 和光纤网络的平稳运行就为"县长+直播+农产品销售"的消费新模式提供了重要保障。

（三）乡村信息基础设施建设激发乡村振兴新潜力

数字技术和要素与乡村土地、资本、劳动力等传统生产要素进行交互、联动、融合，能够激发出新的潜力。例如，数字技术对不同区域的土地资源、土地条件进行量化展示和高效开发，能够有效提升区块土地的价值；数字农业相关技术及应用程序的开发、普及和推广，将逐步培育起一批掌握手机等"新农具"、数据等"新农资"的新型职业农民；直播、电商等渠道的发展，也提升了县域劳动力素质，不断创新县域经济的模式、路径。根据阿里研究院发布的研究结果，2022 年全国淘宝村数量达到 7780 个，新增 757 个；淘宝镇数量达到 2429 个，新增 258 个。淘宝村和淘宝镇是广大县域对数字经济时代脉搏准确把握的产物，也将激活新时期县域发展的要素活力和经济潜力。

三、案例："菜鸟乡村"建设

2022 年，财政部办公厅、商务部办公厅、国家乡村振兴局综合司发布了《关于支持实施县域商业建设行动的通知》，其中特别强调要"加快补齐农村商业设施短板，健全县乡村物流配送体系"。近年来，许多县域联合菜鸟网络乡村事业部（以下简称"菜鸟乡村"）围绕县域物流体系展开了多样化的建设实践，取得了一定的效果。梳理这些案例模式，有

数字中国

助于理解数字乡村建设助力乡村振兴的关键节点。

（一）构筑县域共配的技术基础

乡村地区面临着道路情况复杂、本地快递站人员不足等问题，依靠传统物流的市场逻辑无法向下延伸，导致一些乡村在一定程度上被电子商务的发展大潮所隔绝。此外，快递配送困难进一步降低了农村人口消费的愿望，阻碍农村产品上行出村。面对这一物流困境，一个可能的解决路径是整合多家快递品牌，通过规模效应来降低派送成本。然而，不同快递公司内部有一套自行设定的编码规则，一旦整合，按照哪家公司的规则来执行派送便成为一个难以用传统市场规则来协调解决的问题。这种多公司间的协调难题使得规模效应难以在快递物流量较少的地区出现，特别是在欠发达地区和农村地区。

为解决这一问题，"菜鸟乡村"通过数字化手段，支持搭建了一套处理快递包裹的自动化分拣物联网设备，帮助快递企业建设县域快递物流智慧共同配送项目，使得各家快递公司无须修改自己的内部编码标准，就能实现高效的共同配送。基于菜鸟研发的出库监控自动识别设备、自动分拣流水线和各家快递公司编码规则整合的算法支持，能实现几乎所有快递公司货物从入仓、分拣到分派给快递员的自动化全过程。目前，"菜鸟乡村"通过"互联网+物流"数字化方式，帮助全国上千个县域的数千家快递企业建设物流共配项目，推动县、乡村物流软硬件及运营模式升级，助力农村物流集约化、标准化、智能化发展，为乡村地区的电子商务和经济发展注入了新的活力。

（二）激活乡村站点的"毛细血管"

县域共配中心的智能化改造解决的是县域节点上行和下行物流成本的问题，而特定站点才是决定某一区域能否被纳入整个物流体系的关键。若仅降低县域共配的成本，无法解决特定站点在实际运营过程中各个环节的顺利衔接和相互配合问题，物流配送体系依然会丧失基层的"毛细血管"，特别是对于乡镇物流代收点来说。

为解决乡镇终端取件问题，"菜鸟乡村"也在用数字化改造代收点，比如，使用高拍仪实现包裹的快速签收，使用会发光的智能取件"灯条"来引起取件人的直观注意，等等。除了通过技术赋能降低成本来激活基层站点，菜鸟还积极探索新的商业模式来运转基层站点，将集团内外的商业资源与基层站点对接，打造传统物流难以自发形成的商业模式。以山东省郓城县为例，菜鸟和淘菜菜的快递站点与电商站点融合业务（以下简称"融合站点"），用时1年覆盖20个乡镇、117个村点，服务用户超过1万人，融合站点100余个（全量铺设广告一体机设备），涵盖淘菜菜、快递、广告等业务，有效推动站点商业化升级和创收，每月增收1000多元。技术支撑的降本增效使得县域商业体系建设的"毛细血管"站点能够自我造血，大大提升了农村地区的物流覆盖率，最终实现县域物流下行体系的持续运转。

（三）助力农产品的出村进城

"菜鸟乡村"在建设县域物流共配项目的同时，还积极建设县域农产品上行产地仓、加工中心等，帮助当地升级农产品数字供应链和品牌能力，拉动农产品上行。对于整个产业链的运转，菜鸟依托多年来在电商领域积累的仓配供应链的线上履约、数据监控、运营管理等优势，结合农业板块特殊场景，打造了一套成熟的、行业领先的集采供交易和产地供应链履约于一体的数字化线上产品，可支持企业资质认证、在线报价、在线结算，以及出入库订单的接入、智能出库、在线加工生产、库位管理、有效期管理、入库生产流程、品控管理体系等，彻底解决了农产品管理难、溯源难的问题。

第三节 乡村产业数字化转型

广大的乡村地区不断发展新产业，农民才能有更多机会在本地实现就业，农民收入才能逐步增加，农村生活水平才能实现稳步提升。只有乡村产业发展壮大了，不断夯实物质基础，才能从根本上实现乡村全面振兴。发展智慧农业，是乡村产业振兴的基础，是转变农业发展方式的现实需要。

一、乡村产业数字化的现状

乡村产业数字化的现状体现在多个方面，共同绘制出一幅生机勃勃、创新引领的转型画卷。

（一）种业数字化探索起步

随着种业振兴行动的推进实施，生物育种与现代信息技术加速融合，大数据、人工智能开始应用于基因型检测、分子标记、表型处理、数据管理等方面，推动育种从常规育种向分子育种、设计育种转变，正在成为辅助育种、提高育种效率的重要手段。2022年，我国基于种业大数据平台，建成运行全球首个农作物品种DNA指纹库公共平台"全国种子检验与认证信息系统"，开发上线国家农作物种子追溯管理信息系统和全国种业投诉举报平台，通过整合品种试验测试、管理及种子生产经营等信息，促进品种身份信息开放共享，实现"一品种、一名称、一标样、一指纹"的追溯管理。

（二）种植业数字化多点突破

物联网、大数据、人工智能、卫星遥感、北斗导航等现代信息技术在种植业生产中加快应用，精准播种、变量施肥、智慧灌溉、环境控制、植保无人机等技术和装备开始大面积推广。无人或少人农场在安徽芜湖、北大荒建三江、广东佛山、内蒙古兴安盟等地落地见效。安徽芜湖智慧稻米生产试点将水稻生产过程划分为播种、插秧、分蘖等13个环节，并细化出品种选择、土地平整、氮肥用量等49个智慧决策点，构建起"智慧农艺+智能农机"双轮驱动技术体系，实现了耕种管收全过程信息感知、定量决策、智能作业。2022年，试验面积已扩大到15万亩，试验结果显示亩均增产14.3%、节约氮肥32.5%、节约磷肥16.8%、减少施药量38.0%、增收500元左右。

（三）畜牧业数字化成效凸显

畜禽养殖数字化与规模化、标准化同步推进，现代信息技术在畜禽养殖全过程得到广泛、深度应用，在传统三大农业行业中处于领先水平。2021年，全国畜禽养殖信息化率达34.0%，其中，生猪和家禽养殖信息化率分别为36.9%和36.4%。畜牧业综合信息平台、饲料和生鲜乳质量安全监管系统已实现对全国18万余个规模猪场、4200多个生鲜乳收购站、5800多辆运输车、300余个牧场、1.3万家左右持有饲料生产许可证企业的全面监管，畜牧业预测预警、市场调控、疫病防控、质量监管水平明显提升。近年来，数字技术集成应用日益成为规模养殖场的标配，通过应用无人环控平台、自动巡检报警系统、智能饲喂系统等，劳动生产率提高30%以上，每头出栏生猪降低成本150元左右。

（四）渔业数字化稳步推进

养殖水体信息在线监测、精准饲喂、智能增氧、疾病预警与远程诊断等数字技术与装备在渔业行业不断推广应用，数字技术支撑的工厂化养殖、稻虾养殖、鱼菜共生模式相继投入生产，渔业生产信息化稳步推进。2021年，全国水产养殖信息化率为16.6%，其中，蟹类、虾类、鱼类和贝类的生产信息化率分别为23.6%、21.6%、20.9%和6.0%。沿海省份持续开展海洋渔船北斗和天通卫星终端等装备建设，深入推进"插卡式AIS"更新换代和渔业"宽带入海"。依托渔船动态监控管理系统建成海洋渔船动态船位信息全国"一张图"，形成了完备的"渔船+船港+船员、近海+远洋"捕捞业数据库，开展伏季休渔期渔船疑似违规作业、疑似跨海区作业等识别分析，伏季休渔管理、渔船监管等工作得到有力支撑。

（五）乡村数字经济新业态新模式不断涌现

一是农村电商保持良好发展势头。工业品下乡、农产品进城的农村电商双向流通格局得到巩固提升，直播电商、社区电商等新型电商模式不断创新发展，农村电商继续保持乡村数字经济"领头羊"地位。二是乡村新业态蓬勃发展。随着光纤和4G网络在行政村的全覆盖，互联网技术和信息化手段助力乡村旅游、休闲农业、民宿经济加快发展。电信运营商、互联网企业、金融机构、农业服务企业等市场主体积极投身乡村数字经济，研发相应的平台、系统、产品，推动智慧种养、信息服务、电子商务等业务在农业农村领域不断拓展。三是数字普惠金融服务快速发展。通过现代信息技术的广泛应用，移动支付业务较快增长，农村普惠金融服务的可得性、便利性不断提升。

二、乡村产业数字化与乡村振兴

乡村产业数字化不仅仅是乡村振兴战略中的关键一环，更是推动乡村全面振兴的强大引擎。

（一）产供销协同的农业数字生态链逐步形成

农产品上行"触网"是乡村参与数字经济最直接的一种方式，并以此带动了数字技术在农业领域的深度应用，逐步形成上游以技术设备为基础、以数据算法为支撑的数字农业生产，中游区块链溯源、人工智能技术品质分级、全域物流支撑、普惠金融支持的数字服务体系，下游全渠道产销对接、区域公共品牌打造的产供销协同的新时代数字农业生态链，推动农业从传统的"看天吃饭"向"知天而作"迈进。

在生产端，随着农民合作社、家庭农场和农业产业化龙头企业等新型农业市场主体的兴起，农业"工厂化""园区化"趋势突出，为智慧农业的发展奠定基础。在物流端，从农田到餐桌，要保证农产品的新鲜度，最重要的环节是在采后一段时间的保鲜，即农产品物流最难的是"最先一千米"。随着各市场主体加大对"产地仓""销地仓"和乡村数字化物流配送体系的建设，农产品将实现从农户到消费者之间的高效流通。在销售端，"平台+网店+直播"逐步成为数字农业生态链的"标配"，农村电商本地化基础将进一步夯实。随着 5G 的加快落地，以及 VR/AR 技术的加快推广，"数字化农业体验经济"正逐步实现，消费者可以更加真实地体验农业生产全过程。

（二）产业融合式创新驱动乡村经济价值再造

数字化进一步打破行业边界，推动产业向更广范围、更深层次、更高水平上深度融合。产业融合式创新发展，将成为乡村经济价值再造的重要驱动力。

一是"农业+"多业态的融合发展。在数字化赋能下，农业与二、三产业的融合场景和业态进一步丰富。从功能拓展看，互联网与特色农业深度融合，催生出创意农业、认养农业、观光农业、都市农业、共享农业等新业态。从链条拓展看，农业与二、三产业跨界融合加快，催生出中央厨房、农商直供、农产品个性化定制服务等新业态。二是"新型智造"与新消费新创意的互融。在信息技术的推动下，产品的生产与服务相互渗透，体验与消费同频互动。通过打造智造空间、时尚市集、众创空间等新载体形式、新消费空间，推动"智造+创意+文化"的融合，将逐步强化乡村特色制造 IP，提升产品附加值，推动制造与服务之间的双向延展与融合。三是数字技术赋能推动商文旅体融合。数字化技术进一步推动旅游与文化、商业、体育等的融合，创新消费场景，创造更多县域新消费增长极。

（三）数字产业集群的新地标涌现

一是传统产业集群的"数字蝶变"。在新发展格局和新产业趋势下，部分地区已经抓住数字化发展机遇,加快集群的转型升级、创新发展。例如,广东省已经启动特色产业集群数字化转型,打造飞龙工业互联网,通过打通品牌、生产、加工、物料供应等产业链多个环节,实现产业链上下游的协同生产和数据对接。二是打造数字化"产业公地"将成为乡村特色产业集群谋求转型的重要路径。搭建公共信息平台、共享制造中心、公共物流仓库和直播电商基地等新型数字化集群共性基础设施,依托区县级工业互联网平台体系,为企业提供在线协同云工作、云采购、协同制造等服务,实现消费大数据引领产品研发设计、渠道协同提升供应链管理等。三是打造特色数字产业 IP。随着数字化技术的广泛落地应用,乡村将逐步利用本地独特的区位条件、生态和文化资源、基础优势产业资源等,围绕某一特定细分产业,打造数字产业 IP,在细分市场中建立认知,争夺市场话语权。

三、案例:"电商企业+农户"发展模式

在农产品电商发展大潮中,依托订单农业或合作社等形成的"电商企业+农户"模式,已成为确保供应链主体长期稳定收益的有效路径。小农户存在生产规模相对较小、抗风险能力相对较弱、信息素质偏低等问题,他们难以直接满足参与电商创业所需的前提条件。特别是近年来,直播电商的崛起使得流量成本不断提高,进一步增加了小农户涉足电商领域的难度。对于农产品电商企业而言,由于农业生产成本高昂、周期性较长且风险系数较大,多数企业难以实现自产自销。依托村庄代办或批发市场采购的农产品往往缺乏特色,同质化严重,难以在激烈的市场竞争中脱颖而出。

在这种背景下,"电商企业+农户"发展模式应运而生。该模式能够帮助小农户更好地融入电商发展的大潮,通过规范生产流程、提升产品质量,从而保障稳定的收益;同时,为电商企业提供了以更低成本获取质量更高、货源稳定的机会,进而推动企业的健康发展。这种模式的出现,无疑为农产品电商的发展注入了新的活力,也为农村经济的振兴开辟了新的道路。

(一)订单农业实现三方共赢:甘福园

甘福园位于陕西省杨凌农业高新技术产业示范区,主营业务涵盖各类水果蔬鲜的电商销售,其仓库网络遍布全国各地,每年在天猫等平台的线上销售额超过 10 亿元。为确保货源的稳定性和产品的高品质,甘福园积极与产地合作社、规模种植户和普通农户等建立长期稳定的合作关系,通过签订订单来锁定双方的权益。这不仅为公司提供了稳定且高质量的货源,同时为农产品打通了稳定的销售渠道。

以新疆的阿克苏苹果为例,甘福园每年与苹果种植户签订详细合约,明确要求果农在生产环节严格按照标准施用化肥、喷洒农药等。公司则按照合约中约定的面积,根据市场行情收购苹果,从而确保果农获得稳定的收益。为进一步提升苹果品质,甘福园还与农资厂商达成深度合作。每年 3—4 月间,农资厂商需要按照公司的要求,以赊账方式为果农

提供农药、化肥等农资，为产品质量提供保障。同时，公司与果农间的订单为农资厂商提供了保障，当采收季节到来时，农资厂商能够如期收回赊销款项，从而实现了甘福园、果农和农资厂商三方共赢的最优结果。

除此之外，作为生鲜电商领域的领军企业，甘福园还积极发挥自身的市场影响力，引导行业良性发展。以新疆的阿克苏苹果为例，企业深入研究栽培技术，发现"套袋"与否对苹果口感有着直接影响。因此，在生产端，甘福园积极指导果农采用不套袋的栽培方式，以提升苹果的品质和口感。在消费端，企业则通过互联网平台，普及阿克苏苹果栽培的"套袋"与"不套袋"知识，改变消费者的认知，进一步引导消费习惯，推动市场的健康发展。

（二）合作社搭建农企合作桥梁：齐峰果业

齐峰果业有限责任公司是一家位于陕西省眉县的猕猴桃销售企业。自1997年起，公司负责人齐峰便投身于猕猴桃销售事业，凭借多年的行业经验和市场洞察，他于2008年创立了齐峰猕猴桃专业合作社，并在2010年正式成立齐峰果业有限责任公司。随着市场需求的不断增长和公司规模的持续扩大，齐峰果业在2013年成立了电子商务公司，积极拓展线上销售渠道。凭借卓越的产品品质和有效的营销策略，公司线上销售额在2017年成功突破亿元大关，并在2020年实现了齐峰奇异果品牌估值高达3.56亿元的卓越成绩。

为了从源头保障猕猴桃的品质，2008年公司成立了眉县齐峰富硒猕猴桃专业合作社。这一举措有助于公司亲自参与高品质猕猴桃的生产过程，确保产品质量的稳定性和可靠性；同时，合作社还与众多果农建立了长期稳定的合作关系。在合作过程中，合作社积极提供技术培训、农机农技服务、优质农资农肥等支持，帮助果农降低农资采购、生产、销售等环节的成本，提高生产效益和市场竞争力。此外，合作社通过返利等形式，确保果农能够获得稳定的收益，从而进一步巩固了与果农之间的合作关系。

公司通过合作社组织建立了与果农的紧密联系，实现了农资、标准、技术、销售及品牌等方面的统一，这有助于提升公司的整体运营效率和市场竞争力，还为齐峰果业的长期发展奠定了坚实的基础。企业、合作社和果农合作推进猕猴桃产业的发展，打造三方共赢的新局面。

第四节 乡村治理数字化转型

随着我国数字乡村建设不断向纵深推进，"互联网+政务服务"加快向乡村延伸覆盖，乡村数字化治理模式不断涌现，乡村智慧应急能力明显增强，信息化成为提高乡村治理水平的重要支撑。

数字中国

一、乡村治理数字化的现状

乡村治理数字化的现状展现出了前所未有的活力与潜力，正逐步成为推动乡村振兴战略深入实施的关键力量。

（一）农村党务村务财务网上公开基本实现

各地为切实保障农民群众的知情权、决策权、参与权和监督权，持续推进农村党务、村务、财务网上公开。2021年，全国"三务"网上公开行政村覆盖率达78.4%，较2020年提升6.3个百分点，党务、村务、财务网上公开行政村覆盖率分别为79.9%、79.0%、76.1%。全国党员干部现代远程教育网络完成升级改造，党员教育平台基本实现全媒体覆盖，"互联网+党建"成为农村基层党员干部和群众指尖上的"充电站"。全国基层政权建设和社区治理信息系统已覆盖48.9万个村委会、11.7万个居委会，实现行政村（社区）的基础信息和统计数据"一口报"。全国农村集体资产监督管理平台上线试运行，已汇聚全国农村承包地、集体土地、集体账面资产、集体经济组织等各类数据。农村宅基地管理信息平台建设稳步推进，已有105个农村宅基地制度改革试点县（市、区）建设了宅基地数据库。全国农村房屋综合信息管理平台和农村房屋基础信息数据库启动建设。

（二）"互联网+政务服务"加快向乡村延伸覆盖

全国一体化政务服务平台在农村的支撑能力和服务效能不断提升。截至2022年，全国已建设355个县级政务服务平台，国家电子政务外网已实现县级行政区域100%覆盖，乡镇覆盖率达96.1%，政务服务"一网通办"加速推进，农民群众的满意度、获得感不断提升。2021年，全国县域社会保险、新型农村合作医疗、劳动就业、农村土地流转、宅基地管理、涉农补贴六类涉农政务服务事项综合在线办事率达68.2%。不少地方在推进"积分制""清单制"过程中，积极运用互联网技术和信息化手段，促进积分管理精准化、精细化、及时化，增强清单管理规范化、透明化、便捷化。

（三）乡村基层综合治理水平不断提高

"互联网+基层社会治理"行动深入实施，各地积极推进基层社会治理数据资源建设和开放共享，实行行政村（社区）和网格数据综合采集、一次采集、多方利用，不断探索将网格中的"人网"与大数据编成的"云网"相结合，以数据驱动公共服务和社会治理水平不断提高，农民群众的安全感明显增强。2021年，公共安全视频图像应用系统行政村覆盖率达到80.4%，比2020年提高3.4个百分点。特别是在农村水域安装水位临界报警监控和全景监控，以及关爱农村留守儿童、防范溺水意外事故等方面成效明显。依托儿童福利管理信息系统，摸清农村地区关爱服务对象底数，2021年7月至2022年6月共采集75.5万名留守儿童的信息，农村地区儿童福利和未成年人保护工作精准化程度进一步提升。依法打击农村地区电信网络诈骗和互联网金融诈骗违法犯罪行为,深入推进各类专项行动,重点打击涉及村镇银行、"三农"信贷及 P2P 网贷平台、非法网络支付等互联网金融犯罪,针对农村留守人员防范诈骗能力较差的问题,强化预警劝阻,完善受骗资金紧急拦截,最大限度避免农村群众财产遭受损失。

(四)乡村智慧应急能力明显增强

农业重大自然灾害和动植物疫病防控能力建设不断加强,监测预警水平持续提升。气象信息预警和农情信息调度系统在应对 2021 年秋冬洪涝灾害、2022 年长江流域气象干旱中发挥重要作用。全国农作物重大病虫害数字化监测预警系统不断完善,已对接省级平台 22 个、物联网设备 4000 多台,为有效发现和防治小麦条锈病、稻飞虱、草地贪夜蛾等重大病虫害提供了有力支撑。国家动物疫病防治信息系统新增非洲猪瘟等疫病监测和报告功能。偏远地区水利设施通信应急能力不断提升,截至 2021 年底,全国县级以上水利部门共配套各类卫星设备 3018 台(套)、卫星电话 7574 部、无人机 1718 架,同时通过自建通信网络弥补了公用通信网不能覆盖水利应用场景的短板。林草防火预警系统优化升级,陆续接入河北、内蒙古、黑龙江等重点地区防火监控系统,森林草原火灾监测范围持续扩大,预警能力持续增强。欠发达地区县级应急广播体系建设工程深入实施,重大自然灾害突发事件应急响应效率明显提升。2021 年,全国应急广播主动发布终端行政村覆盖率达到 79.7%。

二、乡村治理数字化与乡村振兴

通过运用现代信息技术手段,乡村治理得以在精准度、透明度、高效性上实现质的飞跃。这一转变不仅极大提升了乡村治理的数字化水平,使资源配置更加科学合理,使决策过程更加民主公开,还显著增强了乡村社会的自我管理和服务能力。

(一)乡村政务服务迈向一体化和协同化

数字乡村将加速县域的信息化和数字治理进程,构建互联互通、协同一体的县乡村政务服务体系。

首先,为了奠定县域数字治理的基础,需要实现组织的在线化。通过利用政务云、乡村钉等先进的互联网组织体系,将乡村相关的组织、主体和居民迁移到线上,以组织架构的形式进行统一管理;并在此基础上构建网格化管理体系,形成基层治理的微循环。这将有助于完善居民单元通讯录、信息发布与查询、便民生活、农技服务等功能,进一步优化县乡村政务服务体系。

其次,为了实现县乡村政务服务的便捷性和高效性,需要推动"一网通办"的服务模式。这要求在不同系统、不同业务、不同层级、不同地域和不同部门之间实现协同合作。

纵向推动从村到乡到县的协同，横向推动各部门间的协同，以实现信息的互通和数据的共享。这将有助于建立协同高效、上下联动的县域政务流程，从而实现政务服务的"一网通办"、民生治理的"一网统管"及公共服务的便利化。

最后，为了加强政务服务与乡村群众之间的互动，需要推动在线双向互动和多元协同治理。设立数字模块化的民情反馈渠道、书记信箱、村民群等，可以畅通民意表达渠道，推动乡村治理的公开、公正和透明。同时，实施激励导向的乡村信用积分制度，可以将信用转化为资产，并与政务、医疗、教育、金融、人社等领域打通，构筑起良好的信用生态。这将有助于基层干部之间、干群之间、群众之间的便捷沟通和交流互动，进而提升基层治理的效率。

（二）乡村经济决策迈向科学化和智能化

数字技术为分析乡村产业的发展现状和进行趋势预测提供了坚实的基础。产业数据智能中枢作为乡村经济决策智能化的基石，通过整合关键数据、重大项目与政策，加强了多部门间的协作，推动乡村经济决策向科学化和智能化迈进。

在数据智能的助力下，县域经济能够实现"全面统筹"的规划。人工智能算法模型可以解读各项经济运行数据，通过深入剖析区域发展状况、产业布局、产业链构成，以及企业的分布与运营情况，实现产业经济数据的融合和多维展示。政府获得了全面、深入的区域经济发展评估，能够准确判断当前经济运行状态及未来发展趋势。政府可以更有针对性地进行产业发展规划、精确招商合作、经济治理决策，确保施策精准、有据可循。

同时，实施"数字乡村全景图"这一新模式，实现了乡村的智能化治理。利用地理信息、遥感测绘、人工智能等技术，能够收集乡村的生态、农业生产、农产品流通、电商、文旅等多方面的数据。这些数据通过可视化大屏的"全景图"进行展示，能够实时监控乡村的农业生产、市场动态、生态变化。这不仅能够推动乡村的规划、经营、环境和服务的综合治理，而且能够为乡村的可持续发展提供有力支持。

三、案例："1612"数字治理体系

作为数字经济的先行地，浙江省数字乡村建设一直走在全国前列，2022年浙江省数字农业农村发展水平达到68.3%，连续4年居全国首位。近年来，浙江以数字化改革为牵引，加快推动数字乡村高质量发展，赋能乡村全面振兴和农业农村现代化先行。浙江省乡村数字治理平台建设形成的经验值得其他地区借鉴和推广。

2022年，浙江省迭代升级数字化体系架构，形成了"1612"数字化体系架构。其中，第一个"1"是指一体化智能化公共数据平台；"6"是指党建统领整体智治、数字政府、数字经济、数字社会、数字文化、数字法治六大系统；第二个"1"是指基层治理系统，它是数字化改革重大应用在基层集成落地，以及推动改革成果转化为治理效能的重要载

体;"2"是指理论体系和制度规范体系。在省级数字化体系架构的指导下,浙江省湖州市德清县在数字化治理中构建了系统科学的、可操作的顶层设计,破解了政府内部纵横协同不足、乡村治理数字化应用供需脱节、数据孤岛等问题,形成了对未来乡村治理数字化建设的有参考价值的样本。

(一)基于"1612+N"模式开发县域数字治理平台

地方政府参照浙江省政府"1612"数字化改革指导框架设计标准化平台框架,确保治理数字化平台建设满足政府核心治理职能需求且上下贯通。德清县建设了"浙里未来乡村在线"系统。该系统针对六大系统开发了适合本地情况的具体板块,即乡村概览、党建统领、生产经营、生态环境、居民服务和疫情防控六大板块。此外,该系统在集成应用的"浙里办"中开发了面向村民的数字乡村小程序"我德清"。村民可以使用此类小程序进行民情反馈,也可以在线实现各类公共服务的操作。同时,德清县在搭建数字乡村平台时遵循"1612+N"的模式,即参照浙江省政府提供的标准化平台框架,针对自己的特殊需求开发个性化模块。

(二)综合集成各类应用功能,降低使用者的时间成本

浙江省一体化智能化公共数据平台建设方案的建设原则之一是"集约建设、共享共治"。依托一体化智能化公共数据平台,集约建设数字化基础设施、数据资源、应用支撑体系,以"浙里办"和"浙政钉"为前端,实现各类数字化应用共同开发、协同治理。浙江省的数字政府综合应用模块复杂,业务体系包含了经济调节、市场监管、公共服务、社会治理、环境保护、政府运行六大板块,每个板块下包含具体的业务种类。相对于为这些数字业务分别建设一个应用端口,浙江省将其全部整合到"浙政钉"和"浙里力"两个App中。终端整合减少了公众使用数字化服务的成本,避免了安装数十个手机应用的麻烦,降低了App使用负担。政府工作人员只需要在一个App中就可以远程完成各项行政事务,提高了办事效率。

(三)"一图全面感知",提升治理效能

德清县依托地理信息技术,实现乡村治理可视化。以电子地图、遥感影像、三维实景地图等多类型、多尺度、多时态的空间数据为基底,叠加自然资源、农业、水利、交通、建设、文旅、民政等部门18个图层、232类数据,构建数字乡村底图;融合历年美丽乡村、城乡一体化建设中布设的视频监控、污水监测、智能井盖、智能垃圾桶、智能灯杆、交通设施六大类、534个感知设备,形成触达乡村各角落的物联感知网;建成数字化乡村模型,直观呈现自然风貌和村庄变迁,实现基础设施可视化管理和维护、人与人交互信息的有效留存和可再现。

聚焦数据归集共享,探索乡村治理数字化。通过政务数据接入、现场数据采集和物联

感知设备推送等渠道，归集58个部门、282类数据，实时共享时空信息、基层治理四平台、智能交通、垃圾分类等 15 个系统数据。着眼辅助管理决策，促进乡村治理智能化。聚焦数据量化分析，通过智能搜索、异动管理、工单流转等功能，逐步实现"人、事、地、物"精准可查、分析报告自动生成、异动管理一键可知。

（四）贯通部门间数据资源，为政府决策提供有力支撑

德清县大数据中心将数据共享作为其核心任务之一，全力以赴推动"最多跑一次"改革，确保这项便民举措深入乡村社区，实现政务服务的全面延伸。中心不仅整合了权力运行系统、浙江政务服务网德清平台及"浙政钉"，还积极推进政务服务一体机镇（街道）域全覆盖，为居民提供更为便捷、高效的服务体验。同时，中心加速推进"互联网+监管"工作，全面完成国家事项目录匹配对应，实现政务服务事项"四级四同"，即事项名称、编码、依据、实施层级在省、市、县、乡四级统一，大大提升了政务服务的规范性和透明度。除此之外，大数据中心大力推进业务协同联动，聚焦基层治理、应急联动、救助等领域，搭建统一的跨部门、跨层级、跨领域业务协同共享平台，积极探索大数据辅助决策，搭建数据中枢平台，初步形成涵盖经济、社会各领域的数据汇聚、联动分析、预判预警的平台架构，为政府决策提供有力支撑，进一步提升决策的科学性和精准性。

第六章

大数据背景下的社会信用体系

在大数据时代，社会信用体系的建设已成为政府治理和社会发展的重要组成部分。社会信用体系作为一种新型的治理工具，不仅能够帮助政府实现对社会各个领域的有效监管和规范，而且能够促进市场经济的健康发展和社会治理的现代化进程。通过建设和应用社会信用体系，政府能够更加科学地评估和预测社会风险，加强对市场主体的监管和引导，提升公共服务的精准性和效率。同时，社会信用体系也为企业和个人提供了更加公平、透明和规范的经济活动环境，有利于建立诚信意识和文明行为规范，推动全社会形成良好的信用生态。本章将探讨大数据背景下社会信用体系的建设和应用，旨在深入理解社会信用体系在促进诚信建设、推动经济社会发展、增强治理能力等方面的作用，为推动社会治理现代化提供新的思路和方法。

第一节 社会信用体系概述

社会信用体系是一个由国家主导建立的，包含社会各个层面的，旨在全面记录、评估和管理个人、企业及社会组织信用状况的综合性框架。它整合来自政府机构、金融机构、公共服务部门及第三方征信机构等的多方信息，形成一个庞大的信用信息网络。在探讨本节内容之前，我们需要对社会信用体系有一个全面而深入的理解。

一、社会信用体系的定义

（一）信用的概念

信用这一概念源远流长，内涵丰富。古代，诸如孔子和管子都曾强调诚信的重要性，将其视作人与天之道的体现，乃至于治国的基石。在汉代，董仲舒则将诚信视为规范人们行为的重要准则之一。随着社会的发展，特别是在商品经济社会中，人们逐渐将"诚信"转化为"信用"，在市场经济活动中则更多地使用"信用"一词来代替。这使得"信用"

与非经济活动中的"承诺""允诺"有了明显的区分。

传统上,信用原本是一种道德标准,强调个体通过自我约束和自我管理来提升品德。然而,在经济学领域,信用是指市场主体间基于诚实守信准则建立的特定期限内的履约能力和意愿。信用的产生并非仅源自诚信或竞争,而是随着商品交换活动的展开而逐渐形成。

信用产生的前提条件与商品交换活动的前提条件相似,都依赖社会分工和产权关系的存在。社会分工的出现促进了生产效率提高,产生了剩余产品,为信用关系的形成提供了基础。然而,更为重要的条件是,剩余产品归属于不同的所有者。只有当财产归属于具有独立财产关系的主体时,信用关系才能建立。这种信用关系必须是双方共同一致的意志行为,基于一种特殊的商品交换关系,反映着经济关系和意志关系。

在经济学范畴中,信用不仅是一种市场交易方式,还涉及各种信用工具、服务和经济关系,包括受信人承诺按约定条件还款以获取授信人的商品和服务,或者承诺按约定条件提供商品和服务以先收取授信人的款项。由于信用是一种建立在契约基础上的特殊价值运动,因此需要经历长期、逐渐积累的过程,才能对其进行评判。任何一个环节出现问题都可能影响对他人信用的准确认知,因此每个环节都需要相应的制度和法律加以规范和约束。

从资本的角度看,信用是一种获得信任的资本,现代信用资本主要包括诚信度资本、合规度资本和践约度资本。在现代社会中,信用体现在诚信、合规和践约等不同方面,分别对应着道德、社会活动和经济交易。

总体来说,信用可以从道德、心理、经济和法律等多个层面进行理解。在道德层面,信用是基于诚信和恪守承诺的重要准则。在心理层面,信用体现为人们对他人行为的信任和安全感。在经济层面,信用是交易中的重要因素,直接影响着经济利益。在法律层面,信用受到法律制度的规范和约束,具有法律化的趋势。因此,信用作为一种多维度的概念,在不同领域都有着重要的作用和价值。

(二)社会信用体系的概念

社会信用体系旨在促进社会各界诚实守信、遵纪守法、遵守契约。该术语首次在官方文件中出现可追溯至党的第十六届三中全会通过的《中共中央关于完善社会主义市场经济体制若干问题的决定》。《社会信用体系建设规划纲要(2014—2020年)》对社会信用体系的依据、内容都进行了较为详细的说明。本书认为,社会信用体系通过对个人、组织或实体行为的记录、评价和归档,形成一套信用评价体系,以评估其在社会生活和经济活动中的行为表现,并根据评价结果采取相应的激励或惩罚措施。简而言之,社会信用体系是一种基于信用数据和评价机制的社会管理体系,旨在促进诚信行为、维护社会秩序、提高经济运行效率。

在社会信用体系中,信用是核心概念。社会信用体系通过记录和分析信用数据,评估个人或组织的信用状况,并将评价结果作为决策和管理的依据,影响相关主体在市场、社会和政府组织中的表现。

建设社会信用体系的目的在于，促进诚信行为，提高社会的信用水平和文明程度。对诚信主体的表现进行评价和奖惩，可以有效约束不良行为，推动社会经济的健康发展。然而，社会信用体系的建设也面临一些挑战和争议，如个人隐私保护、数据安全风险、社会信用评价标准不完善等问题，需要政府、企业和社会各界共同努力，不断完善和规范。

（三）我国的社会信用体系

自社会信用体系概念提出以来，经过 20 多年的发展，我国创造性地走出了一条具有中国特色的社会信用体系建设之路。统一的社会信用制度是社会信用体系建设的重要基础，它不仅是建立统一市场基础制度规则的重要组成部分，还能够解决信用碎片化、信用割裂等问题。统一的社会信用制度建设涉及信用信息网络、技术标准、监管边界和手段等方面的统一。长期来看，统一的社会信用制度将建立在以信用信息为核心要素的数字信用生态体系基础之上，这一建设逻辑与理念已经在国家相关政策文件中得到了具体体现。2022 年年初中共中央办公厅、国务院办公厅印发的《关于推进社会信用体系建设高质量发展促进形成新发展格局的意见》要求编制全国统一的公共信用信息基础目录和失信惩戒措施基础清单。2022 年 3 月印发的《中共中央 国务院关于加快建设全国统一大市场的意见》明确提出要健全统一的社会信用制度。

近年来，我国在社会信用体系建设方面取得了重要进展，国际社会也对此给予了高度评价。然而，我国与西方国家在社会信用体系建设上存在诸多差异。西方国家的社会信用体系主要围绕经济交易和金融活动展开，着重于信用交易风险管理。我国目前面临的主要问题是社会诚信缺失和信用交易风险。这一情况决定了我国需要建立更加广泛的社会信用体系，包括经济交易信用、社会诚信、政务诚信和司法公信四个方面。在社会信用体系建设过程中，我国需要考虑独特的国情和发展阶段。首先，我国正处于向成熟市场经济转型的过程中，与西方发达国家相比，市场经济体制、法治和道德文化建设亦有待完善。因此，我国社会信用体系面临的挑战更为复杂，需要综合考虑经济、社会、政治等多方面因素。其次，我国社会信用体系建设不仅是经济领域的问题，也涉及行政、社会等各个领域。除了经济交易信用，还需要重视社会诚信、政务诚信和司法公信等方面的建设。这些方面的信用体系相互交织、相互影响，需要统筹考虑和推进。最后，我国社会信用体系建设需要借助现代信息技术的支持。随着信息技术的发展，数字化、智能化已成为社会发展的主要趋势。因此，我国在社会信用体系建设中需要充分利用大数据、人工智能等技术手段，构建起数字信用生态体系，提升信用管理的效率和精准度。基于上述考虑，我国采取了一些创新性举措，取得了显著效果。例如，建立失信联合惩戒机制，促使失信被执行人履行义务。然而，这些举措并不能替代法治建设和道德建设，而是与之相辅相成。我国早在 2003 年就明确指出了法律、道德和社会信用体系之间的关系，强调三者之间存在相互支撑关系。

二、社会信用体系建设的必要性

社会信用体系的建设具有必要性，它是现代社会治理体系中不可或缺的一环。

（一）发展社会主义市场经济的必然要求

建设社会信用体系是发展社会主义市场经济的必然要求。随着经济全球化和信息化的不断深化，信用已经成为现代社会经济活动中不可或缺的核心要素。建设社会信用体系不仅是适应时代发展的需要，更是推动社会主义市场经济健康发展的重要保障和基础。

1. 社会信用体系建设是促进市场经济良性循环的重要手段

在一个良好的社会信用环境下，市场参与者能够更加便利地开展交易活动，相互之间建立起稳定的信任关系。这种信任关系的存在使得市场交易更加高效、有序，有利于资源优化配置和经济协调发展。

2. 建设社会信用体系有助于提升经济运行效率

通过对个人、企业等市场主体的信用状况进行记录和评估，社会信用体系可以有效地识别出不良信用作法和违法违规行为，进而加强市场监管和进行风险防范。这有助于减小市场交易中的不确定性，提高市场参与者的风险承受能力，提升整体经济运行效率。

3. 建设社会信用体系对于改善营商环境和促进创新创业具有积极作用

在一个良好的信用环境下，企业更容易获取融资、拓展业务，同时消费者更愿意购买多样化的产品和服务。消费增长能够从需求端激发企业的创新活力，推动经济结构优化升级，促进经济持续健康发展。

4. 建设社会信用体系有助于提升国家竞争力和声誉

一个信用良好的国家不仅能够吸引更多的外商投资和人才流入，还能够在国际舞台上赢得更多的尊重、信任和支持。这有助于提升国家的软实力和国际地位，推动国家实现经济持续增长和长期繁荣。

（二）促进社会文明进步的迫切要求

诚信，是中国古代的道德规范，也是当今社会文明的重要标志。缺乏诚信，个人难以立身，国家难以立足，社会难以长存。作为社会主义核心价值观的重要内容之一，诚信承载着中华优秀传统文化，推动着社会文明的进步。

在当前社会，诚信已被确立为公民的基本道德准则之一，是社会主义核心价值观的具体体现。诚信不仅是千百年来中华民族的传统美德，也是社会主义道德建设的核心内容，强调着诚实劳动、信守承诺、诚恳待人。

然而，社会中个人诚信缺失已成为社会的污染源。加快建设社会信用体系已成为当今社会的迫切需要。建设社会信用体系有助于提升个人素质、协调人际关系、增强社会凝聚力、促进社会进步。同时，它还能营造互信互利的社会氛围，提高全民族的道德水平，推动社会主义精神文明建设及和谐社会建设，促进社会的文明进步。

（三）提升社会治理能力、完善国家治理体系的内在要求

党的十八届三中全会明确提出了"完善和发展中国特色社会主义制度，推进国家治理体系和治理能力现代化"的总目标。这一战略目标彰显了国家治理体系和治理能力的重要性，也将社会信用体系的建设置于国家发展的战略高度。

社会治理能力的提升和国家治理体系的完善是实现全面建成社会主义现代化强国的重要保障。社会信用体系的建设可以有效提升社会治理能力。诚信是社会文明的基石，也是社会治理的重要支撑。一个建立在诚信基础之上的社会信用体系，可以促进个人的诚实守信行为，减少不良行为的发生，提高社会运行的效率和稳定性。通过褒奖守信、惩戒失信，社会信用体系可以有效约束各类违法违规行为，提升社会治理的针对性和有效性。

社会信用体系的建设有助于完善国家治理体系。国家治理体系是由政府治理、市场治理和社会治理三个方面构成的。社会信用体系作为加强和创新社会治理的重要举措，涵盖了政府信用体系建设、市场主体信用体系建设和个人信用体系建设三个方面。建立健全社会信用体系，可以优化政府服务、规范市场秩序、促进社会互信与和谐，从而提升国家治理体系的整体效能。

三、大数据在社会信用体系中的作用

大数据在社会信用体系的构建与运作中扮演着至关重要的角色，深刻地重塑了这一体系的内涵和外延。

（一）大数据的技术特征

大数据是规模大到传统数据处理工具无法有效捕获、管理和处理的数据集合。这些数据通常具有以下特征。

1. 数据量庞大（Volume）

随着互联网的普及和信息化技术的发展，越来越多的数据被产生和存储。从最初的 TB 级别到现在的 PB 甚至 ZB 级别，数据量呈现爆炸式增长的趋势。这些数据的来源多样化，包括社交媒体、传感器、移动设备、云计算等。数据规模的爆炸式增长对数据的存储、管理和分析提出了极大的挑战。

2. 数据类型多样（Variety）

传统的数据主要是结构化数据，如数据库中的表格数据，但现在大数据中还包括了非结构化数据和半结构化数据。非结构化数据包括文本、图像、视频等；半结构化数据则介于结构化数据和非结构化数据之间，如日志文件、XML 文件、JSON 文件等。这种多样性

使得数据的管理和分析变得更加复杂。

3. 价值密度低（Value）

尽管数据量庞大，但大数据中有价值的信息量却相对较少。大数据中包含了大量的噪声和冗余信息，需要通过高级的分析方法和算法来挖掘出有用的信息。这种价值密度低的特点使得大数据分析变得更加困难，需要更加精细的技术和工具来应对。

4. 处理时效性高（Velocity）

随着数据量的增加，人们对数据处理的要求也越来越高。许多应用场景需要实时地处理和分析数据，以便及时做出决策和应对变化。因此，大数据处理系统需要具备较高的处理速度和实时性，以满足用户的需求。

总体来说，大数据的定义涵盖了数据的规模、类型、价值及处理速度，这些特征使得大数据对传统数据处理方法和工具提出了挑战，同时为数据驱动的决策和创新提供了更多的机会。

（二）大数据的社会特征

大数据的社会特征主要体现在其广泛的影响力、深度的渗透性、高度的关联性和显著的价值挖掘潜力方面。

1. 大数据是一种能力

大数据所包含的数据量巨大且多样化，这对数据的存储、处理和管理提出了巨大挑战，传统的数据库技术已经无法胜任。因此，处理大数据需要运用机器学习、人工智能等技术，以从海量、复杂的数据中挖掘出有价值的信息，并对未来趋势做出预测。

2. 大数据是一种思维

在大数据时代，开放和共享是其核心价值观。"数据烟囱"和"数据孤岛"的存在阻碍了数据的增值，只有让数据在社会中充分流动起来，才能创造更大的价值。因此，大数据时代强调从信息公开到数据开放，倡导数据的共享和流通。

3. 大数据是一个时代

在大数据时代，数据作为生产要素，一切数据都被视为资产。谁掌握了数据，谁就拥有了这个时代的核心竞争力。因此，大数据的应用和管理已经成为企业、政府和组织竞争的关键，也成为推动社会发展和创新的重要力量。

（三）大数据在社会信用体系中的优势

大数据在社会信用体系中的优势是显而易见的，它不仅拓展了数据来源的多样性，而且提升了信用评估的时效性、准确性和广泛性，同时促进了社会公平和公正。

1. 多元化数据来源

大数据征信的优势体现在其多元化的数据来源上。传统征信主要依赖金融机构的信贷数据，大数据征信则能够整合来自多个领域的数据，包括但不限于金融、电子商务、社交网络、公共服务等。比如，通过互联网社交数据可以了解个体的社交关系和活动轨迹，通过电商付款数据可以了解个体的消费行为和支付能力，通过水电费数据可以了解个体的生活稳定性和居住情况，等等。此外，大数据征信通过对海量数据的深度挖掘和分析，可以更准确地评估个体的信用风险和信用水平。传统征信主要依赖有限的金融数据，而大数据征信可以利用来自不同领域的数据，包括消费行为、社交活动、移动轨迹等，从而形成更为全面的、多维度的信用画像。这种多元化的数据来源使得社会信用评估更加全面。

2. 实时性和时效性

在传统征信模式下，央行征信系统中的个人信贷记录并不是实时更新的，因此信用报告中的数据存在信息滞后问题。大数据征信应用全新的信用评估模型能够实现对信用大数据的实时处理，相比之下，用户的信用评价也能得到快速更新。例如，通过实时监测电商平台上的消费行为和支付记录，可以及时更新个体的信用评级，为金融机构提供更及时的信用信息。

3. 覆盖面广泛

传统征信仅能覆盖与银行发生过信贷关系的群体，业务覆盖面相对有限。大数据征信几乎可以覆盖全社会的绝大部分人群，包括小微企业、农民、城镇低收入人群等弱势群体。通过多样化的数据来源，大数据征信可以从不同角度反映个体的信用状况，为传统征信的记录提供有效补充，增加人们的信用记录，从而帮助弱势群体获得更多的信贷支持，促进普惠金融的实现。

第二节 数字技术与企业信用识别

本节将深入阐述数字技术如何凭借其强大的数据处理能力、智能分析算法及高效的信息流通特性，在企业信用识别领域发挥至关重要的作用。

一、数字技术与企业信用画像

数字技术在企业信用画像的构筑与应用中展现出了极为广泛的影响力和深远价值。借助大数据、云计算、人工智能等现代信息技术手段，企业信用画像得以更加精准、全面地描绘企业的信用风貌。

（一）企业信用画像

本部分介绍企业信用画像的内涵、重要性及其构建过程。

1. 企业信用画像的内涵

企业信用画像是对企业信用状况和行为特征进行综合性描述和评价的图像化呈现。它通过整合和分析企业的多维数据，包括财务数据、社会责任数据、市场表现数据等，形成对企业信用水平和信用风险的全面把握。企业信用画像的应用范围广泛，涵盖了供应链管理、金融信贷、商业合作等多个领域。例如，供应商可以通过企业信用画像评估合作伙伴的信用状况，降低交易风险；金融机构可以利用企业信用画像评估贷款申请人的信用水平，制定贷款政策。企业信用画像是企业信用管理和风险控制的重要工具，通过对企业信用状况的全面评价和呈现，可为利益相关方提供决策参考，推动经济合作和商业发展。

2. 企业信用画像的重要性

企业信用画像的重要性体现如下。

1）提供决策依据

企业信用画像为利益相关方提供了重要的决策依据，包括投资者、合作伙伴、供应商等，能够更准确地评估企业的信用状况，从而做出合理的商业决策。

2）降低经营风险

对企业信用画像进行分析，可以及时识别出潜在的信用风险，并采取相应的风险管理措施，降低经营风险，维护企业利益。

3）提升企业竞争力

良好的企业信用画像有助于提升企业的品牌形象和声誉，增强企业的市场竞争力，吸引更多客户和投资者。

3. 企业信用画像的构建过程

企业信用画像通过如下几个步骤构建。

1）数据收集与整合

从多个来源收集企业的各类数据，涵盖了财务报表、纳税记录、信用报告、社会责任报告等方面的信息。这些数据可能存储在企业内部的不同系统和数据库中，也可能来自外部的政府机构、行业协会、第三方数据提供商等多个渠道。为了构建起完整的企业数据框架，首先需要对这些数据进行整合和融合，建立起企业的多维数据仓库。整合的过程，需要考虑数据格式、数据结构、数据标准等方面的差异，确保数据的一致性和完整性。随后，对整合后的数据进行清洗、标准化、归一化等处理是至关重要的。这包括去除重复数据、填补缺失值、解决数据不一致性等问题，以确保数据的质量和可靠性。同时，通过标准化和归一化等处理，将不同格式和单位的数据转化为统一的标准格式，便于后续的分析和应用。对数据进行收集与整合，可以构建起全面、准确的企业数据基础，为后续的数据分析、建模和信用评估提供可靠的数据支持。

2）智能化分析与建模

基于收集到的数据，利用大数据技术和人工智能算法进行智能化分析和建模。利用数据挖掘、机器学习等技术，识别出影响企业信用的关键因素和模式，建立企业信用评估模型。这些模型可以是传统的统计模型，也可以是基于机器学习算法的预测模型，如逻辑回归、决策树、神经网络等。

3）企业信用画像生成

基于建立的模型和评估结果，系统会生成企业信用画像。企业信用画像通常包括企业的信用评级、信用分数、信用报告等信息，这些信息综合反映了企业的信用表现和信用风险水平。信用评级是根据企业的信用表现和风险情况进行的等级划分，通常包括优秀、良好、一般、较差等级别，帮助利益相关方快速了解企业的信用状况。信用分数则是对企业信用表现的综合评估，是一个具体的数值指标，反映了企业的信用水平和信用风险程度。信用报告详细记录了企业的信用历史、财务状况、经营业绩、行业地位等信息，为用户提供了全面了解企业信用状况的依据。此外，企业信用画像可以根据需要进行可视化展示，将复杂的信用评估结果呈现为直观、易懂的形式，帮助用户更直观地理解企业的信用情况。

4）个性化画像定制

根据不同行业、规模、地域等因素，为每家企业量身定制独特的信用画像。首先，针对特定行业的特征和风险，定制化的企业信用画像能够反映该行业的特殊环境和关键风险因素。例如，在金融行业，关注的重点可能是资本充足率、流动性风险等；在制造业，更关注生产效率、供应链稳定性等方面的指标。其次，考虑到企业的规模和地域因素，不同规模的企业可能面临的经营挑战和信用风险也会有所不同。例如，中小企业可能更容易受到资金周转困难的影响，而大型企业可能更注重长期发展和市场份额的稳固。最后，个性化的企业信用画像会根据模型分析的结果，突出企业的信用优势和风险点。这不仅能够为企业自身提供准确的信用评估，也能够为利益相关方提供更全面的信用信息，包括供应商、金融机构、投资者等，帮助他们做出更明智的决策和合作选择。

5）实时更新与动态调整

实时更新与动态调整是确保企业信用画像与实际情况保持一致的关键措施。随着企业经营环境和内外部因素的不断变化，信用评估需要及时更新和调整，以确保其与企业实际情况的一致性和准确性。实时更新是指，在信用评估模型和数据源方面保持与企业实际情况同步更新。这意味着及时获取最新的企业数据，包括财务报表、经营指标、行业动态等信息，并及时反映到信用画像中。建立实时数据接入和处理机制，可以保证信用评估的及时性和准确性。动态调整是指根据实时数据和监控系统对企业的信用状况进行持续跟踪和调整。随着外部环境和内部因素的变化，企业的信用状况可能发生变化，需要及时调整信用评估模型和企业信用画像。建立监控系统和风险预警机制，可以及时发现信用风险，并采取相应措施进行调整和应对。

（二）数字技术在企业信用画像中的运用

数字技术在企业信用画像中扮演着至关重要的角色，它提供了强大的工具和方法来收集、处理和分析大量的企业数据，从而描绘出更加精准和全面的企业信用画像。

数字中国

1. 数据整合与融合

利用数据仓库和ETL（抽取、转换、加载）工具，企业能够将来自各个部门和系统的数据进行整合和融合。这些数据可能来自财务系统、客户关系管理（CRM）系统、供应链管理（SCM）系统等多个数据源，需要经过整合和清洗，确保数据的一致性和准确性。整合后的数据将存储在统一的数据仓库或数据湖中，为企业提供随时访问和分析的便利。

数字技术提供了各种数据集成和存储方案，企业可以根据自身需求选择合适的方案，例如，可以选择关系型数据库、NoSQL数据库或者基于Hadoop的大数据平台等。这些技术方案不仅可以满足企业对数据存储和管理的需求，还可以提供高效的数据处理和分析能力，为企业提供全面、准确的数据支持。

通过数据整合与融合，企业可以实现数据的统一视图，从而更全面地了解企业的运营情况。整合后的数据可以为企业信用评估提供更准确、更全面的数据基础，有助于构建更加完善的企业信用画像。同时，数据整合可以促进企业内部各部门之间的信息共享和协作，提高工作效率和决策效果，为企业的发展提供有力支持。

2. 智能化分析与建模

利用数字技术中的数据挖掘、机器学习等方法，企业能够针对大规模数据进行智能化的分析和建模，以识别关键因素、规律和趋势，从而更好地理解企业的信用情况。例如，通过聚类分析技术，企业可以将客户群体划分为不同的类别，识别出不同类型的客户群体，从而更好地了解客户的特征和需求，为个性化的服务提供支持；通过预测分析技术，企业可以利用历史数据和趋势来预测未来的业务走向，以更好地规划和决策。

这些智能化分析和建模结果可以为企业提供更深入的洞察，帮助企业更好地理解企业信用的构成和影响因素。通过分析数据中的关联性和规律性，企业可以发现隐藏在数据背后的价值，为企业提供更全面、更准确的信用评估支持，有助于企业做出更明智的决策和战略规划。

3. 实时数据处理与更新

随着业务的发展，企业的数据也在不断增长和变化。数字技术可以帮助企业实现对实时数据的处理和更新，保证企业信用画像的及时性和准确性。例如，通过流式处理技术，企业可以实时监控业务数据的变化，并及时调整信用画像的内容。首先，通过设置数据采集系统，从各个数据源收集实时生成的数据流，包括企业内部系统、传感器、社交媒体、物联网设备等；采集方式多样，如API接口、数据集成工具等。其次，将收集到的数据流传输到流式处理引擎，通过消息队列、分布式文件系统等方式实现高效传输；随后，企业利用流式处理引擎，如Apache Kafka、Apache Flink等，对数据流进行实时处理和分析，利用预定义的规则和算法进行清洗、过滤、聚合、计算等操作，以及利用机器学习算法进行实时异常检测、趋势预测等分析。最后，处理和分析后的结果输出到数据库、数据仓库、可视化工具等目的地，可用于实时监控、决策支持、报表生成等应用。

除了流式处理技术，企业还可以利用其他实时更新处理数据的方法，包括使用支持实时更新的数据库系统，如 MongoDB、Redis 等，以实现对数据的实时更新和查询；建立实时监控系统，通过监控各个数据源的变化情况和指标，及时发现数据的变化趋势和异常情况，可使用开源或商业的监控工具，如 Prometheus、Grafana 等；采用事件驱动架构，通过发布-订阅模式实现对数据的实时处理和更新，企业可以使用消息队列系统，如 Apache Kafka、RabbitMQ 等，以实现事件的实时传递和处理；企业还可以建立实时数据仓库，将实时生成的数据存储在数据仓库中，并提供实时查询和分析功能，可利用的各种数据仓库技术包括 Amazon Redshift、Google Big Query 等。

4. 个性化画像定制

个性化画像定制过程中可能用到的数字技术主要包括以下几种。

1）数据挖掘和机器学习

利用数据挖掘和机器学习算法对大量数据进行分析和建模，以识别出关键特征和模式，为企业提供更深入的洞察。常用的算法包括聚类、分类、回归、关联规则挖掘等。

2）自然语言处理（NLP）

对文本数据进行分析和处理，从中提取有用的信息和特征。NLP 技术可以用于文本分类、情感分析、实体识别等任务。

3）图像处理和计算机视觉

对图像和视频数据进行处理和分析，提取图像中的特征和信息。计算机视觉技术可以用于图像识别、目标检测、人脸识别等任务。

4）推荐系统

利用推荐算法对用户的行为数据进行分析，为用户提供个性化的推荐和建议。推荐系统可以根据用户的偏好和行为历史，推荐适合的产品、服务或内容。

5）大数据和分布式计算

利用大数据技术和分布式计算平台处理海量数据，实现高效的数据处理和分析。这包括分布式存储系统（如 Hadoop、Spark）、分布式计算框架（如 MapReduce、Spark）等。这些技术的综合运用可以构建出高度个性化的用户画像，为企业提供精准的服务和体验。

5. 安全性和隐私保护

在处理企业敏感数据时，安全性和隐私保护至关重要。数字技术可以提供强大的安全性和隐私保护机制，包括数据加密、身份认证、权限控制等。企业可以通过这些技术手段保障企业信用数据的安全性和保密性，防止数据泄露和滥用。

1）数据加密与权限控制

数字技术可以采用强大的加密算法对企业的敏感数据进行加密处理，确保数据在传输和存储过程中的安全性。同时，通过权限控制机制，只有经过授权的用户才能够访问和操作敏感数据，有效保护了数据的隐私性。

数字中国

2）匿名化和脱敏处理

在数据处理和分析过程中，数字技术可以采用匿名化和脱敏处理技术，将个人身份信息等敏感数据进行去标识化处理，以保护用户的隐私。这样可以在保证数据分析结果有效性的同时，最大限度地保护用户的个人隐私。

3）安全认证与审计

数字技术可以通过安全认证和审计机制，对用户的身份进行验证和审计，确保只有合法的用户才能够访问和使用企业的信用画像数据。同时，可以对数据的访问和使用情况进行监控和记录，及时发现并应对潜在的安全风险。

通过以上方法，数字技术不仅能够帮助企业建立更加全面和准确的信用画像，还能够为企业提供更深入的洞察，帮助其更好地了解和评估其他关联企业的信用状况，从而做出更明智的商业决策。

二、数据挖掘与信用风险评估

数据挖掘技术在企业信用风险评估中扮演着至关重要的角色，它深度剖析并提炼出企业运营数据中的隐含信息和关键指标。

（一）信用风险评估中的数据挖掘技术

对企业进行信用风险评估是风险控制的重要手段。在信用风险评估中，数据挖掘技术发挥着关键作用，其主要任务是对企业历史数据进行分析和挖掘，找到潜在的关联信息和规律，从而客观地评价企业的信用风险。在实践中，数据挖掘技术主要分为统计法、机器学习和神经网络法。

1. 统计法

聚类分析、回归分析、判别分析是统计法的三种常用方法。其中，聚类分析将数据集中的对象分组成不同的类别，使同一组内的对象之间具有较高的相似性，而不同组之间的对象具有较高的差异性。在信用风险评估中，聚类分析可以帮助金融机构识别出具有相似信用行为模式的企业群体，从而有针对性地制定风险管理策略。回归分析则关注变量之间的线性关系，通过建立数学模型，分析各个因素对信用风险的影响程度，从而为信用风险评估提供参考依据。另外，判别分析通过对已知分类的数据进行分析，识别出不同类别之间的差异和特征，从而为新数据的分类提供指导。

2. 机器学习

决策树、遗传算法等机器学习方法在企业信用风险评估中具有广泛的应用前景。决策树是机器学习中常用的分类算法，可以将数据集分解成多个简单的决策规则，从而帮助决策者做出判断。在信用风险评估中，决策树可以根据不同的企业特征和历史行为，预测其信用违约的可能性，并给出相应的信用风险评估结果。遗传算法则通过模拟生物进化过程，优化分类模型，从而提高模型的准确性和泛化能力。这些机器学习方法能够自动发现数据中的规律和模式，为信用风险评估提供更为准确和可靠的结果。

3. 神经网络算法

神经网络算法是一种模拟人脑神经网络结构的数据挖掘技术，具有强大的自学习和自适应能力。神经网络由大量的人工神经元组成，这些神经元通过连接权重相互连接，形成一个复杂的网络结构。利用神经网络算法，人们可以对海量的企业数据进行分析和挖掘，从而识别出不同企业的信用风险特征。神经网络算法在信用风险评估中的应用已经取得了一定的成果，但其计算过程较为复杂，需要消耗大量的计算资源和时间。

除了以上提到的技术，其他一些新兴的数据挖掘技术在企业信用风险评估中也具有潜力。例如，基于深度学习的方法可以通过建立多层次的神经网络模型，从而更加准确地识别出企业的信用风险特征；自然语言处理技术可以对企业的文本信息进行分析和挖掘，从而发现企业潜在的信用风险因素。这些新兴技术的应用将进一步丰富和完善企业信用风险评估的方法和手段。

（二）数据挖掘的工具选择

在企业信用风险评估的综合分析中，数据挖掘工具可以分为专用数据挖掘工具和通用数据挖掘工具，它们具有各自的特点和应用场景。

1. 专用数据挖掘工具

专用数据挖掘工具是针对特定领域或行业的需求而开发的，其主要作用是解决该领域或行业在发展过程中遇到的各种问题，并制订相应的解决方案，在特定领域的应用具有超强的功能和专业性，使用特殊的数据算法来处理数据信息，从而获得可靠的分析结果。例如，IBM 公司的 AdvancedScout 系统针对 NBA 的数据，帮助球队主教练优化战术组合，其主要特点是针对性强、分析结果可靠性高。然而，专用数据挖掘工具应用领域的狭窄性导致其在处理其他领域或行业的数据时受限。对于通用数据信息的定义，专用数据挖掘工具可能无法发挥应有的作用，只能使用普通的挖掘算法来完成相应的工作内容。

2. 通用数据挖掘工具

通用数据挖掘工具具有更广泛的适用性和灵活性。这些工具通常功能强大，具备数据启动、存储、管理和分析等多项功能，例如，SAS 就是一种典型的通用数据挖掘工具。SAS 在多个领域的应用范围广泛，包括医疗、政府和金融行业，被认为是国际化的数据挖掘标准软件之一。在金融领域，SAS 等通用数据挖掘工具经常被用于企业信用风险评估。例如，在春运期间，铁路部门可以利用 SAS 等工具对春运信息进行处理，从而更好地管理和预测客流情况，确保运输安全和效率。

（三）数据挖掘的流程

数据挖掘通过对大量的企业数据进行深度分析和挖掘，帮助金融机构、企业和其他利益相关方识别潜在的信用风险，从而制定相应的风险管理策略。数据挖掘在信用风险评估中的应用包括如下五个方面。

1. 特征提取与选择

数据挖掘能够从海量数据中提取与信用风险相关的特征，这些特征包括企业的财务指标、行业背景、社会背景等。对这些特征进行选择和分析，可以识别出影响企业信用风险的关键因素。

2. 建模与预测

基于提取的信用风险相关特征，数据挖掘技术可以建立信用风险评估模型，用于预测企业的信用状况和未来的偿付能力。常用的建模方法包括逻辑回归、决策树、随机森林、支持向量机等。这些模型可以利用历史数据进行训练，然后应用于新的数据集，进行信用风险的评估和预测。

3. 模型评估与优化

建立好模型后，需要对模型进行评估和优化，以确保其在未知数据上的泛化能力和预测准确性。通过交叉验证、接收者操作特性曲线（ROC 曲线）、混淆矩阵等方法对模型进行评估，并根据评估结果进行参数调优和模型优化。

4. 风险识别与预警

数据挖掘技术可以帮助金融机构、企业与其他利益相关方及时识别和预警潜在的信用风险。监控其财务数据、行业动态、市场表现等信息，可以及时发现异常情况和风险信号，并采取相应的风险管理措施，降低风险损失。

5. 决策支持与优化

数据挖掘技术可以为金融机构、企业与其他利益相关方提供决策支持，帮助其制定更科学、更有效的信用风险管理策略。分析和挖掘大数据，可以为企业提供更准确的信用评估和预测，为企业风险控制和业务决策提供更可靠的依据。

第三节　区块链技术重构信用交易体系

本节聚焦于区块链技术如何革命性地重构并优化信用交易体系。通过去中心化、高透明度、数据不可篡改的核心特性，区块链技术为信用交易领域带来了前所未有的变革。

一、传统信用交易体系存在的问题

传统信用交易体系存在诸多问题，主要体现在如下四个方面。

（一）中心化风险

传统信用交易体系一直是金融领域的核心组成部分，它基于中心化机构，如银行、信用评级机构等，为个人和企业提供资金融通和信用评估服务。然而，传统信用交易体系存在着中心化风险。中心化风险是指，信用交易过程中的核心角色由单一中心化机构承担，可能带来的系统性风险。中心化机构集中了大量的财务和个人信息，一旦出现如破产、数据泄露或恶意行为等问题，将对整个信用交易体系产生重大影响。例如，2008年的"次贷危机"就部分源于金融机构的风险管理不善和过度的金融杠杆。具体来说，中心化风险包括以下几个部分。

1. 单点故障

在传统信用交易体系中，中心化机构扮演着关键的信用中介角色。然而，中小化机构作为系统的中心节点，一旦出现故障、瘫痪或遭受攻击，整个信用交易系统都将受到影响，甚至可能导致系统崩溃。例如，一家主导市场的银行遭遇技术故障或网络攻击，将导致大规模的支付延迟和交易失败，影响金融市场的稳定运行。

2. 信任依赖

中心化机构的运作依赖用户对其声誉和监管机构的信任。然而，这种信任往往基于机构的宣传和监管规则，而不是可验证的技术或透明的交易过程。用户不得不将个人和财务信息交给这些中心化机构，但缺乏对其内部运作的可见性和监督，这可能导致来自信息不对称的欺诈行为。

3. 信息泄露

中心化信用交易体系通常需要用户提供大量的个人和财务信息，这些信息被集中存储在中心化机构的数据库中。然而，这些数据库往往成为黑客攻击和内部泄露的目标，一旦用户的个人信息被泄露，可能导致严重的金融损失和个人隐私泄露问题。

4. 垄断和不公平

中心化机构往往具有市场上的垄断地位，掌握着大量的资源和权力，导致市场的不公平和竞争受限。例如，在借贷市场中，少数几家银行或金融机构控制着大部分的资金流动，这可能导致不公平的交易条件和利率设定，损害小型企业和个人借款人的利益。

（二）信息不对称

在传统信用交易体系中，信息不对称是一个常见的问题，主要表现在借贷市场中借款人和贷款机构之间存在着信息不对称，借款人通常掌握更多关于自己的信息，而贷款机构难以获取足够的信息来准确评估借款人的信用风险。这导致贷款机构在风险评估和定价方面面临挑战，可能导致交易条件不公平、违约风险增加等问题。

1. 借款人的信息优势

在传统信用交易中，借款人往往拥有更多的信息，而贷款机构缺乏借款人的真实信用状况、财务状况和风险特征的完整信息。这种信息不对称可能导致贷款机构无法准确评估借款人的信用风险，从而导致贷款决策失误。

2. 贷款产品信息不透明

在传统信用交易市场中，银行和其他金融机构通常会设计各种各样的贷款产品，但这些产品的条款、利率和费用等信息往往对于借款人并不透明或模糊不清，借款人很难全面了解贷款产品的真实成本和风险。

3. 信用评级标准不透明

信用评级机构在信用交易中扮演着重要角色，它们通过评估借款人的信用状况和风险程度，为贷款机构提供信用评级服务。然而，这些信用评级机构的评估标准和方法往往缺乏透明度，贷款机构很难了解信用评级机构的评估过程和准确性。

4. 风险调节机制不完善

传统信用交易体系中的风险调节机制相对不完善，导致信息不对称的加剧。例如，银行等中介机构往往只依赖借款人提供的信息进行信用评估，缺乏独立的风险评估和监控机制，从而容易出现信息失真或操纵的情况。

（三）交易成本高昂

传统信用交易体系中存在高昂的交易成本问题。这些成本包括信用评估、交易撮合、合规监管等相关费用，不仅增加了信用交易的复杂性和不确定性，也限制了小微企业和个人的融资渠道，影响了经济的发展。

1. 信用评估成本

其一，人力成本。传统信用评估往往依赖专业的信用评估师或分析师进行手工评估和分析，这需要大量的人力投入和专业知识，增加了评估的成本和时间。其二，时间成本。传统信用评估过程往往较为烦琐和耗时，包括收集、整理、分析大量的财务和信用信息，以及进行多次的审查和核实，这增加了交易的时间成本和不确定性。其三，数据成本。信用评估还需要大量的数据支持，包括借款方的财务报表、信用记录、交易历史等，而这些数据可能需要付费获取，增加了评估的数据成本和困难度。其四，专业知识需求。传统信用评估需要具备专业的金融、经济、统计等领域的知识和经验，这使评估过程更为复杂和困难，增加了评估成本和难度。

2. 交易撮合费用

交易撮合是指将借贷双方进行匹配，促成信用交易的过程。然而，在交易撮合过程中存在一定的费用，这包括了中介机构的手续费、交易平台的费用等，这些费用增加了交易的成本。其一，中介机构手续费。在传统信用交易体系中，银行等中介机构往往会收取高额的手续费，降低了交易的效率和可获得性。其二，交易平台费用。传统信用交易往往依赖交易平台进行撮合，这些交易平台可能会收取一定的交易费用或服务费用，包括注册费、交易费、管理费等,这增加了交易的成本,限制了小额交易和个人投资者的参与。其三,佣金和利息费用。除了交易平台的费用,借贷双方还可能需要支付额外的佣金和利息费用,作为交易撮合和风险管理的补偿,这增加了交易的负担,降低了交易的盈利性和可持续性。

3. 合规监管费用

合规监管是保障信用交易体系稳健运行的重要制度。金融市场的合规监管要求日益严格,金融机构需要投入大量资源用于监管需求。这些合规监管费用包括监管机构的审核费用、合规顾问的咨询费用等,不仅增加了金融机构和交易平台的运营成本,也加重了贷款方和借款方的负担。其一,监管审核费用。金融机构和交易平台需要承担监管部门对其业务和交易活动的审核和审查费用,包括注册费、年检费、审计费等,这些费用增加了机构的运营成本,限制了小型机构和初创企业的发展。其二,合规顾问的咨询费用。金融机构和交易平台需要聘请合规顾问或律师团队,进行合规规定和法律法规的解读和咨询,这增加了企业的咨询费用和法律服务费用,增加了企业的管理成本。

4. 资金成本和利率风险

在传统信用交易中,借款方通常需要支付较高的利率来覆盖银行的资金成本和风险溢价,因此可能存在利率风险、流动性风险、投资者预期的不确定性。其一,利率风险。借款方面临着利率波动带来的风险,如果市场利率上升,借款方的还款负担将增加;如果市场利率下降,借款方则可能错失利率下降的机会,增加了还款风险和不确定性。其二,流动性风险。在利率上升的情况下,借款方可能面临资金流动性不足的风险,无法及时偿还债务,导致逾期或违约,加剧了信用市场的不稳定性和风险。其三,投资者预期不确定性。利率波动可能导致投资者的预期不确定性增加,影响了其投资决策和信贷供给,限制了金融市场的流动性和活跃度。

(四)数据安全和隐私问题

在传统信用交易中,大量的个人信息和敏感信息包括借款方的身份信息、财务记录等存储在中心化的数据库中,存在被黑客攻击或泄露的风险。这些数据的泄露或不当使用可能会导致个人隐私泄露、金融欺诈等问题。

1. 数据泄露风险

就传统信用交易体系而言,大量的个人信息和敏感信息在存储、传输和处理过程中可能受到黑客攻击、内部滥用权限、数据交换不安全等多重威胁,导致个人隐私泄露、身份盗用等风险不断增加。这些安全隐患使用户数据面临着被窃取、被篡改和被滥用的风险,严重影响了信用交易体系的安全性和可信度。

2. 安全漏洞

传统信用交易体系中的系统和平台可能存在安全漏洞,如数据存储不安全、网络传输漏洞等，使得用户的数据容易受到黑客攻击或恶意软件入侵，增加了数据被窃取或被篡改的风险。

3. 滥用个人数据

在传统信用交易体系中，金融机构或第三方可能滥用用户的个人信息，如未经允许的数据销售、精准营销等，侵犯了用户的隐私权和个人权益。

4. 合规性挑战

传统信用交易体系对于数据安全、隐私监管和合规要求不够严格，金融机构和平台在数据处理和管理方面存在合规性挑战，增加了数据安全和隐私风险。

二、区块链技术在信用交易中的优势

区块链是一种去中心化的分布式数据库技术，将数据以区块的形式链接在一起，并在网络中的多个节点上分布存储，实现了安全、透明和不可篡改的数据交换和记录，并且无须依赖中心化的机构或第三方中介，具有相对较高的可信度和可追溯性。

（一）去中心化

区块链技术通过去中心化的分布式网络架构，消除了单一中心机构的控制和中心节点故障的风险。由于数据存储在网络上的多个节点中，并且每个节点都有完整的账本副本，因此不再需要依赖中心化的金融机构或第三方中介节点，降低了系统的中心化风险。

1. 消除中间人

区块链技术通过去中心化的方式，将信用交易中原本需要中间人参与的环节去除，使得交易直接发生在参与者之间，从而降低了交易的复杂性和成本。借款方和投资者可以直接交互，无须依赖传统金融机构的中介服务，降低了交易的信任成本和摩擦成本。

2. 增强安全性

目前，交易信息的验证可以通过区块链网络中的分布式节点完成，而不再依赖单一的中心机构。这种去中心化的管理机制增强了交易数据的安全性，因为即使部分节点遭受攻击或发生故障，网络仍能保持稳定运行，防止了单点故障对整个系统的影响。

3. 增强透明度

区块链上的交易记录是公开可查的，任何人都可以查看和验证交易是否发生，以及相关交易内容。这种公开透明的交易记录消除了信息不对称带来的风险，增强了交易的透明度和可信度。

（二）不可篡改

区块链的数据具有不可篡改性，一旦数据被记录到区块链上，就不能被修改或被删除。这是因为区块链使用了密码学哈希函数和区块链结构，每个区块都包含了前一个区块的哈希值，任何对于交易数据的篡改都会导致哈希值的变化，从而被网络中其他节点拒绝接受，确保了数据的不可篡改性，有效解决了传统信用交易中存在的数据篡改或造假问题。

1. 时间戳

作为区块链技术的基础组成部分，每个新生成的区块都带有时间戳。这个时间戳记录了区块创建的确切时间，使得交易信息可以按照时间顺序被追溯。这种时间戳的存在不仅是为了记录交易发生的时间，更重要的是它为整个交易过程的追溯提供了可靠的时间线。从技术上来说，时间戳的使用使得区块链中的交易历史无法被篡改或被修改，因为任何尝试修改旧交易的行为都会破坏区块链记录的一致性。这意味着一旦交易数据被写入区块链，就会被永久保存在网络中，不受任何单一实体或组织的控制。这不仅确保了数据的长期可追溯性和可信度，还增强了用户对于交易历史的信任，从而促进了信用交易体系的发展和创新。

2. 分布式校验

区块链网络中的分布式节点根据智能合约中的设定和历史信息对交易信息进行验证，确保其真实性和有效性。这种分布式的验证机制确保了交易数据的一致性和可靠性。每个节点都独立地对交易进行验证，而且所有节点必须达成一致的共识才能将交易添加到区块链中。

3. 基于 Merkle 树的验证机制

在区块链中，交易信息以 Merkle 树的形式保存在区块中，而每个区块的头部包含了 Merkle 树的根哈希值。通过这种结构，任何人都可以轻松验证某个交易是否包含在区块中，只需要将该交易的哈希值与 Merkle 树的根哈希值进行比对即可。基于 Merkle 树的特性，即使一小部分的数据发生变化，也会导致根哈希值的变化，因此任何对交易数据的篡改都将被立即识别出来。这种基于 Merkle 树的验证机制确保了区块链上交易的真实性和完整性，进一步增强了交易的安全性和可信度。

（三）智能合约

区块链支持智能合约的应用，它是一种基于代码的自动化合约，可以在不需要第三方介入的情况下执行交易和合约条款。在信用交易领域，智能合约为借贷、融资等交易提供了更高效、更安全、更可靠的解决方案。这种自动化和自我执行的特性有效降低了传统信用交易中存在的中介成本，并解决了交易延迟的问题。

1. 自动化执行合约

智能合约的自动化执行通过区块链网络的节点共同验证和执行。一旦满足了智能合约的条件，如特定的时间点到达或者特定的交易金额达成，智能合约将自动触发相关的交易和操作。智能合约的自动化执行能够大大降低交易执行的时间成本，特别是针对复杂的交易流程，它可以在几秒内完成整个交易过程，相较于传统的人工处理方式，节省了大量的时间和人力成本，提升了交易的效率和可靠性。

2. 消除人为干预

智能合约的执行基于预先编写的代码逻辑，完全遵循既定的规则和条件，不受个人主观意识或潜在的欺诈行为影响。智能合约的自动化执行不涉及人为干预，因此消除了传统信用交易中可能出现的人为错误或欺诈行为带来的风险。这种消除人为干预的特性大大增强了交易的可信度和安全性，用户可以更加信任智能合约的执行结果，并且不必担心受到不当干扰或操控。同时，消除了人为干预也降低了交易的不确定性，提高了交易的效率和可靠性，为信用交易体系的建设和发展提供了更加稳定和可靠的基础。

3. 实现多方信任

智能合约的运行基于区块链技术，所有参与者都可以在区块链上查看合约的代码和执行过程，确保了交易的公开透明和可追溯性。这种多方信任的机制极大地减少了交易中的纠纷和争议，因为每个参与者都能够独立验证交易的合法性和执行过程。智能合约的透明性和不可篡改性能够确保交易结果的公正性，从而增强了交易的合规性和稳定性。参与者不需要依赖第三方机构或中介来确保交易的可信度，而是直接依赖智能合约的自动执行和区块链的公开透明性，这进一步增强了交易的可信度和稳定性。

4. 提供多样化的应用场景

智能合约具有灵活的编程能力，可以根据不同的业务需求定制各种类型的合约。在信用交易领域，智能合约的应用场景非常丰富，不再局限于传统的借贷和融资，还涵盖了保险、风险管理、债务协议等多个方面。例如，智能合约可以用于自动化的贷款发放和还款管理，根据借款人的信用评级和财务状况智能调整贷款利率和还款计划，提高了借贷过程的效率和公平性。智能合约可以作为保险合约，根据事先设定的条件自动执行理赔操作，提高了保险理赔的速度和准确性。智能合约可以用于构建去中心化的债务协议，实现借款人和出借人之间的直接互动，减少了传统金融机构的中介环节，降低了交易的成本和风险。总体来说，智能合约为信用交易提供了多样化、创新性的服务，为用户和企业提供了灵活、高效的交易解决方案，推动了信用交易体系的不断发展和创新。

综上所述，区块链技术具有去中心化、不可篡改、透明性和智能合约等特点，有效解决了传统信用交易体系存在的中心化风险、信息不对称、高昂的交易成本、信任问题、数据安全和隐私问题等一系列挑战，为信用交易提供了更安全、更透明、更高效的解决方案。

三、区块链技术在信用交易中的应用案例

本小节将详细介绍两个具有代表性的区块链技术在信用交易中的实际应用案例，生动展现这一前沿技术如何深刻影响并提升信用评估与交易流程的效率和安全性。

（一）广东省中小企业融资平台

本案例将介绍广东省中小企业融资平台——一个专为中小企业量身打造的金融服务生态系统。

1. 案例背景及解决痛点

近年来，在"产融结合""脱虚向实"的政策环境下，供应链金融作为振兴实体经济、推动产业升级的关键抓手迅速崛起。中国人民银行等五部门于2017年3月发布了《关于金融支持制造强国建设的指导意见》，鼓励金融机构积极开展各种形式的产业链金融业务。2017年10月，国务院办公厅发布了《关于积极推进供应链金融创新与应用的指导意见》，鼓励建立供应链金融服务平台，为中小微企业提供便捷的融资渠道。在政策的支持推动下，我国供应链金融市场规模不断扩张，国内工业企业应收账款净额和商业保理市场业务总量均呈现指数型增长趋势。然而，尽管市场规模增长迅速，供应链金融仍面临着一系列挑战，例如，中小企业融资难、融资贵，大量数据孤岛的存在导致银行风控难，贸易欺诈风险高，等等。上述风险对供应链金融的发展形成较大挑战，需要进一步改革和创新。

2. 案例内容

基于区块链的贸易融资网络采用了一系列具体的技术和步骤，以解决传统供应链金融中存在的问题。该网络利用了基于区块链的壹账链 FiMAX 底层技术，这项技术具有行业领先的高性能区块链底层技术和密码学隐私保护方案。在具体实施过程中，关键的技术和步骤如下。

1）区块链底层技术

采用了壹账链 FiMAX 的高性能区块链底层技术。这项技术保证了区块链网络的强一致性和数据的不可篡改性，使得整个贸易融资网络能够实现各参与方信息统一和交叉验证。

2）全加密区块链框架

引入了全加密区块链框架，确保了数据的安全性和隐私性。所有数据都由数据拥有方加密上传，解密密钥由拥有方掌握，从而有效防止了数据泄露和隐私侵犯。

3）3D 零知识证明技术

采用了 3D 零知识证明技术，使得在保护数据隐私的前提下，实现数据价值的共享。这项技术能够在不公开数据的情况下，对加密状态下的数据进行加减乘除的运算和关系验证，从而确保了数据的安全性和完整性。

4）数据共享和交叉验证

利用区块链网络的特性，实现了各参与方的数据共享和交叉验证。基于共识机制验证上传的数据，并记录在系统内所有人共同拥有的"账本"中，极大地提升了数据的整合效率，使得全流程数据的系统化共通成为可能。

5）多方加密信息验证

对于银行等金融机构而言，采用领先的密码学技术，实现对多方加密信息进行交叉验证和超额融资检测。这项技术能够有效识别贸易背景真实性，防范贸易欺诈，降低金融风险。

6）自动匹配银行服务和精准融资推送

企业可以通过一次对接，打通与网络上所有金融机构的关联，并根据自身情况自动匹配银行服务，提供精准融资推送服务。这样可以大大提升融资效率，为企业获取多样化的金融服务方案。

3. 案例价值及成效

通过全加密区块链网络链接各贸易参与方，包括金融机构、核心企业、上下游企业等，实现弱中心化架构，打破传统中心化供应链金融平台的模式，给予每一方平等参与网络交易的机会，消除了隐私顾虑，提升了供应链金融行业的整体信息化水平。此外，通过应用先进密码学技术，对加密数据进行定向分享、计算和验证，帮助金融机构甄别贸易的真实性、精准评估企业信用，降低了放款成本，提升了金融机构的风控水平。同时，该网络为中小企业提供了便捷、快速的系统接入方案，打通了与网络上所有金融机构的关联，为企业提供精准融资推送服务，降低了融资成本。

（二）浙商银行供应链金融服务平台

本案例深入探究与分析浙商银行的供应链金融服务平台——一个集创新性、高效性与安全性于一体的综合性金融服务解决方案。

1. 案例背景及解决痛点

在传统供应链金融模式下，企业面临着诸多问题，包括应收款质押登记手续烦琐、高成本、流转困难，以及存在操作和欺诈风险等，这些部分地导致了中小企业融资难、融资贵、资金周转效率低等问题。为了解决这些问题，浙商银行搭建了基于区块链技术的供应链金融服务平台。该平台利用区块链技术的信息共享、不可篡改、可追溯等特性，将企业供应链中的应收账款转化为高效、安全的线上化的"区块链应收款"，从而帮助企业盘活资产和资源、减少外部融资、降低财务成本，提升服务实体经济质效。

2. 案例内容

该平台基于区块链技术，对产业链垂直行业贸易背景材料、金融资产流转情况等信息进行存证，实现了将小微企业应收账款转化为"区块链资产"，并支持资产在链上跨机构流转。核心企业和金融机构根据授权访问调用链上数据，以核心企业信用为依托，消除了金融机构与产业链企业间存在的信息不对称性，解决了信任问题。具体而言，企业首先在平台上注册并开户，获取区块链身份凭据，将其真实贸易流程与区块链上的票据凭证进行绑定。随后，持有链上票据的企业可以在平台上向金融机构发起融资或票据转让申请。金融机构根据链上票据与背景凭证进行审批，审批通过后将资金放款至企业，同时更新链上的票据权属信息。整个流程通过智能合约实现，保证了交易的安全、高效和可信。截至2023年6月末，供应链金融服务平台已实现了数百万笔供应链金融业务数据上链，累计提供融资近4000亿元，服务核心企业数千家，延伸服务上下游客户近3万户。

3. 案例价值及成效

通过应用区块链分布式记账的特点，结合多方安全计算技术，该平台实现了金融机构与核心企业之间的信息共享，提升了金融机构放款效率。在服务实体企业方面，平台帮助企业盘活应收款和仓单等资产，解决了融资难题，提高了供应链资金周转效率。同时，该平台通过创新服务模式，为零售客户和同业客户提供多跨场景服务，推动了全新的供应链金融模式的发展。基于区块链技术的供应链金融服务平台成功解决了传统供应链金融模式存在的诸多问题，为企业提供了高效、安全的供应链金融服务，推动了实体经济的发展。该平台的成功经验为其他金融机构提供了借鉴和参考，推动了区块链技术在金融领域的应用和发展。

第四节 数字化信用监管

本节聚焦于数字化信用监管体系，这是一项运用先进信息技术手段，对信用信息进行高效采集、处理、分析和应用的新型监管模式。

一、数字化信用监管的概念和原理

本小节重点介绍数字化信用监管这一前沿概念及其内在运作原理。

（一）数字化信用监管的定义

数字化信用监管是利用数字技术和信息化手段对信用活动进行监督和管理的过程。它通过数字化信用信息、实时监控、智能分析等手段，提高监管的效率和精准度，促进信用市场的健康发展。数字化信用监管的推行不仅有助于提升监管部门的能力和效率，还能增强市场的信用度。通过数据数字化和信息化，监管部门可以更快速、更准确地了解市场情况，及时发现并处理潜在的风险。同时，公开透明的监管机制能够增加市场的透明度和公信力，提升市场参与者的信心和信任度。智能分析和预警机制可以帮助监管部门更好地预测和防范风险，从而保护市场的稳定和健康发展。

随着数字化技术的不断发展和应用，数字化信用监管将进一步完善和深化。未来，数字化信用监管可能会借助区块链技术实现信用信息的安全存储和共享，通过智能合约实现信用交易的自动化和可追溯化。同时，监管部门可能会加强与行业机构和科研机构的合作，共同推动数字化信用监管的创新和发展，为建设更加公正、透明和稳健的信用市场提供坚实支撑。数字化信用监管通过数字技术和信息化手段，提高了监管的效率和精准度，促进了信用市场的健康发展。它不仅有助于提升监管部门的能力和市场的信用度，还能增强市场的稳定和健康发展，为经济的可持续增长提供有力支撑。

（二）数字化信用监管的基本原理

数字化信用监管的基本原理体现在如下四个方面。

1. 数据数字化和信息化

数字化信用监管的基础是将信用活动相关的数据和信息数字化，并进行信息化处理，包括个人信用记录、企业信用信息、交易记录等。以数字化的方式记录、存储和传输信用活动相关的数据和信息，使监管部门能够更加便捷地获取和分析信用信息。数字化信用信息的记录和存储，不仅提高了数据的可访问性和可管理性，还降低了信息处理的成本和复杂度。

2. 实时监控和全面管理

数字化信用监管实现了对信用活动的实时监控和全面管理。利用数字技术实现数据的实时采集、传输和处理，监管部门可以及时了解信用活动的情况，并采取相应的监管措施。建立全面的信用信息数据库和监管平台，可以实现对各个环节和主体的全面管理。监管部门可以根据实时数据对市场动态进行监测和分析，及时发现和应对潜在的信用风险和违规行为。

3. 智能分析和预警机制

数字化信用监管利用人工智能、大数据分析等技术实现监管工作的智能化和自动化。建立智能监管系统，可以对大量的信用数据进行分析和处理，识别出异常交易和风险行为，并自动触发预警机制。监管部门可以根据预警信息及时采取措施，防范和化解信用风险。智能分析可以帮助监管部门发现潜在的规律和趋势，为制定更有效的监管政策和措施提供支持。

4. 透明公开和隐私保护

数字化信用监管倡导信息的透明和公开，建立信用信息共享平台，实现对信用活动的公开监管和公众监督。公开透明的监管机制，可以增强市场的透明度和可信度，促进市场的健康发展。同时，数字化信用监管重视个人隐私保护和数据安全，采取加密技术、权限控制、数据脱敏等手段，确保信用信息的安全存储和传输，保护个人隐私不受侵犯。数字化信用监管既要保障数据的安全性和隐私性，又要保证监管的公开、透明和效率。

二、大数据背景下的信用监管体系

首先，数字化信用监管技术以数据共享为重点，构建了体系化、标准化的社会信用信息库，其中包括社会信用评价、红黑名单、信用档案、信用关系、信用指数等系列信用产品。其次,加快建设全国一体化信用平台,开发信用发布、信用查询、信用修复等工具,为业务应用提供技术支持。最后,以精准业务协同为重点,推动信用在行政管理中的应用,构建了全覆盖、无死角的社会信用体系,为信用惠民提供保障。

(一)信用监管的基本构件

数字资源系统建设和业务资源系统建设是信用监管体系的重要组成部分,对提升政府治理能力的现代化水平至关重要。首先,社会信用库的建设为政府提供了一个综合性的信用信息存储和管理平台,使政府能够更加全面地了解和监管社会各方面的信用状况。其次,信用产品库的建设为政府提供了丰富多样的信用产品和服务,如信用评价、信用承诺等,这些产品和服务能够有效地引导和规范市场主体的行为,促进了经济社会的稳定和发展。最后,这些数据资源系统和业务应用系统的建设为政府提供了更加高效、便捷的数据支撑和技术保障,使政府的信用管理工作更加科学、精准、有效。

1. 数据资源系统建设

数据资源系统建设主要包括社会信用库建设和信用产品库建设两方面。

1)社会信用库建设

搭建社会信用库是数据资源系统建设的重要任务。社会信用库以整合和归集各类信用信息为目标,包括个人信用记录、企业商业信用信息、银行金融信用信息、行业信用数据等。政府通过建设社会信用库,实现对信用信息的统一管理和共享,为政府部门决策和社会公众信用查询提供便利。数字化信用监管主要依托于"信用中国"网站,这是一个公共数据管理平台,专门用于处理基础库、主题库和各部门数据仓库中的信用数据。该平台利用应用支撑系统中的身份认证、用户授权、地理信息服务、区块链等工具,重点建设了覆盖企业、自然人、社会组织、事业单位、政府机构五类主体的信用信息库,并覆盖了事前、事中、事后全流程,涵盖了全国、省、市、县四级的社会信用信息。

2)信用产品库建设

除了信用信息本身,信用产品库的建设也是数据资源系统中的重要组成部分。信用产品库包括各种信用评估模型、信用报告、信用评分等,为政府和企业提供了丰富的信用服务和工具。通过建设完善的信用产品库,政府可以提高信用评估的准确性和效率,为各类信用活动提供支持和保障。

2. 业务应用系统建设

业务应用系统建设主要集中于提供信用工具和信用服务。

1)提供信用工具

在业务应用系统中,提供信用工具至关重要。数字化信用监管体系包括各种信用工具,如信用发布、信用查询、信用异议、信用修复等,同时研发了信用档案、信用评价、红黑名单、信用指数、信用预警、信用关系、行业信用评价、专项信用产品、专项信用数据等信用产品。这些工具和产品为信用监管提供了强大的支持，使得政府部门能够更好地履行经济调节、市场监管、公共服务、社会治理等职责。政府部门可以借助各种信用工具，如信用评估系统、信用监管平台等，实现对信用活动的全面监控和管理。这些信用工具不仅可以及时发现和应对潜在的信用风险，还可以促进信用市场的健康发展。

2）提供信用服务

除了信用工具，政府部门还可以提供各种信用服务，以满足社会公众的需求。信用服务可以包括信用查询、信用修复、信用教育等，旨在提升社会公众的信用意识和信用素养。通过提供多样化的信用服务，政府可以更好地满足民生需求，提高政府的服务水平和公信力。

3. 信息化和大数据的应用

信用建设利用信息化和大数据手段打破了信息孤岛和部门藩篱，实现了政府部门之间、政府部门与社会之间、各社会单元之间信息和资源的整合和共享。借助信息技术，政府部门可以更加高效地获取、管理和利用信用信息，提高了政府部门的办事效率和服务质量。同时，大数据的应用使得政府可以更加准确地了解社会民生状况，及时发现并解决问题，推动政府部门治理能力现代化。

（二）数据共享机制建设

数据共享机制建设是数字化信用监管中至关重要的一环。它旨在建立一个完整的闭环系统，实现信用数据的动态更新和有效利用，从而提升信用监管的效率和精准度，促进社会信用体系的健康发展。数据共享机制涉及多个方面的内容和多个政府部门的协作，需要从数据归集、标准化处理、产品开发到数据回传和运用等多个方面进行全面考虑和系统建设，具体可以划分为以下两个阶段。

1. 第一个阶段：数据归集和处理

在数据共享的第一个阶段，各相关部门需要进行数据的归集和处理。这些政府部门通常涵盖发展和改革委、公安、市场监管、生态环境、税务等，它们是信用数据的主要来源单位。这些部门归集的原始数据包括了各个领域的信息，如行政处罚信息、欠缴税信息、裁判记录信息等。

1）数据标准化处理

这些原始数据需要经过信用数据标准化处理，以便进行后续分析和利用。这一步骤是十分关键的，因为不同部门采集的数据可能存在格式不一致、标准不统一的情况，需要进行统一的处理和标准化，以确保数据的准确性和可比性。

2）形成社会信用库和信用工具

经过标准化处理后，这些数据就可以用于构建社会信用库和信用工具。社会信用库是存储各类信用信息的数据库，包括个人信用记录、企业信用信息等。信用工具是针对信用信息的管理和运用提供的工具，用于信用信息发布、查询、异议、修复等。

3）开发信用评价指标和产品

根据这些数据可以开发出各种信用评价指标和信用产品。信用评价指标是用于评估信用主体信用状况的指标体系，包括信用档案、红黑名单、信用指数、信用预警等。信用产品则是基于这些指标开发的具体产品，如行业信用评价、专项信用产品等。

2. 第二个阶段：数据回传和运用

经过加工、处理后的数据工具和信用产品需要回传给各个数据来源单位，并在各自的行政业务中得到运用。

1）数据回传至数据来源单位

加工、处理后的数据工具及信用产品需要回传给各数据来源单位。这些单位在自身的行政业务中需要参考和运用这些信用数据，以便采取相应的联合激励和惩戒措施。

2）信用数据在行政业务中的应用

在各部门的行政管理过程中，信用数据可以作为重要的参考依据，如执法监管、审批服务、基层治理、应急管理、预警监测等。利用信用数据，监管部门可以更加科学、精准地制定政策和采取措施，提升治理效能和服务水平。

总之，信用数据共享闭环的形成具有重要作用，主要包括信用数据的动态更新和有效利用、信用信息共享和协同治理、提升政务服务质量和社会治理能力。

（三）业务协同机制建设

业务协同机制是指，以数据共享和信用产品打造为基础，探索各部门间的协同合作，形成闭环的业务流程。在业务协同机制中，信用联合奖惩是核心，各部门根据信用信息实施相应的奖惩措施，并通过信用监管系统记录和反馈结果，形成业务协同闭环。

1. 信用联合奖惩

信用联合奖惩是业务协同的核心。在业务协同机制中，各个部门产生的失信记录和守信信息，以及由信用平台提供的多种信用产品，通过信用监管系统进行了交换和共享。这样一来，不同部门之间的信用信息得以共享，形成了一个庞大的信用网络。

一方面，这些信用信息被各协同部门用于制定相应的奖惩措施，从而对个体或实体的信用行为进行引导和约束。例如，对于失信行为，可能会采取限制其获得贷款或其他信用产品的措施，以此促使其改善信用表现；对于守信行为，则可能给予相应的奖励或优惠政策，以鼓励更多的守信行为。

另一方面，这些应用部门所采取的协同措施的结果，会被及时反馈至信用监管系统，形成一个闭环的反馈机制。这一机制确保了信用信息的动态更新和有效利用，使得信用评价能够更加准确和实时。同时，这为业务协同的进一步发展提供了坚实的基础，促进了各个部门之间的信息共享和合作。

2. 业务协同机制的流程分析

以严重失信信息的数据流为例，业务协同机制的具体流程如下。

1）数据输出和识别

数据来源单位将数据输出至信用监管单位，信用监管单位根据信用代码自动识别协同单位，并将相关信息传送至目标协同单位。

2）实施联动措施

目标协同单位收到信息后，实施相应的联动措施，并将结果记录输出至信用监管单位，再传送至数据来源单位。

3）满意度评价

数据来源单位对协同单位的实施情况进行满意度评价，并将评价结果传送至协同单位，形成闭环。

在这一流程中，各个环节的数据流转和信息交互需要实现实时的通信握手，并留下完整的数据记录，以确保数据的准确性和可追溯性。

三、信用监管机制存在的制约

在信用监管方面，对信用信息的有效管理和高效应用尚有待探索。虽然大数据技术已经被广泛应用，但在信用信息的产业链中，各个环节的处理速度都比信息本身的产生速度慢，这可能会导致信息处理不及时，因而影响信用信息的准确性和实用性。

（一）信用数据归集缺乏全面性

信用数据归集缺乏全面性这一问题，具体体现在多个维度和层面上，显著影响了信用评价体系的准确性和公信力。

1. 信用信息来源有待扩展

公共信用数据主要来源于各职能部门在行政执行过程中产生的各类信用信息数据，包括行政许可和行政处罚等双公示信息、红黑名单信息、基本登记信息等。然而，公共信用数据的归集缺乏全面性，部分信息市场主体无须提供信息，或者可能提供虚假信息，这给公共信用监管带来了较大难度。此外，区域外信用数据尚未纳入平台，以浙江省为例，浙江省的信用监管平台"信用浙江"目前尚未纳入电子商务、社交媒体等领域的信用数据。但这些信用数据对于全面了解个人和企业的信用状况至关重要。因此，将这些领域的信用数据纳入监管平台，是提高监管全面性和准确性的重要一步。区域外信用数据获取和共享能力依然有限。目前，浙江省的信用监管平台主要归集本区域各部门的信用数据，对于区域外的信用数据获取和共享存在限制。

2. 非结构化信息处理能力不足

社会信用信息平台中存在大量非结构化信息和半结构化信息，如文本文档、图像、视频、音频等形式的数据。这些信息属于非结构化数据，需要相应的处理能力来提取、分析和利用。然而，互联网爬虫、视频音频处理等非结构化数据处理技术的应用相对不足，影响了信用信息数据的有效性和全面性。

1）数据失真问题

非结构化数据难以被有效处理，可能导致数据失真，即信息的真实含义无法被准确理解或表达。

2）信用档案和评价的动态更新受到限制

非结构化信息处理能力不足，新的信息无法被及时地整合到信用档案中，导致信用档案信息滞后或不完整。

3）业务关联和嵌入困难

数据格式不统一、数据标准不健全、信息处理不足等问题的存在，使不同部门之间的业务无法有效关联和整合，阻碍了信息的共享和流通，影响了信用信息的有效管理和应用。

3. 数据报送不规范

数据报送的时间周期参差不齐，以及对法人和其他组织统一社会信用代码和公民身份证号码的应用价值不够重视，导致市场主体唯一识别码缺失严重。这种不规范的数据报送方式影响了信用信息的准确性和及时性。

（二）信用数据挖掘程度不高，应用场景不足

当前，信用数据挖掘程度不高，其应用领域的广度和深度亦有待进一步拓展，具体体现在如下三个方面。

1. 信用评价方法简单化

现有的信用评价体系通常采用简单的指标和评级体系，如基于纳税金额或志愿服务小时数等。然而，这些评价方法往往无法全面反映信用主体的真实情况，忽略了其他重要因素，如诚信意愿、履约能力、风险管理等。因此，需要研发更为全面、科学的信用评价方法，结合多维度数据进行综合评估，以提高评价的准确性和可信度。

2. 信用数据共享不畅

尽管各个政府部门和机构都有一定量的信用数据，但由于数据格式、标准、共享方式等方面存在差异，数据共享和整合面临一定的障碍。此外，部分数据可能存在格式不规范、重复冗余等问题，影响了数据的质量和可用性。因此，需要建立统一的数据标准和共享机制，促进各部门之间的数据交换和整合，以实现信用数据的充分利用。

3. 应用场景不足

当前，信用数据的应用场景相对单一，主要集中在金融、法律和工程等领域。然而，信用数据具有广泛的应用潜力，可以在政府管理、市场监管、社会信用建设等方面发挥重要作用。例如，在政府治理中，可以利用信用数据对公共服务进行评价和改进；在市场监

管中，可以利用信用数据对市场主体进行信用监管和风险预警；在社会信用建设中，可以利用信用数据激励守信行为、惩戒失信行为。因此，需要探索和拓展更多的信用数据应用场景，促进信用数据更好地为社会经济发展服务。

（三）平台数据割裂，数据共享水平有待提高

平台数据的割裂现状显著，数据共享的水平有待进一步提升，这一问题具体体现在以下几个方面。

1. 信用信息割裂现象

不同部门建立的信息平台可能存在互不兼容的情况，导致信用信息分散在各个平台之间，无法形成完整的信用档案。这会影响信用主体的全面评估和有效监管，在行政事务处理中，难以形成一致的信用评价标准和应用方式。

2. 地区信用档案差异

各省份建立的信用平台没有形成互联互通，导致信用信息的差异性，同一主体在不同地区拥有不同的信用档案。这种差异性会给行政管理和信用监管带来困扰，有必要制定统一的信用档案运用标准和规范，以确保信用信息的一致性和准确性。

3. 数据共享理念缺乏

由于数据共享理念不够深入，因此部分重要数据仍然分散在各个部门之中，存在格式不规范、不统一的情况。信用信息的处理面临较大的挑战，需要引起监管部门的重视，并采取切实措施促进数据的清洗、归集、共享和应用。

（四）将大数据应用于信用监管的策略

将大数据应用于信用监管的策略，具体展开如下。

1. 推进信用监管顶层设计，重点加强监管规章制度建设

在推进信用监管顶层设计中，着重强化监管规章制度的系统性构建，这一战略部署具体体现在以下三个方面。

1）完善信用信息归集和共享机制

借助已建立的信用信息目录，各领域的监管部门提供本地产生的信用信息，并统一归集到信用库中。这类举措可以避免信息割裂现象，为信用服务应用系统提供充足的数据支撑。

2）着手规范信用立法和动态调整规章制度

对现有的信用监管法规进行全面审查和调整，确保各个环节的操作一致，并保障信用主体的权利和义务。另外，随着社会经济环境的变化，监管规章制度文件需要不断更新和调整，以保持其适应性和有效性。

3）建立信用风险预警机制

在大数据挖掘方面，应建立信用风险预警机制，及时发现和应对信用风险。实施"双

随机、一公开"制度,对各地区的信用问题进行专项督查和评估,确保整改措施的有效实施。在产业层面,针对不同行业和企业,制定相应的信用监管措施,特别是对受外部环境影响较大行业,进行动态评估和预警,为企业发展提供相应的支持和指导。

2. 建设一体化信用平台,制定完善信用标准

致力于构建一个全方位、一体化的信用信息平台,本部分制定详尽而完善的信用标准体系,这一举措具体体现在以下两个关键方面。

1) 建设、完善全国一体化信用平台网络

首先,明确信用信息归集共享渠道。强化全国信用信息共享平台的信用信息归集共享"总枢纽"功能,健全全国一体化信用服务平台网络,是向各类市场主体集中提供信用信息服务的"唯一出口"。其次,加强地方平台整合和统一管理。对功能重复或运行低效的地方信用服务平台进行整合,减少地方平台的数量。最后,加强对地方平台建设的指导。统一地方信用服务平台接入全国一体化平台网络的标准,促进地方平台规范健康发展。

2) 建立科学的标准体系、目录体系和责任体系

首先,建立完善的标准体系。依据相关法规政策文件和联合奖惩备忘录,制定信用档案和评价的标准规范,建立统一的信用档案。其次,建立目录体系。制定《信用信息目录编制规范》,指导部门和地方确定本部门信用信息清单,并形成科学的信用信息目录和数据项清单。最后,建立责任体系。按照"谁认定、谁负责"的原则,各部门应审慎出台黑名单认定和惩戒标准,并研究信用修复和黑名单退出办法,确保信用数据的准确性和公正性。

3. 挖掘信用数据产品,促进社会信用监管的多元共治

深入挖掘信用数据产品的潜能,积极促进社会信用监管体系的多元化共治格局的形成,这一举措具体体现在以下两个方面。

1) 建立唯一的社会信用记录档案和市场主体的评价体系

首先,利用统一社会信用代码等基础信息,依托社会信用信息数据库,加快完成各类主体的社会信用评价,并建立社会信用评价结果的应用机制。其次,规范健全红黑名单制度,推动各部门制定、修订本行业领域的认定标准,形成标准清晰、认定科学、管理规范的红黑名单体系,以促进联合奖惩机制的落地落实。

2) 以大数据为支撑,促进社会信用监管的多元共治

建立以信用为核心的全流程、全环节的"多元式"综合监管体系,推动建立"信用查询+信用承诺+容缺受理"管理模式,加强事前查询和事后监管。同时,加强与市场机构的合作,利用其技术优势,共同研发信用数据产品和服务,引导市场信用需求,鼓励各地各部门在行政管理事项中使用信用数据产品和服务。

第七章

城市数字化建设

党的二十大报告提出,要提高城市规划、建设、治理水平,加快转变超大特大城市发展方式,实施城市更新行动,加强城市基础设施建设,打造宜居、韧性、智慧城市。《中华人民共和国国民经济和社会发展第十四个五年规划和 2035 年远景目标纲要》中提出,要加快数字化发展,加强数字社会、数字政府建设,提升公共服务、社会治理等数字化智能化水平。《国务院关于加强数字政府建设的指导意见》中指出,推进智慧城市建设,推动城市公共基础设施数字化转型、智能升级、融合创新,构建城市数据资源体系,加快推进城市运行"一网统管",探索城市信息模型、数字孪生等新技术运用,提升城市治理科学化、精细化、智能化水平。从上述系列文件可以看出,城市数字化建设在促进城市健康发展、加快我国数字政府建设方面发挥着重要作用,本章将以城市数字化建设为核心,考察城市数字化建设的具体过程和未来的建设方向。

第一节　城市数字化建设的背景与意义

本节的核心在于理解和探讨城市数字化建设的广阔背景及其深远意义,旨在揭示这一进程如何在新时代背景下推动城市的转型升级,促进社会治理、经济发展与居民生活质量的全面提升。

一、城市数字化建设的背景

城市,让生活更美好,根本在于城市具有资源集聚功能和经济效应溢出功能,集聚效应和规模效应可以让人们更好地工作和生活。公元前 3200 年左右,尼罗河下游出现了人类历史上最早的城市——孟菲斯城,但此时城市的发展较为缓慢,直到第二次工业革命前后,才进入城市化快速发展的时期,尤其是在第二次世界大战后,众多发展中国家也开始了城市化进程。全球城市人口比例从 1950 年的 25%增长到 2021 年的 56%左右,而且到 2050 年可能会达到 68%。中国的城市发展则是随着改革开放的进程而加快的,1978 年,我国城市人口只占全国总人口的17.92%，该比例在2023年达到了66.16%，城镇常住人口达到9.3亿人。随着人口大量聚集，城市发展不仅面临着原有发展路径存在的人口规模膨胀、公共交通拥堵、生态环境恶化等典型"城市病"，而且面临着新的挑战。

（一）城市发展面临的新风险

首先，近年来气候变化较快，导致各类极端天气引发的城市风险迅速增加，而且城市中人与自然的交互接触越来越频繁导致各类突发疾病引发的风险也迅猛增加，上述风险在城市中因其独有的"叠加效应""溢出效应""放大效应""链式效应"等特征而更加受到各方关注。

其次，城市中出现了不少新产品、新设施、新业态，比如超高层住宅的安全隐患问题、车辆自动驾驶安全问题等，这些新生事物在给城市发展和经济社会进步贡献活力的同时，也给城市安全运行带来了一定的新风险。

最后，相较于传统风险，城市应对这些新风险时常常面临的是"想不到、认不清、管不好"等现实困境，对城市应急风险预警、监管、处置各环节提出了新挑战。因此，需要借助新的技术手段应对上述难题。在此背景下，加强城市新治理体系建设已经成为城市高质量发展的重要任务之一。

（二）建设韧性城市的新需求

城市治理新体系囊括对城乡分割、公共卫生、老龄化、风险积聚、环境污染、交通拥堵等经济社会问题的治理，建设的目标是强化城市发展韧性。城市发展韧性，是一座城市里的个人、社区和系统在经历各种慢性压力和急性冲击下，存续、适应和成长的能力，包含健康与福祉、经济与社会、基础设施与环境、城市领导力与发展策略四大维度。

从国际经验来看，欧洲、美国、日本等主要发达地区和国家城市进入后工业时代之后，陆续遭到重大灾害警示，韧性城市建设得到较快推进。比如，纽约制定实施了《一个更强大、更具韧性的纽约》，防控的风险主要是洪水和风暴潮；伦敦制定实施了《管理风险和提高韧性计划》，防控的风险主要是洪水、高温和干旱；新加坡实施了《未来城市计划》，推进宜居环境、永续发展和韧性城市建设；日本颁布了《国土强韧性政策大纲》，主要防控的风险是地震和海啸。

建设韧性城市需要借助大数据、互联网、物联网、人工智能，甚至云计算和区块链等技术进行城市数字化建设，发挥数据功效助力城市发展，探索科学、精准、系统化解城市风险治理的新路径，更好统筹发展和安全，推动实现城市治理体系和治理能力现代化。近年来，上海的"一网通办"和"一网通管"、杭州的"最多跑一次"改革、南通市市域治理现代化等都是借助城市数字化转型实现韧性城市建设的典范。

二、城市数字化建设的意义

党的二十大报告中要求,要加快转变超大特大城市发展方式,实施城市更新行动,加强城市基础设施建设,打造宜居、韧性、智慧城市。城市数字化建设是打造宜居、韧性、智慧城市的内在要求,是适应信息技术发展的应有之义,是适应城市间竞争的必然举措,是加强数字政府建设的具体体现,是推进市域治理现代化的必然选择,是贯彻以人民为中心的发展思想的重大举措。

(一)城市数字化建设是适应信息技术发展的应有之义

以区块链、大数据、云计算、人工智能等为代表的新一代信息通信技术正在重塑社会治理结构,对城市治理也提出了更高的要求。在这种背景下,城市只有通过数字化转型充分利用信息技术的优势,发挥信息数据的潜在功效,才能更好地履行政府职能。

(二)城市数字化建设是适应城市间竞争的必然举措

在不同社会形态下,城市间竞争优势的决定因素不同。在数字社会,数字信息获取速度、规模、应用能力等已经成为决定城市竞争力的核心指标。为了在激烈的城市竞争中获得优势地位,城市管理者必须提高自身的数字获取、应用等能力,进行城市数字化转型是获取上述能力的必备条件。

(三)城市数字化建设是加强数字政府建设的具体体现

《国务院关于加强数字政府建设的指导意见》将数字政府建设上升为国家战略。城市数字化转型是指,让政府从传统政务模式向数字政务模式转型,它是建设数字政府的起步和开端。

(四)城市数字化建设是推进市域治理现代化的必然选择

城市数字化转型可以有效地解决政府与市场之间的信息不对称问题,能够提升市场监管的针对性、有效性;有效地拓展公共服务的内涵,创新服务方式,促进经济又好又快发展;摸清权力底数,公开权力运行轨迹,优化权力运行流程,让权力在阳光下运行。

(五)城市数字化建设是贯彻以人民为中心发展理念的重大举措

人民城市人民建、人民城市为人民,这是城市数字化转型的根本目的所在。城市数字化转型积累的海量数据,不仅可以避免居民办事过程中需要重复提交材料的困境,而且可以通过数据流转了解导致居民办事不便的症结所在,从而更好地优化为人民服务的流程。总体来看,提高公共服务能力,增强人民群众的获得感,是政府数字化转型需要长期努力的方向。

第二节　城市数字化建设的国内外实践

本节选取了新加坡，以及中国上海、南通的数字化建设实践案例，选取这三个案例的主要原因在于：新加坡的城市数字化建设起步较早，而且其数字化建设走在全世界前列；上海是国内超大型城市的代表，也是较早开展城市数字化建设的城市，建设成效非常显著；南通是全国市域社会治理现代化首批试点城市，市域城市数字化建设成效明显。本节将分别介绍它们的数字化建设实践路径。

一、新加坡数字化建设实践

新加坡凭借其多年来在智慧政务、交通、便民服务和协同治理等领域取得的成果，被普遍认为是在数字经济发展中具有代表性的国家之一。2023年，瑞士洛桑国际管理发展学院（IMD）发布了"2023年智慧城市指数"（Smart City Index 2023），新加坡列第7位，居亚洲城市第1位。新加坡在推动智慧化建设过程中，注重政府层面的宏观规划，强调以民众为中心、以企业需求为导向、以人才创新为突破口，积极克服资源限制、空间局限和技术挑战，牢牢抓住数字革命和智慧进程所带来的新机遇和新通道。

（一）政府推动、搭好城市数字化的顶层框架

新加坡的数字化发展起步于1963年在中央公积金局（Central Provident Fund Board）安装的首台大型计算机；新加坡从20世纪80年代开启全方位推进城市数字化建设之路。20世纪80年代初，新加坡成立国家信息化委员会（Committee for National Computerization），负责数字化建设相关工作。1982年，新加坡启动了政府工作人员计算机化计划（Civil Service Computerization Program），希望借此提升政府部门内部的运营效率。1991年，启动《IT2000总体规划》，计划将新加坡建设成为一个智能岛屿（Intelligent Island）。2000年，新加坡出台了新的电子政务计划（e-Government Action Plan I），以期打造网络化政府。2006年，新加坡启动第六个信息化产业十年规划——《智能国2015》（*Intelligent Nation 2015*）计划，准备将新加坡打造成为无缝整合信息技术、网络和数据的智慧岛国，从而在根本上改变人们的生活方式、社区协作和未来商业。2015年，新加坡在《智能国2015》基础上，出台了《智慧国2025》（*Smart Nation 2025*），这是全球第一个智慧国家构想。

（二）多管齐下、夯实数据底座

新加坡政府利用系统化、一体化、集中化的创造性技术及整合协作模式逐步向整合型服务管理模式转型，运用先进的数字技术，打破各部门、各层级的数据壁垒，促进信息资源的互通与共享，为数字化协同治理提供重要支撑。

数字中国

2015 年，新加坡政府创建了基于数字孪生城市信息模型的"虚拟新加坡"（Virtual Singapore），并将其作为数据驱动治理的数字化协作平台。它精准映射重现了真实物理世界中的新加坡，包括连接、数据、模型、交互、应用五大核心元素，具备动态、精确、实时、双向交互等关键特点；能够对实体城市的特征、行为、性能、形成过程等多方面进行综合描述并贯穿实体城市的全生命周期，提供监控、分析、诊断、预测、决策、控制等功能。该平台完成之时将开源给公共部门、企业、市民与研究机构共同使用，以应对新加坡日益复杂的社会问题。

新加坡政府的另一个项目是"开放数据"（Open Data），通过"数据可视化"（Data Visualization）和"数据叙述"（Data Narratives），将公共部门收集的数据对所有人开放，让所有社会角色都能参与到城市建设和发展中。鼓励每个人共享和贡献数据，因此公众都可以参与并共同创建有用的解决方案。这种知识集成、服务集成和体验集成的模式使得高效的公共服务、科学的政府决策、精准的社会治理得以实现。

（三）让数据发挥科学决策、惠企利民的功效

让数据成为驱动科学决策的强大引擎，精准赋能政策制定与社会管理；同时，通过深度挖掘与分析，既要以数据为要素充分发挥惠企利民的作用，也要为企业优化运营提供决策支持，为民众生活创造便捷与福祉，确保数据资源实现高效利用，推动社会整体福祉的持续提升。

1. 全量全要素数据辅助科学决策

"虚拟新加坡"整合了全量全要素数据，如城市基础数据、动态实时数据、政务数据、商业数据等，通过数据分析诊断问题，为不同利益相关者建立起一致、直观、通俗易懂的认知体系，降低由信息不对称带来的沟通成本，为协同治理搭建科学的数据基础。例如，通过数据分析，得出最佳安装太阳能电池板的屋顶，辅助决策者进行决策商讨。

2. 数据与技术开放平台赋能社会创新

"虚拟新加坡"集合了数据、模型、算法、可视化、仿真等能力，使用者可以在虚拟新加坡的平台上提案，模拟实验原型在现实世界中的运行态势，在获取评价与反馈的同时，还可以与其他市民和利益相关者互动，不断优化并促成多方满意的解决方案。这不仅为各种社会力量与各类市场主体的协同共创降低了试错成本和创新门槛，还形成了包容开放的实验环境，营造了积极的社会创新氛围。

3. 利用数字化技术服务企业

新加坡数字化办公室和国家环境局合作，在 2021 年 6 月推出了面向小贩开展在线订购服务的新加坡共济联盟（Singapore Together Alliance for Action），联盟成员包括小贩社区、食品和饮料行业、食品订购和配送平台，以及政府公共部门，主要工作是支持小贩通过在线食品配送平台销售其产品，并设计了适用于所有参与者的可持续商业模式。为了提升中

小企业在数字经济发展中的竞争力和领先地位，新加坡资讯通信媒体发展管理局（IMDA）推出了一系列举措，例如，正在进行中的行业数字计划（IDPs）针对特定行业提供数字解决方案、技能和资源支撑；基于2021年启动的精密工程和食品制造行业数字计划，IMDA协同行业协会为中小企业提供数字化工具。2022年，新加坡推出了贸易数据交易平台（SGTraDex），该平台促进了供应链生态系统内数据的可信共享。作为中立、开放的数字基础设施，SGTraDex协助物流行业更准确地实时监控、核实和分享货物流动数据；大华银行联合星展银行、华侨银行和渣打银行，借助SGTraDex开发了绿色贸易金融数据交换模式，并以此为基础对符合条件的生产商、贸易商或批发商提供绿色贷款。

新加坡政府的数字化已经达到了非常高的水平，其中，政府服务全流程数字化已经达到99%，98%的政府服务可以在线完成，极大地提升了政府工作效率，提高了市民和企业的满意度。图7-1给出了新加坡市民、企业对新加坡政府数字化建设的满意度。2012—2023年新加坡数字政府服务市民和企业满意度不断提升，市民对政府数字化工作的满意度从2012年的73%提升到2023年的83%，企业对政府数字化工作的满意度从2012年的60%提升到2023年的83%。

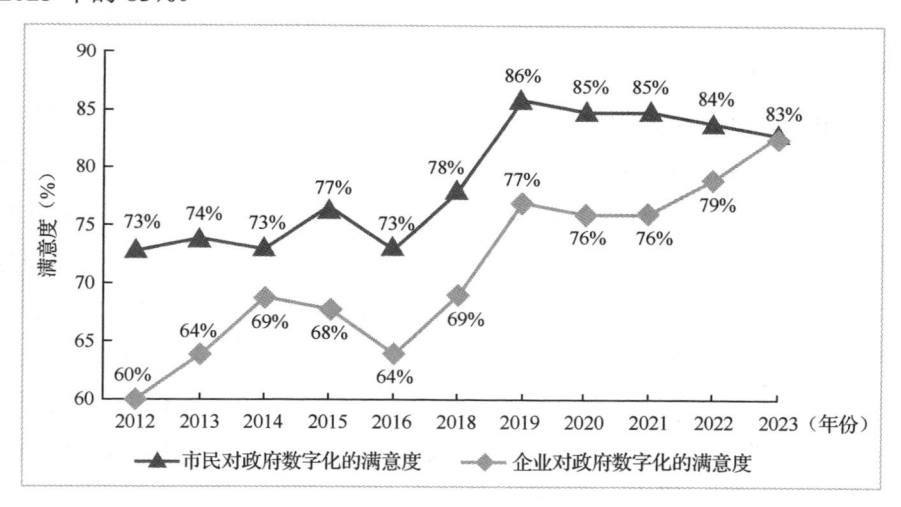

图7-1 新加坡市民、企业对新加坡政府数字化建设的满意度

二、上海市数字化建设实践

上海市自2021年起全面推进城市数字化转型以来，持续赋能产业高质量发展、市民高品质生活、城市高效能治理。面向经济数字化转型，上海市先后出台了《上海市数字经济发展"十四五"规划》《上海市"元宇宙"关键技术攻关行动方案（2023—2025年）》《上海市加快智能网联汽车创新发展实施方案》等政策文件，上海市数字经济核心产业增加值保持平稳较快增长；面向生活数字化转型，上海市已建成便捷就医、智能出行等35个重点场景；面向治理数字化转型，上海市牢牢牵住"一网通办""一网统管"超大城市科学

化、精细化、智能化治理的"牛鼻子",基层数字化减负增能等工程已取得阶段性进展。此外,面向城市数字底座,上海市正加快推进数字化公共供给体系建设,基本建成"城市时空底图",正式上线"浦江数链",已建成投用人工智能公共算力服务平台,全市累计布设物联终端超过3亿个。

(一)政府推动、搭好城市数字化转型的顶层框架

上海市作为我国超大型城市的代表,注重发挥数据价值提升政府服务,高度重视搭建城市数字化建设的顶层框架。上海市数字化建设开始于2011年上海市政府颁布实施的《上海市推进智慧城市建设2011—2013年行动计划》,2014年和2016年上海市政府相继颁布实施了《上海市推进智慧城市建设2014—2016年行动计划》和《上海市推进智慧城市建设"十三五"规划》。2021年,上海市委、市政府颁布了《关于全面推进上海城市数字化转型的意见》,随后相继印发了《上海市全面推进城市数字化转型"十四五"规划》《上海市城市数字化转型标准化建设实施方案》《上海市数据条例》《上海市促进城市数字化转型的若干政策措施》,全面推进城市数字化转型,践行"人民城市人民建,人民城市为人民"重要理念,巩固提升城市核心竞争力和软实力。

在具体推进城市数字化转型工作方面,上海市以"一网通办""一网通管"为抓手,从全市层面搭建好基础框架。2018年,上海市率先提出了"一网通办"改革理念,"一网通办"以"高效办成一件事"为目标,以"双减半"和"双100"[①]为抓手,以"两个免于提交"和推动"两转变"[②]为聚焦点,全力推进业务流程再造,切实提升了企业和群众办事的获得感和满意度。"一网通办"是一流营商环境的"拳头产品"和"上海服务"品牌的重要内容,也是推动政府职能转型的重要抓手,成为数字政府建设的中国品牌。

"一网通办"总门户是以"一梁四柱"为架构进行搭建的,"一梁"即统一受理平台,既连接着政府工作人员和全市各办事点,又连接着各企业和人民群众,并覆盖行政审批等一系列行政权力事项和公共服务,如"诉讼服务""检察为民"及公用事业等;"四柱"即统一身份认证、统一总客服、统一公共支付、统一物流快递,使企业和人民群众在政务服务中具有网购般的体验。运营中台是"一网通办"政务中台的重要组成部分,是政务服务内容生产、内容运营的重要载体。运营中台的建设立足于政务领域的基础数据库,如人口库、法人库、事项库等,是为各类服务人员提供后台运营管理的功能系统。

自2019年部署推行城市运行"一网统管"工作以来,上海市以城市运行管理中心为

---

① "双减半"即行政审批事项办理时限减少一半、提交材料减少一半。"双100"即新增100项业务流程优化再造事项、新增100项高频个人事项全市通办。

② "两个免于提交"即上海市政府部门核发的材料原则上一律免于提交、能够提供电子证照的原则上一律免于提交实体证照。"两转变"即从"侧重行政权力事项"向"行政权力和公共服务事项并重"转变,从"能办"向"好办"转变。

运作实体，以城市运行管理系统为基本载体，以公共管理、公共服务、公共安全和应急处置等方面的事务为管理对象，打造"三级平台、五级应用"的基本逻辑架构，形成"六个一"的技术支撑体系，提升线上线下协同的精准治理能力。围绕"高效处置一件事"，上海市推动多网格合一和流程再造，在城市运行管理和应急联动等领域形成人机协同的管理新模式，实现"一屏观天下、一网管全城"。

（二）多管齐下、夯实数据底座

多管齐下，全方位强化数据基础设施，坚实筑牢数据底座，体现在如下几个方面。

1. 发布数据归集的政策文件，推动数据在政府内部按需共享

上海市政府先后颁布了《公共数据管理办法》《上海市数据条例》《上海市公共数据开放暂行办法》等文件，全面摸清公共数据的底数，建立了数据编目机制，形成衔接一致、完整有效、动态更新的数据资源目录。以共享为原则，以不共享为例外，建立以应用场景为基础的授权共享机制，推动数据共享效率不断提升，形成国家、市、区三级数据交换体系。

2. 搭建平台、汇聚数据

从数据归集、治理到应用开展工作，实行全市公共数据集中统一管理，建立数据的异议纠错机制，全面提升数据质量，持续推进自然人、法人、空间地理三大综合库建设，开展全生命周期数据治理，打通国家、市、区三级数据交换共享通道，促进数据整合应用。采用分布式数据脱敏存储和集中式融合治理相结合的方式，对时效性要求高的数据采用接口流式归集。

3. 制定数据汇聚的标准，强化数据的安全管理，确保数据安全规范

2020年1月，上海市成立了上海公共数据标准化技术委员会，发布了七项数据相关的地方标准和十份指导性技术文件，初步构建了涵盖采集、归集、治理、应用、安全、运营相关环节的标准化体系。同时，严格落实安全管理责任，制定了公共数据安全分级分类指南，开展数据安全分级管控，同时完善人员场地终端安全动态管理，对云、网、数、用、维开展多维度、全方位、全过程的安全监管，筑牢制度、技术、管理三道防火墙。

（三）让数据发挥科学决策、惠企利民的功效

让数据成为驱动科学决策的核心引擎，充分释放其惠企利民的深远效能，具体体现在如下几个方面。

1. 以"数"谋"策"打造公共政策大数据平台、助力政府决策

"上信数据2.0"平台是上海市经济信息中心根据"数据驱动 服务决策"的战略定位，打造的服务于政府决策的数字化平台。该数据交易服务平台通过引入消费、进出口贸易、人才招聘、产业园区、企业迁入迁出等各类高频数据，聚合全行业数据产品、信息资源、交易服务、流通案例，面向市场各类用户打造了数据要素市场发展指数、数据地图、合规

评估、行业资讯、数商活动和 AI 入场咨询六大板块，持续提供数据快报产品服务，助力政府决策。2022 年以来，该平台通过高速道口货运流量、银联消费、电力用量等数据监测全市经济运行状态并进行预测，将政府决策从原来依靠低频、统计数据的模式走向依靠高频、大数据的模式转变。

2. 以"数"惠企打造企业专属随申码、助力企业发展

上海推出企业专属网页，企业注册申领随申码，实现"一企一档"，目前归集 9 个大类 72 个小类信息项，月访问量达到 450 万人次，日均访问量达 15 万人次，形成企业标签 5406 项，基本覆盖所有企业，推出"免申即享"服务，推进事项超 148 个。"随申码"作为企业数字名片，在企业办事、公开信息、日常监管、政策推送、执法管理等场景应用。

1)"一物一码"

推动场所码功能转型，扫码后可知道其管理主体、空间地理等属性信息，再叠加区块链等创新技术，实现可监管、可溯源的"码上管理"。以企业纳税缴费一件事为例，将个人所得税、社会保险费、住房公积金申报缴纳三个事项进行优化整合，实现与国家税务总局数据打通，实现"一次登录、一表申报、一键提交"。改革前，需要提交 11 份材料，登录 3 个系统，到 3 个部门办事；改革后，实现 74 项申报数据智能预填，只要登录 1 个系统，就可以全程网办。

2)"一业一证"

"一业一证"改革是指将市场主体进入特定行业涉及的多张许可证整合为一张行业综合许可证。上海市在 31 个行业进行"一业一证"试点，简化企业注册办事流程。以新办便利店行业综合许可证为例，改革前市民开办便利店需要去办理食品经营许可证、酒类商品零售许可证、药品零售企业许可证等证照，涉及多个部门、多张证照；"一业一证"改革后，多张证照整合为一张行业综合许可证，实现"一表申请、一标审核、一证准营"。

3）线上帮办制度和帮办微视频

上海市首创"线上线下全渠道、全覆盖帮办"制度，着力打造"网购型"客服体验。线上实现"一分钟首次响应，达到 90%解决率"，着力打造"网购型"的客服体验；线下"换位式"体验办事全流程，体现在领导干部陪同帮办，发现并解决问题。

3. 以"数"利民、助力居民便捷生活

围绕出生、上学、就业、户籍、婚育、置业、救助、就医、退休、养老、身后事等个人全生命周期，"一网通办"改革对高频事项进行流程再造。目前，上海市已上线 49 项一件事，办件量已突破 600 万件。为方便市民就医，上海市基于健康网工程和医联工程，在全国率先实现市级医院号源池统一，上海市就诊检查记录跨院"一张网"。通过对病史大数据深度学习，上海市建立 255 个临床专科预问诊知识模板，向全市所有医院开放共享。目前，所有市级医院预约时段均已缩短至 30 分钟内，20 余家医院精准到 15 分钟，缓解了"挂号难、缴费慢、排队长"现象。在出行方面，在上海市交通委的指导下，出行即服务

（MaaS）建设主体随申行公司组建完成。MaaS 平台将逐步汇聚各类交通出行信息，目前已实现全市公共交通"三码整合"全覆盖，建成上海市停车预约一入口，全市收费道路、停车场 100%可线上缴费，三甲医院、重点商圈、交通枢纽 100%可预约停车。在数字教育发展方面，上海市成功申报全国唯一教育数字化转型试点区，初步搭建教育数字基座，以"标准化平台+个性化插件"方式支持 85 所学校开展个性化教学模式变革；完善教育资源平台和学科知识图谱，平台集聚 545 类、3.7 万条教育资源，推动全市教育资源的均衡化。

三、南通市市域数字化建设实践

南通市在地方政府数字化转型方面进行了持续探索。一方面，由南通市大数据管理局统筹推进政府数字化转型工作；另一方面，南通市是全国首批市域社会治理现代化试点城市，成立了市、县、镇三级治理现代化指挥中心，打造"跨部门跨区域跨层级"的数字化应用场景，促进政府数字化转型工作落地生根。

南通市以搭好数据底座、汇聚数据资源为基础，在确保网络安全的前提下，以数字化助力政府治理现代化为核心理念，上下全力推动政府数字化转型工作。南通市安排专项财政资金进行数字化项目建设，将数据共享、共有、共用作为项目验收、资金拨付的前提条件，确保以数字化应用助力高品质生活、以数字化建设推动高效能治理，为打造江苏省高质量发展重要增长极注入强劲数字动能。

（一）政府推动、搭好数字化转型的顶层框架

政府积极引领，精心构建数字化转型的顶层设计与宏观框架，体现在以下几个方面。

1. 系统谋划城市数字化转型

南通市制定了《南通市大数据发展规划（2019—2025）》，印发《南通市数字政府建设实施方案》《南通市首席数据官制度建设实施方案》等系列文件作为推动政府数字化转型的制度基础；针对数字化项目建设，印发了《南通市市本级数字政府项目建设计划》《南通市数字政府建设项目评价办法》等管理办法，搭建政府数字化转型的宏观框架，让政府数字化转型有规可依。南通 10 个县（市、区）均编制了数字政府建设实施方案及相关的文件。

2. 统筹推进政府数字化转型

南通市在市级层面成立了"委局中心"主抓政府数字化建设工作。南通市以获批设立江苏省首家大数据管理局为契机，建立了"一委、一局、一中心"，"一委"即组建大数据规划发展委员会，"一局"即成立大数据管理局，"一中心"即"市域社会治理现代化指挥中心"。南通市在 2022 年 9 月召开了全市推进政府数字化转型工作专题会议，聚焦重点，加快推动数字化转型全面拓展。2022 年 11 月，南通市成立南通市政府数字化转型工作领导小组，明确了领导小组人员构成和相关职责，由该领导小组统筹协调推进全市政府数字

化转型工作，领导小组已经召开两次大会讨论政府数字化转型的相关工作进展。

（二）多管齐下、夯实数据底座

多管齐下，全面夯实数据底座，具体体现在如下几个方面。

1. 数据基础体系建设初显成效

南通市在市级层面搭建了"网、云、平台"的数据支撑体系。"网"为电子政务外网，搭建"横纵互联、万兆融合"的核心骨干网络，实现省、市、县、乡、村五级联网，完成市、县两级网络骨干 IPv6 改造。"云"为电子政务云平台，为各部门提供统一的计算、存储、安全资源。"平台"为南通市政务数据共享交换平台，形成国家、省、市、县四级数据共享交换体系。南通市 10 个县（市、区）均搭建了云网和数字政府"主平台"的数据支撑体系。

2. 数据资源体系建设日益完善

推进政务数据汇聚、开放共享。南通市大数据管理局以"全部数据、全量汇聚"为目标，争取实现数据应归尽归，数据共享交换平台共接入 10 个县（市、区）和 78 家市级单位数据，共发布可共享数据资源超 7.6 万余项，日均交换记录数达 6.5 亿条。采用"源头端结构化治理、目标端标准化输出"的方式，围绕"人、事、地、物、组织"等维度逐项开展融合治理，形成地理位置、身份档案、车辆档案、社会单位等主题库 12 个，以及行为明细、要素关联等资源库 5 个，极大丰富了数据的种类和内容。全力推进电子证照标准化体系建设和归集共享，电子证照归集种类达到 108 类，率先实现不动产、医保、公积金、公共资源交易等领域 53 个事项、20 类市级和 30 类县（区）级证照长三角电子证照跨区域互认共享，通过与江苏省电子证照库对接整合实现市级 46 类证照、县级 66 类证照免于提交、调用共享，覆盖市级 2 千余项申请材料、县级 2 万余项申请材料。

3. 网络安全体系建设安全可控

完善网络安全体系建设。将网络安全纳入《南通市 2022 年度高质量发展综合考核实施办法》综合绩效考核，推动各级把网络安全工作作为硬任务来推进。强化数据和网络安全防护。印发《南通市政务信息化项目建设网络安全管理规定》及实施指南，为政务信息化项目建设网络安全规范化、标准化工作提供了制度保障。不断强化网络安全应急处置。组织举办南通市网络安全事件应急演练活动。

（三）让数据发挥科学决策、惠企利民的功效

让数据充分发挥科学决策的智慧引擎作用，以及惠企利民的积极效应，这主要体现在以下三个方面。

1. 数字决策体系建设高效科学

数字决策体系建设高效且科学，其具体体现包括多个关键方面。

1）一网协同运转数字化

以一体化协同办公体系为枢纽，实现公文流转、流程审批等业务移动化办理，集成机关内部业务系统 70 多个，非涉密业务线上办公覆盖率达 100%，提高机关内部掌上"办文、办会、办事"效率。政务服务运行高效化。以一体化政务服务平台为依托，实现"网上办事"。开发市县一体化在线政务服务管理平台，横向建成市级一网互通"总门户"，纵向建成省、市、县、镇、村五级互联"强枢纽"，打造"通城通办""审管联动"等特色应用。

2）政府决策管理科学化

通过多维数据建模分析，建立全景、跨域、多维、实时、立体的监测预警体系，及时感知社会治理风险，实现常态监测和应急防控"先知先觉"，推动市域治理从被动"堵漏洞"向主动"察风险"转变。打造危化品全流程监管创新应用，日接入电子运单 2200 余条，共产生处置类预警 6 千余条，核实并处置非法生产、非法存储、非法运输、非法流动加油、非法处置等危化品安全隐患 1233 起。新机场智慧管控应用，通过"卫星影像比对+视频实时监控+无人机巡查"有效实现"看、查、控、比、巡、办"六大功能闭环管理，建立控违的立体防护网，确保新机场的顺利开工建设。

2. 数字治理体系建设精细深入

在水利设施方面，通过运用云计算、数字孪生、仿真模拟等现代信息技术，对物理水网进行数字化映射，构建场景化、多元化、可视化的高精度城区数字孪生水网，建设城区综合调度"四预"决策支持系统，打造具有南通特色的平原数字孪生水网综合样板，该项目被水利部纳入全国"数字孪生流域建设先行先试工作（2022—2023 年）"项目清单。

在城乡道路方面，建设交通数据云中心，对汇集的全量数据进行清洗、过滤后再输入南通市大数据管理局，累计接入数据 10 亿多条，日增量 460 多万条。在江苏省率先提出智慧农路建设，试点开展县级和市级平台对接，并与路网中心管理相融合，进一步提升管理能力。

在生态环境方面，率先应用数据中台作为"智能化"转型底座，建立了集生态环境"监测、监控、监管、协同、分析"于一体的南通市生态环境数据资源中心，打造生态环境数据中台，提升了生态环境系统数字化水平。

在推进城市执法监督数字化建设方面，建成支云庭审系统、支云 e 站诉讼服务点等大数据智慧信息平台，全市法院为当事人提供市域范围内无差别受理、同标准办理的跨区域、跨层级诉讼服务，实现优化资源分配。充分发挥信用在"双随机、一公开"监管中的基础作用，在国家市场监督管理总局通用型指标体系的基础上，新增高新技术培育企业、南通老字号、专精特新"小巨人"企业、领导挂钩服务企业、税收 200 强、1521 重点企业 6 个南通特色指标，率先在江苏省内形成具有地方特色信用分级分类评价指标体系，并搭建自动化计算模型，实现涉企数据归集、指标分值计算、信用等级分配的全自动运行。

在城市运行管理数字化建设方面，构建市级统揽全局、县（市、区）级实战指挥、镇

（街道）级一线处置的市域治理现代化指挥体系，常态化开展市、县、镇三级应急综合演练，助力提升各类重大突发事件的预警处置能力。

在城市管理效能提升方面，完成城市综合管理服务平台一期建设，建立城管事项发现、受理、处置、跟踪、督办、反馈、评价的闭环处理机制，强化联合执法力度，提升城市科学化管理水平和运行效率；聚焦城市治理的痛点、难点、堵点，推出了以"违建和扬尘智慧管控系统"为代表的一批创新应用，充分彰显大数据赋能城市治理成效。如皋市开发的瓶装燃气安全监管平台实现燃气瓶全流程监测，让预警跑在风险前面。

3. 数字服务体系建设均等普惠

数字服务体系建设致力于实现均等化与普惠化，具体体现在以下几个方面。

1）急居民之所急，持续优化便民化数字服务能力

打造"南通百通"App 实现一站式服务，市民通过一个 App 即可享受高效、便捷、统一、规范的优质行政审批服务，提升南通市的智慧化管理水平，提升居民的幸福感。深度应用综合为老服务平台服务老年群体。综合为老服务平台涵盖对尊老金、居家养老、机构养老、从业人员培训等多方面的监管业务，以"综合监管、高质发展"为主题的养老监管体系已初步构建。南通市政府网站集约化平台实现全市政府网站"技术架构云计算化、信息资源共享化、管理模式集中化"，搭建智能问答平台；"智慧医疗"体系实现异地就诊、远程医疗，异地就医费用直接结算实现全域覆盖；"智慧交通"紧扣市民出行需求，初步构建覆盖全域的"智泊南通"系统，有效缓解"停车难、停车乱"状况。

2）想企业之所想，数字化为企业提供全生命周期集成服务

利用数字技术赋能企业全生命周期服务，打造企业服务智慧审批系统。网上开办"一链畅通"：利用"全链通"平台实现了企业开办全流程无纸化、不见面，推行网上流程"一点接入、全网通行"，全程电子化登记率超 98%。证明资料"一诺免交"：全域实行企业住所（经营场所）登记申报承诺制，依托公共地名地址服务平台，自动核验申报地址，免于提交权属证明、租赁协议等场所证明材料。融资信用"网上对接"：市融资信用服务平台已接入省级节点，并完成 8.6 万家企业和 13 家政府部门（单位）数据授权协议签署，与 41 家银行、1 家融资担保机构签署合作协议，开放查询账户 161 个。如东县打造了"如东兴企通"政策兑现平台，实现政策精准推送，推进从"企业找政策"向"政策找企业"主动转变。

第三节　城市数字化建设面临的制约

2023 年 10 月以来，国家层面成立了国家数据局，各省级单位也相继成立了省级数据局，地级市层面也相继成立对应的负责机构，城市数字化建设的速度快速推进，但目前城市数字化建设面临着一系列制约。

一、城市数字化的推进速度与认识不准确的矛盾

对城市数字化建设的认识程度决定了在推进城市数字化建设中的力度和效果。现阶段，部分地方政府部门对城市数字化建设的定位和重要性缺乏准确的认识。首先是认为数字化建设只是城市数据管理部门的工作。有些部门认为，数字化建设只是城市数据管理部门的事情，不是本部门迫切要参与的事情、只要配合一下就好，尤其是只有在需要数据辅助决策时才会想到参与数字化建设的事情，导致部门自身在推动城市数字化建设相关工作时主动性发挥不够。其次是认为数字化建设就是多开展数字化项目。有些部门认为数字化建设就是开发一些应用程序、上马一些数字化项目，在项目建设过程中贪大求全，无法有效利用数字化建设提升政府治理效能。

二、海量数据汇聚与开发应用能力不足的矛盾

城市数字化建设过程中积累了海量的高频数据，政府逐步开始开发数据并启用部分应用场景，但是与数据积累的量级对比，数据的开发应用仍然相对滞后。当前数据汇聚与应用能力之间存在如下两点矛盾。首先，数据的形式制约了应用能力。部分数据资源的共享方式还是离线文本，时效性差、不全面、质量低，而且不同数据背后都有特定的含义，如果没有特定的"点单"机制，职能部门工作人员不再参与对数据的分析工作，而具体的数据开发技术人员由于不理解数据背后的实际含义，难以进一步对数据进行加工。其次，部门使用数据、开发应用场景的内驱力不足。目前，应用场景的开发主要是负责城市数字化转型工作的部门在推动，负责数字化转型工作的部门开发出应用场景鼓励相关部门直接使用，但是各部门囿于之前的使用习惯很少使用已经开发的应用场景，而让各个部门自身出经费开发应用场景的可能性就更低了。

三、数据共享需求与部门壁垒之间的矛盾

政府数字化转型对数据的"量"和"质"都有较高的要求，但是受传统条块式结构尤其是上下级组织架构的制约，以及系统分散建设、标准规范缺乏的影响，部门内、跨部门数据共享的"量"和"质"都不充分，"数据壁垒"、"数据烟囱"问题比较严重。首先，共享数据的"量"不充分。各部门基于安全风险、自身利益考量，只提供部分基础性数据，关键核心的数据不共享，存在数据专属化观念，导致数据汇聚的"量"不足。其次，汇聚数据的"质"有待提高。当前，数据标准格式尚未完全统一、系统建设标准不统一、数据存储格式不一致、事项编码名称不相同等现象，严重影响了数据"质"的提升。

四、巨额资金需求与财政资金有限的矛盾

当前，数字化转型项目建设尚未形成多元化的投融资体系，建设资金主要来源于财政

投入，有限的建设经费难以同时满足已建系统的升级改造、运行维护和新建项目的开展，严重制约了政府数字化转型的进程。某些部门和单位确实有深入推进数字化转型的强烈愿望，但受财政资金的限制其报批的项目并不能全部纳入财政预算，已纳入财政预算的建设项目仍需要严格遵循预算编制管理和使用办法的相关规定。基于我国经济发展进入高质量发展阶段的现实情况，财政收入短期内不会大幅增加，在财政预算有限的情况下如何满足数字化转型大量资金的需求，就成为制约数字化转型的核心议题。

五、数字人才需求与人才供给不足的矛盾

各个城市在推进数字化建设过程中已经积累了较好的数字人才队伍，但是相对城市数字化建设实际需求的人才来说，数字技术人才队伍建设仍具有滞后性。一方面，负责数据收集、汇总、整理等基础环节的人员并未专职化。受编制、资金等因素的制约，大部分部门和单位并无负责数字化工作的专职人员，主要由各部门工作人员兼职负责，兼职人员的精力和专业能力无法支撑数字化转型的需要，影响了数据汇总、更新的速度。另一方面，中高端数字技术人才严重匮乏。数字技术人才不仅要懂数据技术知识，还要具备政府运作过程、组织管理的知识，同时具备上述知识的人才较少。目前，数字化转型的技术工作主要外包给了一些专业数字技术公司，各部门和单位提出的需求由数字技术公司进行研发，沟通成本较高，影响了城市数字化建设的效率。

第四节　优化城市数字化建设的路径

本节旨在深入探索并精心规划优化城市数字化建设的创新路径，通过综合考量技术革新、政策引导、公众参与及可持续发展等多方面因素，绘制出一幅既具有高效智能又体现人文关怀的城市数字化发展蓝图。

一、全面准确认识城市数字化建设工作

提高对城市数字化建设的准确认识是推进该项工作的重要基础，建议通过"内""外"并举的方式准确理解该项工作。首先，通过"内部"互动强化认识。一方面，加强对城市数字化建设工作的考核，可以考虑将城市数字化建设工作纳入各地区高质量发展综合考核范围，推动各部门将数字化建设工作作为"一把手"工作、硬任务推进。另一方面，常态化部门间有关数字化建设的交流互动，在部门间现有数字化建设交流的基础上，常态化部门间的交流互动，让部门间就数字化转型的理解、推进情况等内容进行互动学习。其次，通过"外部"交流增强对数字化建设的理解。一方面，各城市可以到城市数字化建设先进城市学习考察，学习其建设理念、建设过程中的经验和教训。另一方面，各城市可以与高校、科研院所等单位进行合作，尝试以开展培训、互动交流的方式全面增强党员干部的数

字素养，为数字化建设奠定基础。

二、建立供需对接平台，开发创新应用场景

城市数字化的关键是开发创新应用场景，发挥存量数据的增量价值，因此开发创新应用场景是数字化建设的关键。基于目前应用场景相对较少的情况，可以采用如下方式提高各部门和单位开发创新应用场景的积极性。首先，坚持"业务+技术"双主体双牵头的创新应用场景开发新模式。依托"业务+数据"两个中台，着力聚焦城市发展中的重点工作、经济社会发展中的重大问题和百姓关注的"急难愁盼"民生问题，高效整合利用"三跨"（跨部门、跨层级、跨领域）数据，充分发挥数据驱动作用，深化拓展应用场景建设。其次，增强城市各部门和单位开发应用场景的内驱力。定期举办开发应用场景的交流、培训、学习的联合行动，让各部门和单位看到同级部门的工作成效，增强其主动开发应用场景的内驱力。最后，建立数字领域高端人才、城市数字化部门、各部门和单位的业务对接平台。以举办会议、定期座谈会等方式搭建对接平台，让数据前沿人才与实际管理部门交流互动，从而碰撞出更多创新应用场景的开发机会。

三、"量"和"质"并重，高质量归集数据

数字化建设的底座是数据的汇总和共享，高质量的数据是各类应用场景的"粮食"，只有将数据归集、共享，才能有效发挥数据的价值。因此，需要进一步归集数据、共享数据，保障数据的"量"和"质"。首先，做好数据"量"的归集。一方面，建立并完善对接机制，实现归集数据"量"的提升。严格落实数据供需对接工作机制，按照数据更新周期及需求部门使用情况，实现各部门和单位之间的政务数据共享需求和责任清单目录动态调整，确保数据实时、准确、可信。另一方面，加强与垂直管理部门沟通，做好数据的归集。各方彼此建立沟通机制，协商共享脱敏后的汇总数据。其次，规范政务数据采集，提升数据的"质"。遵循合法、必要、适度原则，按照"一数一源、一源多用"的要求，实现政务数据一次采集、共享使用，实行"多元校核、动态更新"，确保数据的准确性、完整性、时效性。

四、合理统筹推进数字人才队伍建设

数字人才队伍是加快城市数字化建设的有力保障，各地应合理测算、吸引数字人才。首先，发挥首席数据官的功能。企业的首席数据官可以有效整合企业的数字化转型相关工作，统筹企业的数据人才，现有研究发现已经设立政府首席数据官的城市也可以有效地整合相关资源，因此各地应加快设立首席数据官。以首席数据官统筹相关资源、合理推进数字人才队伍建设。明确首席数据官在引进、培养数字人才方面的工作职责，让首席数据官负责全市范围内数字人才队伍建设的相关工作。其次，发展数字经济吸引数字人才。

数字经济发展才能有效地吸引数字人才汇聚到当地，因此各地要挖掘数字经济发展的潜力，以强劲的数字经济发展态势吸引数字人才汇聚，为选拔优秀数字人才奠定较为深厚的人才池。最后，研究制定数字人才专项政策。引进从事数字产业化及产业数字化等领域的高端数字技术人才，给予该类人才在工资待遇、子女入学、看病就医等方面的额外政策。

五、加快推进数据要素流通，实现城市数据增值

数据作为资产，只有在流通过程中才能体现出价值，如果不流通则会变成"死"的数据，正所谓"流水不腐，户枢不蠹"。因此，需要尝试积极让本地数据进入数据交易所，加快推进数据要素流通，让数据增值。首先，搭建数据交易平台。考察国内外有关数据交易的成功经验，制定数据产权归属、交易细则等规则，通过授权运营的方式推进数据依法、有序、规范加工利用，构建数据运营生态圈，发挥数据潜在的经济价值功能。其次，数据产业生态的协同攻关。数据交易不只是政府一方，还需要数据加工商、数据消费者等不同主体的参与。"政、产、学、研、用"各方应积极参与政府数据授权运营，行业协会、产业联盟要发挥好桥梁纽带的衔接作用，积极组织不同层面的团队充分参与交流互动，支持不同单位组织形成优势互补的研发创新团队，为政府数据授权运营贡献各方智慧和力量。

第五节 案例专栏：南通市新机场和违建智慧管控创新应用

本节特别选取了南通市新机场建设项目中违建智慧管控的创新应用作为实证案例，进行深入剖析。

一、南通市市域社会治理现代化指挥中心简介

南通市市域社会治理现代化指挥中心是南通市政府办公室所属正处级事业单位，由南通市12345政府公共服务中心及南通市城市管理监督指挥中心数字城管职责、南通市委政法委网格化服务管理职责整合组建，与南通市大数据管理局实行"一体化运行"。中心按照经济、政治、文化、社会、生态文明"五位一体"的总体思路，围绕"数据共享、预警预判、联动指挥、行政问效"四大核心功能，打造"一门共管、一体联管、一网统管"的"1+10+96"市、县、镇三级联动指挥体系，实现"一个中心管全域、一个号码管受理、一个App管服务、一个网格管治理、一个平台管监管"。

（一）一个中心管全域

建成1个市级、10个县级、96个镇级指挥中心，构建纵向指挥到底、横向协调联动的立体化、全覆盖市域治理现代化指挥体系，如图7-2所示。

图 7-2　一个中心管全域

（二）一个号码管受理

将南通市 65 个部门和单位的 94 条热线整合进 12345，每日受理各类民众诉求 1 万余件，畅通群众参与市域治理渠道。

（三）一个 App 管服务

依托"南通百通"App，整合南通市政务服务资源和各类 App 应用，提供 9500 余项移动端办事服务，简化群众办事流程，提升服务效能。

（四）一个网格管治理

推行基层管理队伍进网格，实行队伍融合、网格融合、机制融合，夯实基层基础，在南通市市域共设置 9215 个基层网格，配备专兼职网格员 5.4 万多名。

（五）一个平台管监管

通过线上线下全覆盖和市、县、镇三级立体化监管，通过"大数据+指挥中心+综合执法队伍"，实现一门受理、一体派单、联合处置、实时追溯和闭环问效，全面提升事前、事中、事后监管能力和水平。

二、新机场和违建智慧管控创新应用

本部分将介绍南通市新机场建设项目及其配套的违建智慧管控系统的建设背景、核心内容及显著成效。

（一）建设背景

南通市新机场作为长三角一体化发展战略部署中的重大基础设施建设，备受各方期待。为实现对南通市新机场 140 平方千米区域违建行为的智慧管控，市域指挥中心会同新机场指挥部、通州区、海门区建设了新机场智慧管控系统，综合运用"视频实时监控+卫星影像比对+无人机巡航"等技术手段，配合执法队员和网格员的一线巡查建立起动态化、立体化、智能化的管控体系。

（二）建设内容

该系统的建设应实现"看、查、控、比、巡、办"六大核心功能，具体如下。

一是视频监控实时"看"。前端建有49台高清云台和球机。实时视频接入市、县、镇三级指挥中心大屏和网格员手机，供一线人员随时查看，及时发现违建线索，动态关注重点区域。

二是无人飞机灵活"查"。根据需要通过无人机不定期对重点区域进行机动巡查，实现新机场区域视频盲区补充巡查。

三是视频预警智能"控"。通过视频智能识别，实现覆盖区域的自动扫描巡查和智能实时预警，及时发现违建行为，开展智慧管控。

四是卫星云图定期"比"。不同卫星云图的前后对比，卫星云图与视频巡查结果的对比，技术发现与人工巡查、12345信息的对比，可以提升预警的精准性，压实属地管控责任。

对比前期卫星云图，可以发现明显的颜色变化，例如，原来为黄色泥土或绿色植被，在新一期卫星云图上变化为蓝色，现场核查此类变化发现，其多为种植、养殖棚覆膜或新增的彩钢瓦房屋等。

五是线上线下结合"巡"。线上智能巡查与一线执法队员、网格员线下巡查相结合，提升管控的覆盖面和有效性，做到全覆盖无死角。

六是预警线索及时"办"。预警线索直接派送至一线执法队员和网格员，第一时间进行核查反馈、联合处置，形成"预警—派单—核实—处置—分析"的全流程闭环管控。

在新机场智慧管控系统的基础上，市域指挥中心又会同南通市城管局开发了违建智慧管控创新应用，在崇川、通州、开发区挑选了29个试点小区，共建设306个高空和地面点位。通过前端高清球机和枪机，利用视频AI智能识别算法，实现对房屋扩建、屋顶维修、施工车辆动土等违建行为的自动识别预警，发现新增违建及时交办。

（三）总体成效及具体案例

1. 总体成效

目前，新机场和违建智慧管控创新应用共发现疑似违建线索700多条，各地查实并拆除新增违建300多处，推动拆除管控区域内违章建筑90000多平方米。

2. 具体案例

2024年2月26日，新机场智慧管控系统通过视频AI预警发现有疑似违规建筑。经现场核实，该户在租赁的厂区内正在搭建彩钢房，面积约400平方米，无任何审批手续，属于违章搭建。街道综合执法局队员现场下发违建整改提示书，该户同意自行拆除。2024年3月7日，市域指挥中心会同新机场指挥部、南通市城管局进行现场核查，该违建已拆除完毕。具体的处理流程如下。

1）预警指令

一是预警详情。预警详情页面包括预警时间、预警类型、预警对象、预警经纬度、预警区域、预警等级、预警内容、事件证据（包括视频预警抓拍图片、地图标注点等信息）。

二是拟办意见。请属地指挥中心组织属地和相关职能部门予以核实和按规处置，并于7个工作日内回复处置结果。

2）分析研判

此次视频预警，由新机场智慧管控系统于2024年2月26日通过视频AI智能解析，抓拍到"施工人员"违建要素，系统判断为疑似违建施工，经过人工分析研判，确有施工人员正在进行施工。系统提供的位置信息加上人工精准定位，便于网格员、执法队员第一时间到达现场核实，该违建正在施工过程中，尚未完全成型，有利于后续的执法拆除工作。

3）核查过程

新机场违建管控智能应用视频分析发现，南通市新机场场址附近有疑似违规建筑（专业施工人员）。

根据视频预警提供信息，区指挥中心要求街道立即指派村总网格长、所属区域网格员、城管执法队员到现场针对该疑似违规建筑开展核实处置。

4）处置结果

经现场核实，该房屋位于某厂房内，该户在租赁的厂区内正在搭建彩钢房，面积约400平方米，无任何审批手续，属于违章搭建。街道综合执法局队员现场下发违建整改提示书，该户同意自行拆除。2024年3月7日，市域指挥中心会同新机场指挥部、南通市城管局进行现场核查，该违建已拆除完毕。

第八章

数字新业态对税收体制的冲击和挑战

数字新业态的迅猛发展对传统的税收体制带来了前所未有的冲击与挑战,它不仅重塑了经济活动的形态与边界,还深刻影响了税收的征收基础、管理模式及国际税收规则的适用性。电子商务平台、云计算服务、数字货币交易等新兴业态,以其高度的灵活性、跨境性和数据密集性特征,使税源的确定、税基的衡量及税收管辖权的界定变得日益复杂。此外,它们引发了关于税收公平、避免双重征税与防止税基侵蚀等全球性议题的广泛讨论。因此,如何在保障国家税收权益的同时,适应数字经济的特性,创新税收征管手段,完善国际税收合作机制,成为当前税收体制面临的重大课题。

第一节 数字新业态对传统国际税收体系的挑战

本节开篇提纲挈领地概述了数字新业态如何以前所未有的方式,对传统国际税收体系构成了多方面的严峻挑战。这些挑战不仅涉及税收管辖权的划分、跨国所得征税规则,还深刻影响着国际税收合作与协调的机制与效率,迫使全球税收体系在适应数字化浪潮的过程中寻求创新与变革。

一、跨境业务和税收逃避

近年间,全球经济格局经历了深刻的变革。全球化趋势加上数字化的浪潮,给现行的税收体系带来了前所未有的挑战。全球化与数字化的浪潮正深刻塑造着世界经济的面貌,催生了新的交易模式。这意味着传统交易模式正逐步迁移到线上,其交易过程更加隐秘。众多商业模式创新正在不断涌现,这些模式因具有灵活性和易迁移性的特点,对国家税收体系提出了前所未有的挑战,迫切要求税收体系加以适应与调整。

在过去的十年里,数字科技企业的表现显著超越了传统实体企业。以 2006 年为例,在欧盟市值前 20 位的企业中,数字科技企业只占据了一席之地,市场份额仅为 7%。然而到了 2017 年,数字技术领域的企业已经在欧盟市值前 20 位的企业中占据了 9 个席位,并且占有高达54%的市场份额。这一跨越式的发展不仅展现了数字技术行业的迅猛增长,也凸显了它在现代经济中的核心地位。2008—2016年,整个欧盟传统实体零售业的收入仅增长了1%,相比之下,前五大电子零售商的收入实现了令人瞩目的32%的增长。尽管如此,以数字技术企业为主的业务模式因其固有的虚拟性,引发了一系列税收征管方面的挑战。

(一)纳税主体去中心化、难稽查、不易监管

由于无法准确地判断每笔业务的生产商、供应方及消费者,因此传统的以具体纳税人为核心的征税方法难以满足数字经济时代的发展要求。数字经济的快速扩张,逐步模糊了生产者和消费者之间的界限,彻底改变了传统经营模式。数字经济企业的交易几乎全部通过电子方式进行,这不仅使得追溯价值产生的地点变得异常困难,还让价值本身及其衡量方式面临挑战。传统意义上来说,政府对企业征税是通过行使属地课税权实现的,其有效性依赖企业在区域内具有某种特定的物理存在。

尽管数字经济企业的业务广布全球,但它们只在设立实体机构的国家缴税。这种现状不仅展现了数字经济与传统经济在税收政策上的本质区别,还凸显了现有税制迫切需要适应新兴商业模式的发展。以2020年法国针对谷歌诉讼失败事件为例,法国未能从谷歌征收11.1亿欧元的税款,原因在于谷歌在爱尔兰设立了固定机构,这凸显了现有税收制度存在的缺陷。税率的差异进一步体现了在行业内部数字经济企业与传统企业之间存在不公平的竞争环境。例如,一项由经济与商业研究中心(Center for Economics and Business Research)进行的研究显示,在英国,亚马逊缴纳的企业所得税仅相当于传统书店的1/10。

综上所述,积极面对当前全球范围内所面临的税收挑战,不仅关乎到公平竞争的根本问题,更是对国际税法现代化及其对数字时代适应能力的一次深刻考验。为了维护市场竞争的公平性并推动经济的持续健康成长,迫在眉睫的任务是制定与时俱进、公正合理的税收政策。

(二)新商业模式的兴起为合理界定收入的课税对象带来了挑战

在传统的工业经济体系中,税收体系的设计主要围绕具有单一生产和经营活动的纳税实体展开。这一模式下的企业通常具备明确的经营范围和地点,其营业方式、交易地点和收入来源等要素易于确认。此外,企业的员工数量、交易量及生产和经营的实际地点之间往往存在直接的对应关系。然而,随着新型数字产品的开发和服务方式的革新,如何准确界定这些新商业模式下"支付"的本质变得尤为复杂,这一问题在云计算领域表现尤为明显。此外,3D打印技术的发展引发了对收入性质的重新考量。随着这项技术更加普及,过去直接生产并交付实体产品的企业,可能会逐步转变为仅提供3D打印设计或产品的

授权，允许客户远程自行打印，客户向 3D 打印企业支付的款项在什么情况下会被认定为特许权使用费或营业利润就需要进一步明确。这种新商业模式对传统的收入认定方式形成挑战。

在数字化时代，企业的运营日益依赖知识产权、数据交换等非物质资产，这一转变将税收的重心从物质商品转移到了数字资源。数字经济的迅猛发展带来了新的业务形态，传统业务与数字业务的融合也催生了新的价值生成模式。面对这些变化，现行的税收制度适用于传统经济模式，而不能准确区分数字业务，导致税收对象难以明确定、税收监管滞后，进而衍生了监管盲区。这不仅影响了税收精确识别和监管的有效性，还违背了公平税收原则，引发了税收执法风险。因此，加快税收制度改革以确保税收的公平性和适应性，已成为不容忽视的紧迫任务。

（三）跨境贸易对增值税征收提出了前所未有的挑战。

跨境贸易形成的挑战根源在于缺乏一个能够有效确保增值税在商品或服务市场所在地被征收的国际税收体系。对于市场上的经济主体尤其是中小企业而言，各国的增值税各有不同，这一局面意味着他们面临重大的财务风险，并且承担较高的税务合规管理成本。对于税务机关而言，缺乏一个统一的国际标准，使得审核、认定、监督及收缴税款变得极为复杂和困难。对政府而言，这种情况可能导致税收的减少和贸易活动的失衡，同时可能加大大量低附加值交易的税收管理难度。在这种情况下，虽然所涉及的税收可能较低，但相应的行政管理成本可能很高昂。因此，优化跨境交易中的增值税征收机制刻不容缓。这不仅需要强化国际协调和合作，确立一套既能促进税收公平又能简化税收遵从程序的标准，更需要各国政府积极探索和实施有效的策略，从而保障公平竞争、减少行政负担，同时确保税收的稳定和市场的健康发展。

数字经济的飞速发展对现行基于传统经济模式设计的国际税收规则体系造成冲击。提供数字化服务的数字企业无须在市场国设立实体即可跨境经营并获取收入，再通过无形资产所有权筹划等方式将巨额利润囤积在低税地，使其全球税负处于较低水平。受现行国际税收规则的限制，数字经济市场国无权对这类未在本国设立实体的外国科技巨头征税，无法获得与其利润创造相对等的税收回报。现阶段，有必要对现行国际税收规则体系进行改革，以妥善应对经济数字化带来的税收挑战。

二、数字新业态的典型案例

本部分选取欧盟、新西兰、澳大利亚等地区和国家在数字新业态领域的典型实践案例，作为强有力的辅助证明材料。

（一）政策背景

1. 欧盟

欧盟的增值税体系建立在将应税对象分类为商品和服务的基础之上。根据增值税第24条指令，服务的提供被定义为任何"不构成货物供应的交易"。此外，与本案例研究相关的其他法规包括：增值税指令（2006/112/EC）给出了一份示范清单，详述了所提供的服务属于该指导原则范畴的所有电子方式，而理事会实施条例（282/2011）进一步明确了某些交易应被视作服务。具体而言，这些要求包括：需要企业提供基于电子发票的实时数字报告，更新客运与短期住宿平台的增值税规则，在整个欧盟范围内推行单一增值税注册，等等。预计这一系列法规的实施，不仅将推动欧盟增值税体系朝着现代化方向迈进，提升其整体效能，还将显著增强对增值税欺诈行为的防范能力，进而促进增值税收入的稳定增长。

在B2C模式下，服务供应地通常指的是供应商所在地；而在B2B交易模式下，这一定义转移至接受服务的企业所在地。此外，对于通过电子方式提供的服务，自2015年1月起实施了具体的规定：增值税的征收一般依据消费者所在地确定。需要注意的是，自2015年1月起在欧盟境内提供服务的所有电子商务公司，无论这些公司是否在欧盟成员国注册成立，均须根据消费者所在国的税率向该国缴纳增值税，这一改变与被称为"进口一站式报税系统"（IOSS）的计划同步进行。自此，企业有权在销售产品时向欧盟消费者征收增值税，并通过进口一站式解决方案系统向欧盟成员国申报及缴纳相应税款，这一做法能有效避免货物进入欧盟时产生的进口增值税，从而加速海关清关流程。自2015年1月1日起，数字产品及服务的税收，将根据消费者所在地征缴。

2. 新西兰

在新西兰，电子服务的监管有明确规定，对于是否需要征收货物和服务税（GST），法律设立了硬性标准。新西兰的货物和服务税（GST）普遍适用于国内供应的绝大多数商品和服务，包含大部分进口商品和部分进口服务。对于通过电子方式提供的服务，新西兰并没有设立专门的规定，因此这类电子服务同样适用于一般的增值税规则。需要注意的是，在新西兰实施货物和劳务税征收时，首要和关键的考量之一便是确定供应商的位置或消费者的居住地。新西兰对于新西兰居民企业的电子服务征收的GST适用于按照消费者所在地的征税情况，对于非新西兰居民企业（海外企业）的GST征收规则取决于企业的具体情况。

在新西兰，税收政策的规定十分明晰和详尽，确保了税务的公平性与透明度。根据该政策，无论服务以何种方式提供，只要消费者是新西兰的居民，则必须在新西兰境内缴纳相应的税费。

3. 澳大利亚

在澳大利亚，法律框架尚未对通过电子手段提供服务的税收规则进行明确规定，与新西兰的法律制度形成鲜明对比。这一差异意味着,跨境电子服务提供商在澳大利亚面临着不确定的税务责任,进而影响到其业务操作和战略规划。

在澳大利亚,是否征收货物和服务税(GST)并不仅基于服务提供者的地理位置。更具体地说,尽管在某些情况下实际操作的结果可能未见差异,但澳大利亚的税法采用了一套更细致、更专业的标准来评估与服务或商品关联的程度,从而决定是否应征收GST。这意味着,GST的征收与否,更多地取决于服务或商品与澳大利亚市场的连接强度,而非服务提供者的物理位置。

根据澳大利亚的税收法规,在一定的条件下,对于那些居住在海外的个人,如果他们能够在国外有效利用或享受某些商品或服务,这些向其提供的商品或服务可能会从商品和服务税(GST)中获得豁免。这一条款给予澳大利亚税务局一定程度上的裁量权。这种规定旨在为跨国居住的个人提供灵活性,以确保在全球化背景下税收政策与个人的实际居住和消费情况一致。

(二)案例分析

一位顾客决定订阅一份本地报纸。鉴于他频繁开展国际旅行,他选择了一种服务,使他能够每天收到纸质日报,并拥有对该报纸数字版的完全在线访问权限。然而,不久之后,他因工作被临时派往海外数月。思考问题:这位顾客购买的是货物,还是服务?他的纳税义务发生地在哪里?请根据欧盟、新西兰、澳大利亚分别进行分析。

1. 欧盟的征税方式

从欧盟增值税的视角出发,首先需要确认的是,报纸订阅购买显然是一种面向消费者的交易模式(B2C)。紧接着,关键在于判断该服务是以电子方式提供,还是以实体货物的形式出现。实际上,根据理论分析,这一案例可以采取三种不同的处理方式。其一,将其视为订阅在线报纸,而纸质报纸仅作为附加货物;其二,认为这是一次购买实体货品(纸质报纸)的行为,数字版报纸则作为附加服务;其三,考虑将其视为两种独立供应的结合,即实体货物(纸质报纸)和电子服务(在线报纸)的混合提供方式。

对于在线订阅报纸而言,(欧盟)282/2011条例将其明确界定为通过电子方式提供的服务。这意味着,在第一种情况下,此类交易应按照提供服务的规定缴纳税款。在第二种情况下,此类交易将被视为货物供应行为并据此征税。值得注意的是,在多数成员国中,纸质报纸通常适用较低的增值税率,有时甚至可享受免税待遇。根据欧洲法院的判例法,第三种情况似乎提供了一个更为合理的解释,即此类交易应被视为两项服务的组合,以单一价格提供,且每项服务应采取相对应的增值税处理方法进行纳税。

对于长期被派遣工作在其他欧盟国家的消费者,若他们选择在派遣地接收纸质报纸,该纸质报纸的供应地将被视为消费者当前所在的国家,因此,该国有权对其征收增值税。从2015年1月开始,对于电子报纸的增值税征收方式也出现了变化,增值税的征收地点改为消费者的所在地,而非之前的服务提供方所在地。反之,如果消费者选择将纸质报纸投递至原居住国,那么其税收情况将不会发生改变。

2. 新西兰的征税方式

对新西兰而言,报纸的供应商为"居民",供应活动也发生在新西兰境内。因此,只要消费者是新西兰居民,不管其是否在国外工作,该笔交易都需要在新西兰缴纳货物和服务税(GST)。实际上,无论在此案例中报纸订阅被视为货物、服务还是它们的混合体,关键在于消费者是否拥有居民身份。持居民身份者需要缴纳 GST,而一旦失去居民身份,则可享受免税待遇。

3. 澳大利亚的征税方式

对澳大利亚而言,这位顾客购买的是一种服务。虽然他订阅的报纸包括纸质报纸,但更重要的是他获得了对该报纸数字版的完全在线访问权限。这种在线访问权限是一种数字服务。在澳大利亚对 GST 的定义中,服务和数字产品都属于应税项目。纸质报纸的纳税义务发生地通常在报纸的发行地,即澳大利亚境内。因为报纸的销售和分发活动主要在澳大利亚境内进行,所以销售纸质报纸的报社需要在澳大利亚缴纳 GST。

数字版访问权限的纳税义务发生地则更为复杂。根据澳大利亚的税务规定,自 2017 年 7 月 1 日起,澳大利亚税务局开始对进口服务和数字产品征收 GST。这意味着,如果该顾客在澳大利亚境内订阅了报纸数字版访问权限,报社需要在澳大利亚缴纳 GST。然而,如果该顾客在海外期间继续使用报纸数字版访问权限,纳税义务发生地可能有所不同。根据澳大利亚的税务规定,如果服务的提供地在澳大利亚境内,即使顾客在海外使用该服务,纳税义务仍在澳大利亚。这是因为报社在澳大利亚境内提供了数字版访问权限的服务,无论顾客在何处使用该服务,报社都需要在澳大利亚缴纳 GST。

三、税基侵蚀和利润转移

在全球经济一体化的大潮中,跨国公司的全球布局推动了各类要素在全球范围内的流动,促进了全球贸易的繁荣和直接投资的增长。然而,跨国公司通过实施全球避税策略,不仅侵蚀了发展中国家的税收基础,也严重影响了其母国的税务收入。这种海外利润转移的做法,对全球经济的公平与健康发展构成了隐忧。造成税基侵蚀和利润转移的原因如下。

(一)税收管辖权的界定显著影响各国(或地区)的税务主权

国家(地区)间在所得税征收上存在较大分歧。一部分采取属地原则,即仅对境内所得征税;另一部分实行属人原则,即将税收居民的全球所得纳入征税范围;还有一些国家和地区融合两者,同时采用属地和属人原则。这种多样化的税收管辖原则导致跨国公司面临双重征税的困境:同一份收入可能会在两个国家(地区)被征税。为了解决这一问题,经济合作与发展组织(OECD)及联合国付出了努力,促进各国(地区)间签订防止双重征税的协定。自1989年首个此类协定签署以来，全球现已有近3000项此类税收协定生效。这一庞大的税收协定网络本意是为了避免双重征税，然而，协定网络本身的局限性，以及国家（地区）间税收管辖权缺乏有效协调，造成了跨国公司利用这些协定漏洞进行避税的现象日益增多。这种利用协定漏洞以达到"双重不征税"的结果，已引起各国（地区）税务机关的高度警觉。

（二）转让定价

转让定价是跨国公司避税策略的关键环节，直接牵涉到各国（地区）税收权的行使和公司利润的全球分配模式。随着产业链、供应链的全球布局不断深入，如何在跨国公司的全球网络中公平分配利润，变得尤为关键。一般而言，独立企业的交易由市场动态决定，然而，跨国公司内部的交易往往不遵循这一市场原则，其通过转让定价策略，将利润从高税率区域转移至低税率或无税地区。随着无形资产对跨国公司价值贡献的增加，其价值难以量化，利用无形资产进行利润转移的行为更为隐秘，给反避税政策带来了前所未有的挑战。

（三）杠杆融资

杠杆融资涉及多国（地区）对于债务与权益工具在所得税处理上的不同策略。普遍而言，债务被视作外部资源，不属于借款公司所有，因此，公司支付的债务利息能够在计算所得税前予以扣除。与此相反，权益工具产生的股息在税前不享受扣除优待。近年来，随着优先股、永续债等混合型金融工具日渐兴起，债务与权益之间的界限愈加模糊。这一现象，加之不同国家（地区）对混合金融工具的债权与股权性质划分标准不一，为跨国公司利用各类融资工具降低整体税负提供了新的可能性。这一策略不仅展示了全球融资环境的复杂性，也体现了企业在国际中税收筹划的灵活应对之道。

（四）反避税规则

目前，全球各国（地区）的所得税体系已经纳入了一系列反避税措施，以应对跨国企业的避税策略，其中包括受控外国公司规则、限制资本弱化规则、限制避税性移居等。此外，反避税规则被纳入各国（地区）之间签署的双边税收协议中，目的是防止跨国公司利用税收协议的漏洞来避税。例如，受益所有人规则可以防止跨国公司通过设置中转公司来享受税收协定中的优惠政策，最终达到避税的目的。为了提高反避税规则的明确性和可执行性，各国（地区）还制定了相应的"安全港"条款。然而，各国（地区）反避税规则之间存在差异，"安全港"条款的设置也不尽相同，因此跨国公司依然能够通过各种手段来规避这些规则，以降低其全球税负。这一切说明，加强和优化反避税规则的构建是应对全球避税行为的关键。

第二节　应对数字新业态挑战的国际税收协定

本节将深入探讨和介绍为有效应对数字新业态迅猛发展所带来的诸多税收挑战，国际社会所达成的一系列创新性与前瞻性的税收协定。

一、国际协调和多边协定

随着全球化的不断深入，各国（地区）的贸易往来和经济合作日益密切，这就要求各国（地区）之间能够有效地进行协调，共同应对挑战和把握机遇。特别是在数字经济快速发展的今天，如何在国际层面建立有效的多边协定，确保税收政策的公平性，成为一个亟待解决的问题。

多边协定是国际协调的一种重要方式。通过建立多边协定，各国（地区）可以在公平、互惠的基础上解决共同面临的问题，并携手推进国际合作与全球治理体系的改进。税收公平原则是构建多边协定的重要基石。随着数字经济的发展，传统的税收体系面临着巨大挑战，如何确保跨国企业按公平的原则缴税，防止税基侵蚀和利润转移成为全球关注的焦点。国际社会正在就数字经济领域的税收问题努力达成共识，制定出既能反映数字经济价值创造的税收原则，又能保证各国（地区）公平收税的多边协议。

在当前国际规则未能完全覆盖的背景下，一些国家（地区）采取了单边方案来应对特定问题，例如，法国和印度分别实施的数字服务税和平衡税。这类单边方案的优势在于其直接性和快速性。然而，单边方案不受现有税收协定的限制，易于引发过度征税和双重征税的问题。虽然一些国家（地区）表示这些单边的数字服务税仅是在国际税收规则改革完全实施之前的暂时性安排，但它们可能存在的歧视性问题已经激发了其他国家（地区）的贸易报复。

双边方案透过两国（地区）之间的协商来解决数字经济税收领域的问题，提供了一种更加协调的解决路径。其优势在于，能够在税收协定的框架内有效消除双重征税问题并解决税收争议，操作也较为灵活、便捷。以联合国《关于发达国家与发展中国家间避免双重征税的协定范本（2021 年版）》第十二条"自动化数字服务"为例，这种双边方案为加强国际税收合作和解决潜在的税收纠纷提供了一个明晰的范本。双边方案的不足之处在于，在数字化企业集团的全球高度集成经营背景下，其无法彻底解决经济数字化带来的税收挑战。

二、打击国家税基侵蚀的 BEPS 行动计划

为共同打击日益严重的跨境逃避税行为，2013 年 9 月 G20 圣彼得堡峰会上，包括中国在内的 G20 成员领导人一致赞成并委托经济合作与发展组织（OECD）推进税基侵蚀和利润转移（Base Erosion and Profit Shifting，BEPS）十五项行动计划。BEPS 第一项行动计划

旨在应对数字经济带来的税收挑战。BEPS 行动计划是由 G20 领导人指导并委托经济合作与发展组织推动的一项一揽子税收改革项目，旨在通过协调各国税制，修订税收协定和转让定价的国际规则，提高税收的透明度和确定性，以应对跨国企业税基侵蚀和利润转移给各国政府财政收入和国际税收公平秩序带来的挑战。自 2013 年 9 月启动该行动计划以来，国家税务总局成立了 BEPS 工作小组并整合相关力量，深入研究各领域规则的制定及其对我国的影响，跟进 OECD 推动的项目进度安排，参与了六个工作组第一阶段召开的所有会议，并对各议题表明我国立场。

BEPS 行动计划包括 15 个行动计划，聚焦于所得税的国际问题，其中第一项行动计划就是《应对数字经济的税收挑战》。该行动计划重点打击通过转让定价和滥用税收条约等方式转移利润以侵蚀税基的做法，其中有 11 项措施专门解决这一问题。依据不同的特征和目标，BEPS 行动计划被划分为五大类，各类的主要内容如表 8-1 所示。

表 8-1 BEPS 行动计划的类型划分

类　型	主　要　内　容
应对数字经济时代的挑战	多边公约适用范围相关术语解释
优化争议解决机制	对强制仲裁的程序、时间安排、成本等进行了具体的规定
重新构建当前的税收协议和转让定价的国际规范	独立、非独立代理人范围的修改；主要目的测试；反对合同拆分
提升全球税务透明性和确定性	混合实体的税务处理；双重居民身份认定（法人）；防止双重不征税的三种应对方式
促进多边行动计划的执行	多边税收协定的复杂程序、条款生效的不同情形，以及如何处理协议在实施过程中遇到的各种细节和分歧

各项行动计划的具体内容如下。

（一）报告一：数字经济（行动计划 1）

为了有效应对数字经济核心特质及其对商业模式改变导致的利润转移和税基侵蚀问题的加剧，报告提出了一系列建议，包括对常设机构的定义、转让定价，以及受控外国公司规则改革。如何确保在经济活动和价值创造中对利润征税？怎样界定经济活动与征税国家的联系，以及审视数据在经济领域的作用？这些挑战对国际所得税和增值税规则的构建产生了直接影响。依据经济合作与发展组织（OECD）发布的《国际增值税（货物与劳务税）指南》，应对数字经济跨境税收问题的一种有效方法是通过"经济实质性"测试来评估经济主体是否与另一个司法管辖区建立了关联。在 BEPS 15 项行动计划中，实质性概念得到逐步澄清，最初由三个核心要素构成：一是一致性；二是实质性；三是穿透性。在国际税务领域，为确保对实际经济实体进行征税，重点采用了"经济实质""商业行为"及"价值创造"等核心概念。该测试规定，如果一个国家（地区）的企业通过数字手段与另一个国家（地区）的消费者互动，并在该国家（地区）获得大规模收入，则可以认定该企业在该国家（地区）具有"经济实质性"。

（二）报告二：混合错配（行动计划 2）

混合错配指的是纳税人利用不同国家（地区）对相同金融工具、资产交易及实体的认定标准之间的差异进行税收筹划，以避免双重征税。例如，对于同一种金融工具，某国（地区）将其视为债权，而另一国（地区）将其视为股权。将其视为债权的国家（地区）允许税务上的扣减；而将其视为股权的国家（地区）在接收收益时，因其被视为海外分红故不予征税，由此达成了双重免税的效果。报告中提出了若干内部立法建议和税务协定的应对策略，旨在解决同一支出的多重扣减、一方扣减而另一方不计收入、同一税款的多国（地区）抵免等问题，这将极大提升处理所得税时的跨国协调效率。

（三）报告三：受控外国公司规则（行动计划 3）

受控外国公司规则是避免纳税人通过将利润转移到税负较低的受控外国公司中，从而规避或推迟纳税义务的重要制度。根据规定，即便相关所得尚未汇回国内，也需要视作已汇回并予以征税。该制度不仅关乎各国（地区）的经济政策，也直接影响到企业的市场竞争力。因此，本报告并未强求在全球范围内统一制定受控外国公司的立法，而是基于立法要素、所得认定方法、外国税收抵免、境外股息免税等方面，提出一系列"最佳实践"策略，供各国（地区）参考借鉴。

（四）报告四：利息扣除（行动计划 4）

在国际税收筹划领域，将利润以支付利息的形式转移给第三方或关联方是一种广泛采用的做法。这一操作由于不同国家（地区）对债权和股权的税收处理差异而变得尤为复杂。企业能够通过集团内部融资明显提升债务水平，导致集团内部利息扣除额远超过实际对外支付的利息，因而引发了严重的税基侵蚀和利润转移问题。为了解决企业将利息扣除视作一种避税手段并加以滥用造成不合理的影响，报告推荐采用"固定扣除率"策略，即允许企业在基准净利息/EBITDA（税息折旧及摊销前利润）内扣除净利息费用。这个"固定扣除率"设置为 10%～30%。此外，报告提出了一项可选的集团扣除率规则，允许企业根据其所在集团的基准净利息/EBITDA 进行扣除，前提是该扣除率高于固定基准扣除率。报告还制定了特定规则，旨在支持一般利息扣除限制规则并针对风险进行调整，适用于除银行、保险及公共事业外的所有行业。超出限制的利息费用不得扣除，但可在未来或以前的报税期中进行结转。

（五）报告五：有害税收竞争（行动计划 5）

报告强调需要终止或限制国家（地区）之间不合理的逐底税收竞争，明确提出只有当实际存在相应的经济活动时，国家（地区）才应提供税收优惠。报告特别指出六种可能引发 BEPS（避税）问题的税收优惠情形，并建议对这些情况进行国际信息共享。这包括优惠制度、跨境转让定价、利润调减、常设机构、导管公司及未来可能识别的其他情形。与此同时，报告就知识产权的税收优惠达成一致，采用关联法，即只有在投入了符合要求的研发支出并获得相应 IP 收入（IP 授权费为特许权使用费）的情况下，纳税人才能享受税收减免，以确保税收优惠的对象真正进行了相关经济活动。

（六）报告六：防止滥用协定（行动计划 6）

在减少税基侵蚀和利润转移问题上，国际社会达成共识，将反滥用条款整合到税务协议中，设立了基本标准来应对选择性协定避税，包括在所有协议中明确标明避免双重非征税或减税的情况。具体通过以下方式之一加强执行：结合利益限制条款（LOB）和主要目的测试（PPT），仅引入主要目的测试，仅引入利益限制条款，特定机制。

（七）报告七：人为规避常设机构（行动计划 7）

更新了的 OECD 税收协定，旨在避免企业操控合同逃避设立常设机构。若代理人以外国企业身份在一国签订合同，应视其为有常设机构，除非属独立业务。OECD 也增强了对常设机构豁免的限制，确保只有辅助性或准备性的活动（例如，专为储存、陈列、交付或者加工而保存本企业货物或商品的库存仓储；专为本企业采购货物和商品，或者搜集情报的特定活动。仅当这些活动相对于整体经营活动属于准备性质或者辅助性质才能适用）可享豁免，以抵御企业拆分运营躲避税收，并通过主要目的测试防止建筑合同拆分的滥用问题（集团公司之间通过合同拆分以规避建筑工地、建筑或安装工程构成常设机构），务求有效打击避税。

（八）报告八：转让定价（行动计划 8～10）

转让定价的独立交易规则主要依赖合同的内容来划分功能、资产与风险，这导致其很容易被误用。BEPS 第 8～10 项行动计划旨在确保转让定价与价值创造一致，重点包括：在无形资产方面，拥有经济所有权比法律所有权更关键，因为经济所有权决定了企业对于无形资产收益的享有权；在风险分配方面，建议根据企业实际控制和财务承受风险的能力来调整合同中的风险分配；就大宗商品转让定价而言，推荐使用可比非受控价格法，并以市场报价确定价格。需要说明的是，收益应分配给那些通过实际交易安排，发挥重要作用、控制风险和对资产价值做出贡献的关联企业；对于只提供资本而不控制风险的企业，其获得的利润应限于无风险收益；对于低附加值劳务和企业集团协同效应，建议简化处理劳务定价，并确保协同效应收益分配给真正做出贡献的企业，同时避免利润转移至低税区。地域优势未被视为无形资产，报告建议仅在其确实带来收益时按照独立企业的收益分配方式进行分配。

（九）报告九：数据统计（行动计划 11）

征税利润与创造价值的实际地点存在脱节现象，特别是在某些低税收国家（地区）的关联企业中，其利润率远高于全球平均水平。跨国公司在高税收国家的借贷成本几乎是普通水平的 3 倍，这一现象在无形资产领域尤为显著，并呈现加速趋势。

（十）报告十：强制披露（行动计划 12）

强制披露主要涉及四个关键领域：负有披露义务的主体，需要公开的信息内容，信息披露的适当时机，对违规行为的处罚措施。报告并未强制所有国家采纳统一的披露策略，而是强调国家之间应在确保税务透明度与减轻纳税人负担之间，寻找到一个恰当的平衡点。一般而言，只有当税务筹划既存在普遍的避税行为迹象，同时展现出某一特定行业内的避税特点时，才需要进行强制性的公开披露。

（十一）报告十一：转让定价资料（行动计划 13）

要求纳税人提交更详尽的转让定价资料，包括主文档、地方文档和国别报告三部分，目的是确保跨国公司定价透明，帮助税务机构高效管理全球业务。主文档涵盖企业全球结构等宏观信息；地方文档聚焦交易详情和定价分析；国别报告进行年度更新，涉及运营情况、利润、纳税等。所有资料须保密，国别报告仅用于风险识别与监督。在执行关联交易定价过程中，仅依赖国别报告的数据而未开展必需的可比性分析及功能风险评估，是不符合规定的。具体实施需要签署多边协议，确保国内支持。

（十二）报告十二：争端解决（行动计划 14）

报告概括了三个核心议题。首先，争端解决机制已被纳入税收征管论坛的监管范畴，并将进一步纳入 G20 的监督机制中，旨在确保跨国税收争议能够得到及时、有效的解决。其次，必须显著提升各国处理相互协商案件的速度和效率，确保平均每个案件的完结时间不得超过 24 个月。最后，为了拓展和加强解决跨国税务争端的法律框架，税收协定范本将新增仲裁条款，鼓励各国在税收协定中融入该规定，以促进争端的有效解决。

（十三）报告十三：多边工具（行动计划 15）

为了有效地推进全球范围内税制改革的实施，世界各国（地区）已经达成一个共识，即通过创建统一的多边法律协议来集中解决普遍面临的问题，同时对全球范围内的 3000 多份税收协议进行一次性的更新和修订。这项名为"多边工具"的协议，旨在引入针对混合错配问题的反制措施、加强防止滥用税收协议的规定、更新固定营业场所的相关条款，并对相互协商程序进行增补和完善。

总之，BEPS 最终报告特别强调，为了应对数字经济所带来的税务问题，OECD 收集了各国（地区）提出的不同解决方案。这些建议主要围绕对常设机构定义的修改，对特定的数字化交易征收预提所得税,消费阶段的税务策略。例如,建议根据"显著经济存在"(Significant Economic Presence)创立新的"联系准则"(Nexus Rule),尝试对跨国企业在市场国所开展的营业活动进行实体性刻画,从实质层面构筑起"经济存在"概念。经济合作与发展组织(OECD)指出,数字经济及其商业模式非常复杂,已提议的各种备选方案尚未成熟。数字经济正处于持续发展之中,这要求对未来趋势进行持续监控,以准确评估其对税收体系可能造成的影响。因此,在当前情况下,关于这些备选方案达成广泛的国际一致意见仍然存在挑战。

三、双支柱的发展和推进

在全球经济迈向数字化的大潮之中,国际税收规则与体系的改革无疑已站上了时代的风口。作为此项改革的先锋,经济合作与发展组织(OECD)所倡导的"双支柱"方案,旨在建立世界各国(地区)的广泛共识,为国际税收规则书写历史性的新篇章。该方案的核心目标是建立一个公正而合理的税收新秩序,这关系到各国(地区)的主权与税收利益。该方案的规则具有创新性和复杂性,使得国际谈判的前进之路充满挑战,尚有诸多细节和执行方面的问题亟待攻克。

(一)"双支柱"方案概况

"双支柱"方案包括支柱一和支柱二。支柱一包括金额 A 和金额 B,金额 A 还有配套的税收确定性机制;支柱二包括基于国内法的全球反税基侵蚀规则(由收入纳入规则和低税支付规则构成)和基于税收协定的应税规则。

支柱一针对现行国际税收规则体系中的联结度规则和利润分配规则进行改革,将跨国企业集团剩余利润在全球进行重新分配,主要解决超大型跨国企业集团部分剩余利润在哪里缴税的问题。支柱二通过实施全球最低税,确保跨国企业集团在各个辖区承担不低于一定比例的税负,以抑制跨国企业集团的逃税行为,为各国(地区)税收竞争划定底线,主要解决大型跨国企业集团在各辖区应缴多少税的问题。支柱一与支柱二共同构成应对经济数字化国际税收挑战多边方案,协同发挥作用。比如,某跨国企业将本应归属于市场国(地区)和企业母国(地区)的利润囤积在低税辖区,支柱一的作用是将其中一部分分配给市场国(地区),而支柱二的作用是解决剩余部分利润税负仍然偏低的问题。

(二)支柱一

支柱一金额 A 适用于年收入在 200 亿欧元以上且税前利润率超过 10%的跨国企业集团,相关门槛按平均值计算,采掘业和受监管的金融业除外。支柱一金额 B 通过独立交易原则的简化运用,确定跨国企业集团所从事的基本营销和分销活动的利润回报。金额 A 适用范围与金额 B 适用范围无直接关系。

（三）支柱二

支柱二方案由三项主要规则组成，即收入纳入规则（IIR）、低税支付规则（UTPR）和应税规则（STTR）。收入纳入规则（IIR）旨在应对那些在某个税区内的跨国公司有效税率低于15%的情况，允许总部所在国（地区）对差额进行追缴补税。如果低税利润没有由总部所在国补税，低税支付规则（UTPR）则介入，使这些低税实体进行支付的国家（地区）负起补税责任。应税规则（STTR）针对利息、特许权使用费等，基于双边税收协定实施，对于向关联方支付的收款方所在国税负低于9%的费用支付，付款方所在国（地区）可不适用已有的税收协定税率，通过补征税款确保该项费用支付的有效税率不低于9%。

截至2023年11月15日，在经济合作与发展组织及20国集团包容性框架下的145个成员中，已经有140个成员对《应对经济数字化下税务挑战的两大支柱成果声明》表示支持。截至2024年2月3日，《安全港和处罚救济：全球反税基侵蚀规则》（第二支柱）的指导原则和相关意见的磋商成功结束，这是一个重大的里程碑。2024年2月2日发布的《全球反税基侵蚀规则实施框架》进一步确立了结构基础，标志着第二支柱转入实施阶段。此外，第一支柱内的A金额和B金额的磋商期分别于2023年1月20日和1月25日结束。这标志着改革计划咨询阶段的全面结束，也为其迅速、有效地实施奠定了坚实的基础。

第三节　国际视域下的数字税收实践与经验

本节将聚焦于国际视域，对国际数字税收领域的实践探索和宝贵经验进行深入而全面的阐述。

一、关于数字税的国际争议

数字税，这一政策工具的提出与实施，是为了对全球数字经济版图内的跨境数字服务企业合理征税。在全球化的商业环境中，这项政策引发了广泛而深入的讨论，其争议的焦点主要集中在以下几个方面。

（一）关于公平竞争与税收公正的问题

对于传统企业而言，它们需要在业务活动所在的每个国家（地区）进行注册，并遵循当地的税收规定。相比之下，跨国数字服务公司常常能够通过复杂的税务策划，利用国际税收制度的差异，在全球范围内实现避税或减税，使其税负远低于传统企业。这种现象无疑在一定程度上扭曲了市场竞争的公平性，传统企业因而面临更高的财务压力。因此，数字税的设计初衷，在于尝试消除这种不公正现象，确保对于在各国（地区）开展业务的数字服务公司能够征收合理的税收，以实现税收公平。

（二）防止税基侵蚀的重要性

数字服务企业往往不需要在消费者所在国建立实体机构，依靠数字化的方式即可跨境提供服务，利润多数流向注册地或税率较低的国家（地区）。这使得消费者所在国（地区）难以对这部分利润进行有效征税，从而削弱了这些国家（地区）的税收基础。实施数字税，旨在对数字服务公司在消费者所在国（地区）的收入进行征税，以有效阻止税基侵蚀现象的发生，保障各国（地区）能够在数字经济增长中获得合理的税收份额。

（三）针对数字经济的特征调整国际税收规则

当前的国际税收体系，大多建立在传统经济活动的基础之上，往往难以适应数字经济的特点。数字服务公司利用规则差异，将利润转移到税率较低的国家（地区），从而最大限度地降低税负，而这种做法在现行法律框架下往往不构成违法。因此，为了更好地适应数字经济的发展，各国（地区）需要共同探讨并修订现有的国际税收规则，以阻止跨国公司的避税行为，保证税收的公平性与有效性。综上所述，数字税的讨论实质上围绕如何确保数字服务公司为其在各国的业务活动支付合理的税款，如何有效预防税收基础的侵蚀，如何维持税收与市场的公平性，以及如何更新国际税收规则以配合数字经济的蓬勃发展。在这一过程中，既需要考虑各方利益的平衡，也需要对未来经济格局的变迁有深远的洞察。

二、征收数字税的国际经验

法国作为全球最早开展数字税征收的国家之一，受到欧盟数字税提案的启发，2019年3月率先提出对大型跨国数字平台企业开征数字税的建议。在2019年5月、7月，法国的国民议会、参议院分别通过了有关数字税的法案，并明确规定该法案自2019年1月1日起生效。这一法案针对数字界面服务和某些特定的广告服务两大类应税项目进行征税，关键在于将那些在法国提供应税服务所得的营业收入以3%的税率予以征收。同时，该法案提出了一定的营业收入"门槛"（阈值要求），即只有那些提供数字产品和服务的企业在财务年度中的全球总收入超过7.5亿欧元，并且在一个会计年度中获取的"法国数字收入"超过2500万欧元时，才需要缴纳数字税。

法国引入数字服务税的措施，主要基于以下三个关键考虑。首先，该法案视作临时性政策，旨在解决当前税负分配的不平等。法国通过开征数字税，力图实现财政的公平正义，确保税收负担得到合理分配。这一措施不仅促进了税收体系的平衡，也体现了对公平原则的追求。其次，该法案旨在增强本国数字企业的竞争力，并进一步拓宽财政收入来源。作为数字服务贸易的重要进口国，法国通过征收数字税为本国内的数字企业营造了有利的成长和发展环境。根据《法国数字服务税收入持续增长》，2022年，法国数字服务税收入为6.2亿欧元，2023年达到7亿欧元，2024年增至8亿欧元，2025年将突破10亿欧元大关，

第八章 数字新业态对税收体制的冲击和挑战

体现了数字税对于法国财政收入的重要贡献。最后，法国通过在欧盟的支持下征收数字服务税，试图在制定国际税收规则中占据主导地位，期望在更广泛的经贸领域内获得更大的利益。

另外，开征数字税的部分国家（地区）及相关政策一览表如表 8-2 所示。

表 8-2　开征数字税的部分国家（地区）及相关政策一览表

国家	应税服务	全球收入门槛	国内收入门槛	税基	税率
法国	提供数字接口，使用户能够与他人建立联系和互动；向广告商提供服务，其目的是根据收集到的关于用户的数据投放有针对性的广告信息	7.5 亿欧元	2500 万欧元	纳税人就应税服务收到的所有全球收入（总收入不包括增值税）乘以被视为在法国制造或提供的此类应税服务的百分比	3%
意大利	数字界面上的广告；允许用户买卖货物和服务的多边数字接口；使用数字接口生成的用户数据的传输	7.5 亿欧元	550 万欧元	提供给意大利用户的合格数字服务中获得的总收入，扣除增值税（VAT）和其他间接税	3%
奥地利	如果在线广告服务在具有国内 IP 地址的用户设备上接收，并且其内容和设计也针对国内用户，则该在线广告服务被视为在国内提供；在线广告服务的提供地点可以根据 IP 地址，或者使用其他技术进行地理定位来确定	7.5 亿欧元	2500 万欧元	奥地利服务提供商的广告服务收入	5%
印度	电商经营者网上销售商品；电商经营者网上提供服务；电商经营者为他人提供服务或销售商品提供平台	无	通过电子商务平台向单个电子商务参与者支付的销售或服务总额不超过 50 万荷兰盾（6800 美元）的不需要扣缴	通过其数字或电子设施或平台提供的货物/服务的销售总额	6%
土耳其	在线服务，包括广告、内容销售和社交媒体网站上的付费服务	7.5 亿欧元	2000 万土耳其里拉（400 万美元）	数字服务总收入	7.5%（自 2020 年 3 月开始土耳其总统可以将税率降低至 1%，或提高至 15%）

173

三、中国的应对与未来展望

当前，社会正处于人工智能时代，这个时代的标志性特点是，人工智能不仅推动了技术的自动化进步，更重要的是它改变了人类与机器之间的关系。人工智能的技术创新无疑将加快经济社会的发展，但也必须正视一些随之而来的挑战：即便人工智能可以增加经济的总量，但不均等的资本和知识分配及潜在的就业市场收缩问题，可能会加剧社会的贫富差距。因此，我们在欣赏人工智能带来的便捷和进步的同时，也需要谨慎考虑其社会影响，确保技术发展惠及每个人。

人工智能在实际应用中遇到的挑战并不局限于把工人分类为独立承包商或雇员这样相对简单的法律问题。实际上，比这更加复杂的问题不胜枚举，如通过算法预测纳税人是否会因虚假陈述或遗漏而被认为重大过失，或者判断某项证券交易的利得或损失应按营业收入还是资本收益征税，以及董事对公司逃税行为的责任等。这些应用的复杂性不仅表现在数据的广泛性和学习算法的复杂度上，而且表现在如何详细解释算法为什么会做出特定的预测。这涉及数百万的数据观测和成千上万的潜在因素。

在"互联网+"和大数据时代，开放不仅意味着突破传统思维限制，更象征着分享与资源的高效融合。在这样的背景下，我国税务机关获取涉税数据的途径将日渐广泛，不再仅仅依赖纳税人的自主申报或税务机关的常规管理与重点审计。现在，除了征纳双方，其他企事业单位及法人组织也将成为重要的涉税信息来源。这一变革要求税务部门必须与社会各界紧密合作，实现数据的交换与共享，推动从传统的"以票据管理税收"向"以信息管理税收"的根本转型。

为了优化税收数据管理，引入专业的信息技术人才至关重要。随着涉税大数据和人工智能技术的飞速发展，税务系统亟需重视专业信息技术人才的培育，并逐步建立一个专门的大数据分析应用技术团队，以提升税收数据的处理效率和准确性。一是创新人才引进机制。通过公务员招录等方式，吸引互联网技术领域的杰出人才加入税收队伍，为税收数据管理系统的开发、运营及维护提供强大的技术支持。二是加强内部技术人员的培训。随着大数据、人工智能等前沿技术在税务领域的广泛应用，税务人员必须适应时代发展的需要，加强对现代信息技术的学习。他们不仅需要了解财税知识，还应熟悉计算机操作及数据分析，成为复合型税收人才。定期对税务人员开展专业培训，使他们能够熟练运用数据软件，掌握涉税风险数据分析模型及分析方法，是提升税务部门整体业务能力的重要途径。通过上述措施，我们不仅能够提高税收数据管理的效率和准确性，还能够培养出一支既懂技术又熟悉财税政策的高素质专业团队。

第九章

税收征管数字化

作为现代化经济体系的重要组成部分,数字经济对税收治理提出了更高的要求。为了确保对数字经济实施有效的税收管理,税收征管模式和技术的全面数字化变得至关重要。数字化技术为税收征管的现代化提供了有力支持,但数字化技术的快速发展也带来了经济业态的深刻变革,增加了税收治理的难度和不确定性。为了适应这一变化,推进税收征管数字化势在必行,以更好地适应以数字经济为代表的新经济、新业态发展。

第一节 税收征管数字化概述

本节开篇即对税收征管数字化的概念与实践进行了一个全面而精炼的阐述。

一、税收征管数字化的理论基础

20世纪70—80年代,西方国家开始将私营企业的管理方式和理念引入公共行政,引发了一场旨在提高效率和响应性的政府改革潮流,这被称为"新公共管理"运动。与此同时,"服务与客户"这一理念也被公共部门接纳,进而推动了西方国家税收管理思想和管理体系的根本变化。借鉴这些理念,埃里希·科齐勒在2007年提出了税收合作遵从理论及其滑坡模型,这不仅阐明了自愿和强制遵从之间的关系,还为税收征管的数字化转型提供了理论支撑。这种转型旨在通过打造更加以民为本的征管体系,实现税收遵从度的全面提升。与企业生产过程相似,其涵盖了从生产要素投入到产出的完整环节。

在数字化税收征管实施过程中,劳动力、技术、数据成为最关键的资源。智慧税务赋予人的角色、数据处理能力及技术应用的更新,共同构建了税收征管体系的基础。运用滑坡模型,可以从成本视角看到,数字化税收征管通过精准执法和提升纳税服务效率,降低了强制遵从的边际成本,同时增强了征纳双方的信任度,降低了自愿遵从的平均成本,致力于最大限度地减小纳税成本,推动纳税人从被动到主动再到自动遵从税收制度。进一步观察税收征管过程中产品(或服务)的生产,可以看到它本质上是对各种数据的综合应用,

数字中国

涵盖了数据的收集、整合、分析、推送和反馈评价等。这反映了税收征管的数字化程度，也是"以数治税"政策的体现。其中，数据的生产和加工环节至关重要，它不仅体现了数字化"质"的提升，还促进了税收制度和组织的变革，推动了税收治理能力的现代化。此外，税收征管的成果在于其应用目标和领域的体现，即提高社会税收遵从度，展现了征管工作的终极目标。借助滑坡模型，通过调和自愿与强制遵从的关系，数字化税收征管旨在整体提升社会的税收遵从度。同时，税收征管的成果应服务于国家治理的现代化，如促进宏观经济决策、消除制度性壁垒，进而提升营商环境等，展现税收在国家治理体系中的基础性、支柱性和保障性作用。

二、税收征管数字化的实践

2020年12月，经济合作与发展组织（OECD）税收征管论坛（FTA）在其第十三届大会上发布的报告《税收征管3.0：税收征管的数字化转型》中明确指出，全球税务部门正广泛采用数字化工具和内外部数据库，并借助新型的沟通渠道，改变过度依赖纳税人自发遵守税收规定的现状。此举旨在推动税收征管向数字化转型和升级，从而显著提高服务质量和征管效率，进而更有效地引导纳税人遵守税法。2021年3月24日，中共中央办公厅、国务院办公厅印发的《关于进一步深化税收征管改革的意见》，明确提出了基于智慧税务建设的税收征管数字化转型升级方向，对今后一段时期我国的征管数字化转型起到了纲领性、指导性的作用，具有里程碑式的意义；对税收征管的数字化转型提出了全面的规划和要求，旨在通过现代信息技术提升税务执法、服务、监管的效率和精准度，同时保障纳税人的合法权益，推动税收制度和征管能力现代化；明确指出改革的重点是全面实施税务管理的数字化和智能化升级，许多理念和经济合作与发展组织（OECD）提出的税收征管3.0的概念不谋而合，为提升中国税收征管的质量和效率指明了方向。中国税务机关持续改进现行的征税管理流程，致力于通过数字技术实现税收管理的效率提升，从而推动纳税人更好地遵守税收规定。这不仅符合中国当前的税收管理实际，也顺应了全球税收管理改革的趋势，显示了中国在全面推进税收管理数字化转型方面的重要步骤和决心。

三、税收征管数字化的定义

关于税收征管数字化的定义，国内学者从技术应用视角、治理模式创新视角、国际比较分析视角提出了自己的理解。综合现有的理论界观点，税收征管数字化可以定义为：税务部门通过整合和应用先进的信息技术，对税收征管的业务流程、组织结构、服务模式和治理体系进行系统性改革和创新，以提升税收治理的效率、效能和透明度，增强纳税人的便利性和遵从度。

四、税收征管数字化的意义

税收征管数字化的意义是多方面的，涉及税收征管的效率提升、治理模式创新、纳税人服务优化及国家治理现代化等多个层面。不断推进税收征管数字化转型，税务部门才可以更好地适应数字经济的发展需要，提高税收征管的现代化水平，为构建现代化经济体系和实现高质量发展提供有力支撑。

（一）提升税收征管效率

税收征管数字化借助尖端信息技术，如大数据、云计算、人工智能等，显著提升了税收征管的效能。以往的税收征管模式过度依赖人力进行数据搜集、处理与分析，流程烦琐且易于出现纰漏。数字化转型有利于税务部门实现税务数据的自动化处理，大幅降低了人力资源的消耗，并有效减少了征管过程中的错误率。以电子发票系统为例，税务部门能够实时监控并核实交易信息，从而有效遏制逃税、漏税行为。

数字化转型使得税务部门能够迅速应对市场变动，灵活调整税收策略与管理举措，以契合经济发展的需求。这种效率的提升不仅促进了税收的增加，还降低了纳税人的遵从成本，为经济活动的稳健发展注入了活力。

数字化转型意味着税务部门能够更精确地评估税收风险并模拟税收政策，为政策制定提供了科学的数据支持。这种基于数据的决策支持可以帮助税务部门更深入地理解和预测税收趋势，从而制定出更为合理和高效的税收政策。

（二）创新税收治理模式

税收征管数字化转型不仅是技术层面的更新，更是税收治理模式的重大创新。基于数字化转型，税收法治建设得到有力推动，实现了税收征管的电子化、自动化，进一步增强了税收政策的透明度和公众监督的有效性，为营造公平、公正的税收环境奠定了坚实基础。

数字化转型引领了税收治理理念的转变，从传统的"以收入为核心"向"以纳税人服务为核心"转变。税务部门积极构建电子税务局、移动应用等在线服务平台，使纳税服务更加便捷、个性化，大幅提升了纳税人的满意度和税法遵从度。这种服务模式的转变，有助于建立税务部门与纳税人之间的信任关系，提升税收征管的社会接受度。

数字化转型也为税收共治提供了有力支持。税务部门与纳税人、第三方机构及其他政府部门之间的合作更加紧密，共同推动税收治理的改进。这种多方参与的治理模式，有助于整合社会资源，提高税收征管的整体效能，为构建更加完善、高效的税收体系注入了新的活力。

（三）优化纳税服务

在税收征管数字化转型的助力下，通过构建电子税务局、移动应用程序等现代化在线

数字中国

服务平台，纳税服务得以实现便捷化、个性化的目标，进而显著提升了纳税人的满意度和遵从度。这些在线平台不仅允许纳税人随时随地完成税务申报、税款缴纳、税务信息查询等操作，而且极大地提高了办税的便捷性。数字化转型意味着税务部门可以利用先进的技术手段，对纳税人进行更精准的分析和画像，从而为他们提供更加贴心、个性化的服务。例如，税务部门通过深度分析纳税人的申报数据和行为模式，能够更准确地预测其服务需求，并主动为其推送相关的税收政策和办税指南，帮助纳税人更好地理解和遵守税法。

数字化纳税服务促进了纳税服务的透明度和公正性。纳税人可以通过在线平台实时查看自己的税务处理进度，了解税收政策的执行情况，从而增强对税务部门的信任度。这种透明度的提升有助于减少税收争议，提高了税收征管的公信力，进一步增强了税务部门与纳税人之间的互信和合作。

（四）为宏观经济决策提供数据支撑

税收大数据的集成与分析为宏观经济政策提供了实时、精准的数据支撑，使得政府能够更加精准地把握经济动态，从而制定出更科学、更合理的政策。例如，政府可以借助对税收数据的深度分析，及时洞察经济运行状况，评估经济政策的效果，进而做出更明智的决策。在全球化的背景下，税收征管的数字化水平已经成为衡量一个国家（地区）信息化水平和治理能力的重要标志。推动征管数字化转型，国家（地区）能够更好地适应经济全球化的趋势，提高国际税收征管的一致性和效率，从而增强国际竞争力和合作能力。

第二节　税源数字化

2019 年，党的十九届四中全会首次提出将数据作为生产要素参与分配的概念。2020年，《中共中央 国务院关于构建更加完善的要素市场化配置体制机制的意见》进一步将数据列为与土地、劳动力、资本、技术并列的重要生产要素。数据能成为关键生产要素，源于其潜在的价值释放能力。通过数据资源化、数据资产化、数据资本化等过程，数据能够实现价值增值，从而推动数字经济的发展。

税收的根基在于经济，税源的充盈与否直接关系到税收收入的规模大小。随着数字经济的蓬勃发展，税源数字化已经成为一个不可忽视的趋势。随着数字产业化和产业数字化不断向纵深发展，新业态和新模式层出不穷，数字经济的总体规模持续扩大。为了更好地适应这一变革，税源数字化势在必行。具体而言，税源数字化是指将数字经济视为重要的税收来源，并将新产业、新业态、新模式等纳入税收体系，以推动税收体系的现代化和数字化进程。

然而，现行的税收制度如增值税、所得税等的设计初衷主要基于农业经济和工业经济的发展特点。为了维护税收的公平性和有效性，并简化税收征管流程，传统的税收制度可能已不足以应对数字经济的复杂性和新颖性。因此，许多国家（地区）已经开始积极探索并实施与数字经济相适应的税制改革，以确保税收制度的时代性和适应性。

一、增值税税源的数字化

增值税在我国的税收体系中占据重要地位，作为第一大税种，与其相关的法律制度对于国家财政收入的稳定和增长至关重要。面对数字经济迅猛发展的趋势，增值税法是否需要进行适应性修改及其具体的修改路径，成为亟待研究的重要课题。2023年9月，《中华人民共和国增值税法（草案）》（二次审议稿）公开征求社会意见，其中，如何妥善处理数字经济带来的挑战，无疑是立法过程中的核心关切点与难点。在增值税应税交易中，数字产品作为一种新兴的交易客体，其归类问题亟待明确。我们需要仔细审视数字产品的本质，以确定其应被认定为货物、服务还是无形资产。同时，在增值税税率的设置上，我们也需要对数字化新产品和传统产品进行细致区分，以确保税收政策的公平性、合理性。

增值税立法如何应对数字经济，核心在于如何适应数字经济交易的特征及符合数字经济交易的特质，并对数字经济交易进行合理征税。事实上，数字经济建立在数据这一新的生产要素基础上，相关交易必然存在与传统经济形态下交易不同的特征。

（一）税源数字化模糊了增值税征税对象的边界

我国增值税制度明确划分商品和服务作为两大课税对象。但数字经济的崛起，带来了交易客体的无形化和交易渠道的虚拟化，这些新特征使得传统商品和服务之间的界限变得模糊不清，呈现出一种商品服务化的新趋势。尽管当前税收规则尚能对其进行初步归类，但由于规则的局限性和空白，对于二级税目，即具体服务或商品的判定，仍然面临不小的困难和挑战。

数字经济交易的征税对象为数字产品，可以分为数字化的新产品和数字化的传统产品。前者包括网站托管、数据在线存储、软件供应及其更新、数据库管理等，这些数字产品之所以称为新产品，源于这些产品在互联网、大数据等技术兴起前并不存在。后者是指将期刊、书籍、电影、游戏、培训、广告等传统商品、服务转化为数字产品，如在线期刊、电子书籍、在线电影、在线游戏、在线远程自动教学、网页广告等。此时，源于大数据等技术的应用，可能还伴随辅助服务的提供，例如，根据客户的自身兴趣向客户提供相关产品信息。不同于数字化的新产品，数字化的传统产品在互联网、大数据等技术兴起前就已经存在，但源于这些技术，传统产品尽管核心功能不变但改变了存在或供应形式，即数字化成为数字产品。

例如，音乐平台提供的数字专辑，其核心在于提供一种在线的音乐聆听体验。根据现行的《国民经济行业分类和代码》，线上音乐服务被归类为互联网信息服务，这导致数字产品具有服务化的属性，使得交易定性方面存在一定的模糊性。对于电子图书而言，我国

数字中国

目前尚没有明确的法规来界定其性质。在实际操作中，税务部门通常将其视为图书类别下的电子出版物。然而，根据《电子出版物出版管理规定》第二条的定义，电子出版物应存储于磁、光、电等介质上，如软磁盘、只读光盘等，并通过计算机或类似设备进行读取。电子书作为线上存储的产品，其不依赖物理介质，而是借助"云"进行存储，这与电子出版物的定义不完全相符。因此，认定电子书、数字专辑等线上电子产品的性质存在一定的困难和不确定性。

在数字经济模式下，增值税的税源具有以下特征。首先，相对于传统商品中的有形动产（货物）和不动产，数字产品是无形的，即存在形式实现了去物理化，也就没有了具体的物理位置空间。据此，数字产品有着明显不同于货物、不动产的特征，并在无形的特征方面与无形资产（如技术、商标等）和服务有着相同之处。其次，相对于无形资产和服务，数字产品还有一些不同的特征。例如，数字产品可以被更多的消费者使用或享受，或者可以被反复、多重使用，数字产品边际成本极低。

值得进一步阐述的是，数字经济交易还具有复合性特征，即多个交易环节通过现代信息网络紧密相连。以网络游戏为例，其涉及移动数据运营商、App 应用商店、游戏开发商等多个交易主体。具体而言，玩家通过移动设备在应用商店下载游戏，并与游戏开发商签订游戏服务合同，但支付价款给了 App 应用商店；在移动数据运营商提供流量服务、应用商店提供网络应用平台并各自收取相应费用后，剩余价款最终归游戏开发商所有。这种数字经济交易的复合性特征，改变了资金流的路径，使资金流与商品流或服务流不完全同步，在细分各交易环节的基础上，影响了依据现有的增值税制对这些交易性质的认定。

（二）税源数字化增加了税收征管的难度

在数字经济的浪潮下，市场交易不再受地理距离或国家边界的限制，买卖双方的交易无须物理接触，跨境交易也变得前所未有的便捷。互联网等信息网络不仅作为交易的平台，还直接决定了数字产品的内容和交付方式。数字产品在线上完成交易，甚至整个交易流程都可以在线上进行。

得益于大数据、云计算和人工智能等先进技术的推动，数字产品的供给日益自动化，减少了对人力的依赖。这种交易模式的转变赋予了数字经济交易虚拟化的特质。交易不再需要实体空间的支撑，而是在网络虚拟环境中进行。买卖双方从磋商、签订合同到支付等各个环节都可以在线上进行，无须物理接触。这意味着数字产品的销售和接收可以在没有双方物理存在的情况下进行。

数字产品的流动性也为数字经济交易带来了高度移动化的特征。买方可以方便地在不同国家或地区购买、接收和使用数字产品，而销售方也可以在全球范围内灵活安排业务，实现运营地的灵活变动。在数字经济交易中，特别是在 B2C 交易中，消费者的匿名性得到了加强。此外，由于交易的便利化，数字经济交易呈现出碎片化的特点，即交易数量众多但单项价值相对较小。这些特点使得交易信息的核实变得更具挑战性，同时增加了确定交易地点或数字产品消费地的难度。

税源数字化增加税收征管难度的主要原因如下。首先，我们必须认识到，自然人在大多数情况下并不需要开具增值税发票。这与传统企业纳税人存在明显的差异，后者由于需要获取增值税发票以抵扣税款，会主动获取发票以确保增值税抵扣链条的顺畅。然而，对于自然人来说，由于缺乏税款抵扣的激励机制，他们往往没有足够的动力去主动索要发票，上游企业可能会不开发票，进而导致税款的流失。其次，自然人在增值税方面的法律知识普遍不足，这使得他们在纳税意识上相对薄弱。因此，在 B2C 模式日益盛行的数字化产品交易中，传统的"以票控税"的监管方式并不适用。这为增值税的征管带来了重大挑战，要求相关部门必须重新审视和调整监管策略，以确保税款的及时、足额征收。最后，在跨境交易中，传统交易客体因具有实体形态，需要经过海关核验与完税流程，方可抵达购买者手中。然而，在数字经济中，交易客体可借助无界限的网络进行传输，我国税务机关在监控所有网络方面面临权力与能力上的局限。即便能够实现，其成本亦过高，与税收征管的经济性与效率性原则相悖。在实体货物交易中，生产、仓储、运输等成本必不可少，因此在会计账簿上进行造假的成本相对较高。然而，随着商品与服务的数字化，生产分销环节逐渐无形化。若交易主体不主动如实申报，其交易记录易被伪造，且伪造成本相对较低，这无疑增加了税务机关的核查难度。

二、所得税税源的数字化

所得税税源的数字化主要体现在以下两个相辅相成的方面。

（一）税源数字化模糊了所得税征税对象的边界

在我国现行税法中，对于数字化产品如云计算所得收入的课税规定尚显模糊，缺乏明确的法律界定。鉴于数字化产品交易的复杂性和独特性，其课税对象的归属问题一直未能得到清晰解决。云计算作为一种典型的数字化产品，其交易所得性质的认定亦面临诸多挑战。云计算主要依赖线上资源调度技术，用户通过线上或云服务器接入所需的资源，这一过程并不完全依赖实体硬件或特定应用软件。因此，在税收定性上，云计算交易所得究竟应归类为软件版权转让、软件产品销售还是资源调度服务提供，尚存争议。若定性为软件版权转让，则所得应视为特许权使用费；若视为软件产品销售，则所得应归类为货物销售所得；若视为技术服务提供，则所得应视为技术服务劳务所得。实践中缺乏统一的认定标准，导致税务机关在判定课税对象时面临困难，也给税率的适用和税收优惠政策的执行带来了一定的混乱。因此，有必要对数字化产品所得的课税规定进行明确和完善，以确保税收征管的公正性和效率。

另外，传统企业在销售产品和服务、转让固定资产、投资金融工具等过程中产生的收益，能够清晰地反映在财务报表中，并通过特定的核算程序确定应缴纳的税额。然而，由于传统税制无法对难以量化的数据价值进行课税，互联网企业以用户数据作为核心竞争力所创造的经济利益并未被现行税制充分考虑。这导致互联网企业的税负能力被低估，相较于传统企业而言，它们享有不合理的税收优势地位。

（二）税源数字化突破税收管辖权划分规则

现行的国际所得税规则起源于实物贸易和直接投资的经济模式。跨境所得的税收管辖权分配基于两个核心连接点。首先，是所得的来源地，即所得产生的国家（或地区）有权对其境内的（非居民）所得进行征税，这称为来源地税收管辖权。其次，是所得的归属主体，即居民国（地区）对其企业或自然人税收居民在全球范围内取得的所得拥有征税权，称为居民税收管辖权。这两个连接点为各国（地区）征税提供了合理的法律依据，因此，多数国家（地区）的所得税制度都同时采用居民税收管辖权和来源地税收管辖权。在行使居民税收管辖权时，一个关键标准是确定纳税人是否属于某一税收居民，对于企业而言主要是企业的总部机构所在地或实际管理控制中心所在地，而在对非居民行使来源地税收管辖权时，需要判断所得是否来源于某一国家（地区）的境内。在对非居民企业的经营所得判定中，常设机构成为判断来源国（地区）是否有权征税的重要依据。然而，数字经济的崛起对这一传统的税收规则带来了根本性的挑战。

1. 用实体存在判定居民企业存在困难

个人可以跨越国界，通过网络通信进行联系和商业活动，从而在一国之外取得收入。对于法人居民身份的确定，跨国公司借助互联网进行价值链管理，使确定其总部机构所在地或实际管理控制中心所在地变得复杂。这主要表现在以下两个问题。一是经济活动对于实体要素的依赖度降低，仅靠实体存在作为联结度判断居民企业身份并不能全面识别税源。数字化产品的交易中，即使没有使用资源、工厂等实体要素，也使用了我国的网络信息服务，占用了公共网络资源，享受到了潜在市场所带来的利益。二是信息技术使实体公司功能多元化与分散化。即使一国（地区）有实体存在的机构，也很难判断其职能是否为实际管理控制中心。

2. 用常设机构判定非居民企业来源国困难

在数字经济的运营模式下，许多产品在线提供，营业活动与其所在地不一定有直接联系。例如，在线广告企业提供广告服务，这种服务无实体形态，通过互联网即可签订合同并完成服务，因此难以根据常设机构的定义确定所得来源地。

在数字经济模式下，经济活动的发生与创造利润的途径增多，不再必须依赖资源、工厂、劳动力等实体要素。在数字化产品的交易中，数据编码技术融入商品中，基本可以依靠网络、技术实现零边际成本的复制和分销。即使不在利润来源国（地区）设置实体，依然可以从该国（地区）获得收入，因此按照传统的实体要素判断利润来源，会造成税收利益的错配。

3. 难以直接判定数字化产品的利润归属地

在数字经济领域，我们是否应摒弃传统的物理链接方式，转而直接根据利润归属地来确定税源并进行征税？在数字经济模式下，当消费者购买数字化产品时，他们的个人数据也被平台所收集和分析。企业利用这些数据来改进或开发新产品，实现了价值的共创。尽管这些利润最终归属于企业，但在对这部分利润进行征税时，如何在消费者所在地和企业所在地之间实现公平、合理的分配，成为一个具有挑战性的问题。

此外，有专家学者参照了反税基侵蚀与利润转移相关的转让定价规则，依据企业的功能、资产、风险等因素，试图将企业利润（或价值）在不同税收辖区之间重新分配。然而，在数字化背景下，价值的创造及其归属的界定变得尤为复杂，涵盖了数据转让、购买与销售、数据转换、与知识产权相关的各类交易类型，以及数字化管理职能等多个方面。若各国税务机构在理解数字化价值创造方面存在分歧，则可能会引发双重征税或双重不征税的问题。

第三节　税收管理数字化

本节深入探究税收管理数字化的构建历程、改革举措及服务优化。

一、"互联网+"电子税务局建设

本部分首先概述了"互联网+"电子税务局建设的概况及其多元化功能体系。

（一）电子税务局建设概况

电子税务局作为"互联网+政务服务"模式在税务领域的具体体现，不仅是当前政府数字化转型战略的关键环节，更是税务系统数字化转型的核心支撑平台。通过深度融合互联网技术与税务服务，电子税务局在提升政务服务效率、优化税收征管流程等方面发挥着重要作用，为推动税务现代化进程注入了新的动力。

1982年，我国税务部门首次应用计算机进行税收管理；1994年，国家税务总局开始实施"金税工程"；自2015年9月国家税务总局发布《"互联网+税务"行动计划》起，我国电子税务局建设遵循《电子税务局建设规范》展开。2016年，"金税三期"在全国实施，国家税务总局印发电子税务局建设的数据规范和安全规范。为适应国税地税征管体制改革后的新型税收征管模式，2018年我国重点对国税地税电子税务系统进行了整合，并在全国范围内逐步推行新一代电子税务局。2019年，各地税务机关依据《全国税务机关纳税服务规范》和《全国税收征管规范》，全面推进全国统一规范的电子税务局建设。

2024年3月，国家税务总局对外发布了《国家税务总局关于开展2024年"便民办税春风行动"的意见》，在"进一步夯实税费服务供给基础"方面，提出优化税费业务办理

数字中国

渠道，全面推广上线全国统一规范电子税务局，实现税费服务智能化升级；开发电子税务局手机端，拓展"掌上办"服务，提升精准推送、智能算税、预填申报的便利化水平，更好满足办税缴费个性化需求；升级自然人电子税务局，优化网页端扣缴功能，丰富扣缴功能模块，增强实用性、便捷性，更好满足扣缴义务人使用需求；优化手机端界面布局，直观展示办理界面，增加"待办"模块，提供分类细化提示指引，便利居民个人实际操作。优化自助办税终端布局，探索利用集成式自助终端提供"24小时不打烊"服务，方便纳税人、缴费人"就近办、便捷办"。

（二）电子税务局的功能

电子税务局，在逻辑架构上至少包含了纳税服务门户、税务管理平台和数据共享系统等多个关键组成部分。这些组成部分共同协作，为纳税人提供更便捷、更高效、更安全的电子化服务工具，也为税务部门内部提供了更加开放、集约、高效、灵活的电子化工作手段。电子税务局目前具备三大核心功能：一是为纳税人提供丰富多样的在线服务，满足其多样化的需求；二是为税务部门内部构建一个高效、便捷的网上工作平台，以提升工作效率；三是为其他政府部门提供畅通的在线服务接口，实现信息共享与协同工作。电子税务局的建设和应用，不仅有助于更好地服务纳税人，提高税务工作效率，同时推动着税务部门向数字化转型迈进。

1. 提供面向纳税人的在线服务

电子税务局，作为电子政务统一平台的重要组成部分，致力于为纳税人和社会公众提供全面、便捷、高效的税务服务。这些服务包括但不限于税务信息宣传、税务登记、纳税申报、政策查询、纳税人意见反馈及举报投诉等。与传统税务局相比，电子税务局利用先进的互联网技术，实现了税务服务的数字化转型，为纳税人提供了更加便捷、高效的服务体验。

通过电子税务局，纳税人可以随时随地在线办理各类涉税事务，无须亲自前往税务部门，大大节省了时间和精力。同时，电子税务局降低了纳税人的办税成本，减少了因提交涉税材料、往返税务部门等产生的费用。对于税务机关而言，电子税务局的应用提高了行政执法的效率和质量，实现了税务管理的现代化和智能化。

2. 提供面向税务部门内部的网上工作平台

税务部门内部涵盖了管理决策部门、业务部门、后勤保障部门等多元化机构。电子税务局的推出，为这些部门的工作人员提供了电子化办公环境和辅助决策支持系统。这一变革不仅极大地减轻了工作人员的脑力和体力劳动负担，更实现了办公的无纸化、通信的网络化、决策的智能化。

电子税务局还致力于解决税务部门内部的信息共享难题，通过实施"一处录入，多处共用"的机制，确保了税务部门信息与实际信息的高度一致，并实现了相关信息的共享。

为确保信息安全，根据信息的保密程度制定了相应的权限控制机制。这一举措不仅加强了税务部门内部的协作与配合，还充分发挥了内部各应用系统的规模效益，对税务工作的高效运行提供了有力支持。

3. 提供面向其他政府部门的在线服务接口

随着我国社会主义市场经济的持续深入，税务部门与相关部门之间的数据交换需求愈加迫切。然而，各部门间的信息系统相互独立，缺乏有效的数据共享机制，这在一定程度上影响了政府工作的效率。

税务、财政、银行、审计及市场监管等政府部门，是我国经济治理和监管体系的核心组成部分，它们共同承担着为社会公众提供高效服务、推动经济持续健康发展的重任。在日常工作中，这些部门需要频繁地交换数据和信息，以确保政策的有效实施和监管的到位。

税务部门在税收征收、税收分析和管理等方面，需要向财政、银行等部门提供详尽的税收报表、税收情况分析及税收工作动态等关键信息。同时，税务部门需要从其他部门获取如预算执行情况、审计报告等重要数据，以全面了解和掌握国家经济状况。

在电子政务框架下，电子税务局能够实现财政、税务、市场监管、银行等部门业务系统的互联互通，打破信息壁垒，实现数据的充分共享。这不仅有助于优化资源配置，提高工作效率，还能为税源监控和税收业务流程的自动化提供有力的技术保障，推动国家治理体系和治理能力现代化的进程。

二、电子发票改革

电子发票改革的历程是一段从初步探索到全面推广的深刻变革之旅，其特点鲜明且影响深远。这一历程见证了从最初的技术试验与概念验证，逐步过渡到试点实施，并最终在广泛领域内标准化、规范化地全面铺开。

（一）电子发票改革历程

"十四五"规划期间，社会各界对建设数字中国已达成广泛共识。随着数字化转型升级的不断推进，各行各业纷纷涉足其中，导致电子文件数量迅猛增长。在此背景下，电子数据的安全性和可利用性受到了广泛关注。特别是电子文件、电子票据和电子档案等数字中国战略中的核心数据，它们对于推动数字化转型升级起着至关重要的作用。

发票，作为社会经济流转中最基础、最重要的交易凭证，其电子化改革进程已成为公众关注的焦点。我国电子发票应用试点开始于2012年，国家发展和改革委办公厅在《关于促进电子商务健康快速发展有关工作的通知》中明确指出要积极开展网络（电子）发票应用试点。2015年，国家税务总局正式推行通过增值税电子发票系统开具的增值税电子普通发票，同时提出增值税电子普通发票的法律效力、基本用途、基本使用规定等与税务机关监制的增值税普通发票相同。2015年12月出台的《会计档案管理办法》明确了满足一定条件、由内部单位形成的属于归档范围的电子会计资料，可仅以电子形式保存，这使困扰电子发票的报销问题首次在政策层面获得解决的依据。2020年12月，国家税务总局正式发布《国家税务总局关于在新办纳税人中实行增值税专用发票电子化有关事项的公告》，宣告在全国范围内新增11个地区的新办纳税人将推行增值税专用发票电子化。自2021年1月21日起，这一电子化的应用范围将进一步扩展至25个省份，标志着增值税专用发票电子化改革进入了一个全新的快速发展阶段。为了进一步推进电子发票的应用与发展，2021年12月，上海、广东、内蒙古三地率先启动了全面数字化的电子发票（简称全电发票）的试点工作。全电发票，无论是带有"增值税专用发票"字样还是"普通发票"字样，其在法律效力与基本用途上均与现有的纸质发票保持一致。

（二）电子发票的特点

电子发票的特点主要体现在如下两方面。

1. 电子发票领票流程极大简化

电子发票实现了真正的"去介质"操作，纳税人无须再预先领取专用税控设备。"赋码制"取消了特定发票号段的申领，系统会在发票信息生成后自动分配唯一的发票号码。全电发票采用先进的加密技术和数字签名，保证了发票数据的真实性、完整性和不可篡改性。实时在线验证功能使得企业在交易时就能确认发票真伪，降低了伪造和篡改发票的风险，避免了接收假发票造成的经济损失和税务纠纷。同时，借助"授信制"，系统能够自动为纳税人赋予开具金额总额度，从而实现了开票过程中的"零前置"要求。

2. 全电发票提供更加便捷的操作体验

一是开具渠道的多元化，电子发票服务平台支持计算机网页端、客户端及移动端手机App随时、随地开具全电发票；二是提供"一站式"发票服务，包括开具、交付、查验及用途勾选等多项功能的集成；三是发票数据应用的广泛性，通过"一户式""一人式"发票数据归集，加强了各税费数据之间的联动；四是满足个性化业务需求的"去版式"设计，全电发票可以选择以数据电文形式交付，不受PDF、OFD等特定版式限制，能够根据不同业务需求进行差异化展示；五是纳税服务渠道的畅通性，电子发票服务平台在全电发票的开票、收票等环节提供了征纳互动的相关功能；六是全电发票将实现入账归档的一体化操作。一方面，通过制定电子发票数据规范及出台电子发票国家标准，确保了全电发票全流程的数字化流转；另一方面，税务部门将发布电子发票的数据规范和接口标准，开放电子发票服务平台接口方案，鼓励企业改造ERP等财务软件直接对接，从而实现发票报销、入账、归档的一体化操作。这一系列的改革与创新措施，无疑将有力推动电子发票在税务领域的广泛应用与发展。

三、"大数据+"纳税服务

2015年,为响应《国务院关于积极推进"互联网+"行动的指导意见》(国发〔2015〕40号)的号召,国家税务总局在深入分析互联网发展趋势、认真评估纳税人和税收管理对互联网应用需求的基础上,结合税收工作实际,制定了《"互联网+税务"行动计划》(税总发〔2015〕113号),旨在推动税收现代化建设,满足社会各界对税收工作的期待;在"大数据+纳税服务"领域进行了多项重要规定和布局,涵盖了大数据在纳税服务、税收征管、数据分析等多个层面的应用和创新。《"互联网+税务"行动计划》包括五大板块和二十项重点行动,其中,"互联网+纳税服务"占据重要地位,主要聚焦于实际的办税操作流程。

(一)网上办税业务厅

根据近年来各地"互联网+"纳税服务的融合实践,网上办税业务厅的核心工作主要围绕网上办税展开,即将传统的实体办税厅业务迁移到网络平台进行办理。推行实名办税、移动办税、网上审批及无纸化办公等举措,使纳税人无须出门就可随时随地处理所有与纳税相关的业务。这些业务涵盖纳税咨询、税务登记、发票申领与查验、申报纳税、减免退税办理、证明文件的处理、诉求表达、依法维权及简易税务注销等。通过这些措施,逐步实现纳税服务的全面覆盖、全天候服务、全方位支持、全流程优化、全网络连接的"一网式"通办模式。此外,电子税务局的建设取得了显著的成效。

基于"互联网+"技术的推动,纳税服务正逐步实现线上线下融合,从实体化转向虚拟化,为纳税人提供更便捷的服务。通过"大数据+纳税服务",纳税服务实现了数据驱动的数字化服务,有效推动了无纸化办公的进程。在"云计算+"的支持下,知识管理得到广泛应用,形成了高效的知识管理模式,可为纳税人提供数字驱动的知识化服务。

(二)智能化税收服务

人工智能与纳税服务的深度融合,为纳税人提供了全方位的智能服务。这种服务模式不仅降低了人工成本,还提高了服务质量和效率,为纳税人带来更好的服务体验。目前,国内已推出多款智能计税软件,如个人所得税计算软件、电子发票自动记账软件等。此外,税务部门在积极推广智能咨询,智能服务机器人开始应用于实体办税服务厅,为纳税人提供更为便捷的服务。

研究和应用智能咨询,以全面替代人工话务咨询,将12366咨询热线升级为自动化智能话务咨询系统。在智能办税方面,不断探索和创新,涵盖登记办理、发票申领查验、自动填表报税、出口退免税、证明办理、注销办理、纳税风险提醒等多个领域。这些智能化服务的应用场景正不断拓展,特别是在人机交互智能应用方面的发展潜力巨大,可以更好地满足纳税人的个性化需求,提供更加高效、便捷的服务。

> **案例 9-1　海宁市聚力打造"云上办税厅"**
>
> 海宁市税务局积极探寻"非接触式"办税模式，在推广网上办、掌上办的基础上，聚力打造"云上办税厅"，实现涉税事项全面线上办理，真正做到办税"不见面"、服务"不打折"。
>
> 一是打造"无窗式"办税厅。"云上办税厅"全面撤销线下办税服务窗口，原窗口人员全部充实到后台，重塑布局，将办税厅改造成为真正的"无窗式"办税厅，并设有线上办税厅体验区、导税咨询区、自助办税区、电子税务局体验区和数据处理中心五大区块。其中，线上办税厅体验区配备了计算机、耳麦、摄像头等设备，从"面对面"的线下窗口受理转变为与纳税人视频实时在线交互进行的"云"受理。"云上办税厅"将电子税务局不会办、不能办和只能线下办的业务，通过钉钉视频等功能移植到线上，让纳税人从原先的"最多跑一次"转变为"一次也不用跑"。
>
> 二是创设"智慧式"办税场所。线上体验区以远程音频和桌面协同的方式进行线上办理，纳税人可以通过拍照等方式把涉税资料传给"云上办税厅"工作人员，由专人进行"容缺受理"，对于纳税人缺少的涉税资料，允许其事后补交，极大简化办税流程。推出暖心帮办卡，通过远程连线辅导、智囊团一对一后台辅导受理，让纳税人足不出户线上办税。开展线上受理、审核、答疑、处理，形成各项涉税业务受理、审核"准闭环"操作，实现"准实时"数据处理。同时，由专人跟踪处理网上业务申请，实时监控业务办结情况，确保电子税务局业务"半日清"。
>
> 三是构建"云辅导"服务体系。实行"云"值班制，在数据处理中心设在线咨询岗，畅通"税小蜜"+"潮乡金税在线咨询群"双重咨询服务通道。建立网格间疑难问题共享库，定期梳理汇总疑难问题提供给网格税务员，做到"精准应答"。巧用热线，拓展语音"云呼叫"中心。采取对外公开电话"1总机+N坐席"模式，实现一个公开电话多员坐席、多人同时受理，确保电话不占线，进一步提升电话咨询接待能力。打造集实体与网上课堂于一体的税宣区域，滚动播放各类视频，纳税人可自行点播、扫码获取课程，熟悉网上办税的操作流程。

第四节　税收风险防范数字化

本节聚焦于阐述税收风险防范的数字化转型，细致描绘如何利用先进的信息技术和数据分析工具，构建数字化、精准化的税收风险管理体系。此外，本节探讨了数字化税收风险防范如何促进税务合规，加强税务机关与纳税人之间的信息互通与合作，共同营造一个更加安全、高效的税收环境。

一、"信用+风险"税收监管

本部分全面介绍了"信用+风险"税收监管体系的概况,详细阐述了其核心理念与实践框架。与传统税收监管模式相比,"信用+风险"税收监管体系的区别在于它不再单一依赖硬性规则与事后惩罚,而是创新地将纳税人的信用状况作为监管的重要考量因素,并结合风险管理的科学方法,实施差异化的监管策略。

(一)纳税信用管理概况

在政府的众多财政政策框架中,税务监管体系是税务部门依照税法进行税收管理、征收和审查等一系列活动的总称。税务监管体系的完善性直接关系到企业的纳税意向和合规水平。历史上,我国执行的是一种以强制手段为主的税收监管体制,旨在规范公司的纳税行为,违规者将面临严格的处罚。

党的十九大报告指出,要"创新监管方式""深化税收制度改革""推进诚信建设"。税收信用,作为社会信用体系的关键一环,对于推动"创新监管模式"及构建"信用中国"具有至关重要的作用。随着数字技术的日新月异,税收管理正逐步开始数字化转型,我国税务部门开始加快推进智慧税务建设。为适应这一变革趋势,税收信用框架与管理模式亦需要进行相应的调整与优化。税务部门依托税收大数据的强大驱动力,构建一套基于"信用+风险"的动态监控机制,旨在实现税收信用评价的数字化、流程化、智能化,从而全面提升税收管理的效能与水平。

2014年7月,国家税务总局颁布了《纳税信用管理方法(试行)》,从同年10月1日起正式实施。此举旨在规范纳税信用管理流程,促进纳税人的诚信自律,提升税法的遵守率,并推动社会信用体系的建设。依据该办法,所有纳税企业的纳税情况将进行年度评定,信用等级分为A、B、C、D四级,且于2018年针对新成立且未在《信用管理方法》中列出的失信行为的企业增加了M级。对于获得A级纳税信用评级的纳税人,税务机关将实施多种激励措施,包括国家税务总局主动公布年度A级纳税人名单,以及税务机关与相关部门对A级纳税人执行联合激励措施,如融资激励等。

(二)纳税信用评级与强制性税收征管的区别

纳税信用评级制度与强制性税收征管机制有本质的不同。首先,纳税信用评级具有普遍适用性,所有纳税企业都需要接受评级,这一过程无选择性;而税务稽查和反避税行动主要针对纳税风险较高的企业。其次,纳税信用评级过程柔和,仅突出和奖励优良行为,而不惩罚不良行为,以前的税务稽查和反避税行动会公开"黑名单",但纳税信用评级仅公布A级纳税人名单,传达正面信息。此外,纳税信用评级设计了纳税人有效参与的机制,纳税人可主动提供评级证明材料,对评级结果有异议者可申请复审。最后,税务机关将根据企业的纳税信用等级采取不同的管理和征税策略，对 A 级纳税人实施联合激励措施，为企业在项目管理、税收优化、融资支持及进出口业务等多个核心领域提供全面的政策扶持与优先服务通道，而 B、C、D 级纳税人受到不同程度的严格管理，这些措施由国家发展和改革委员会与国家税务总局等部门联合执行。这种分级管理和激励策略不仅鼓励了纳税人的诚信行为，也促进了税收制度的创新和社会信用体系的发展。

（三）"双随机、一公开"监管模式

采用"双随机、一公开"监管模式，以及"互联网+监管"手段，提升监管效率和公正性。2015 年 8 月，国务院办公厅发布相关通知，要求在全国范围内实施"双随机、一公开"监管模式。此监管模式与市场监管理念和方式创新相结合，与国家税务总局推出的"互联网+税务"行动计划中的智慧税务生态系统紧密配合。通过充分利用互联网、大数据等信息技术，税收征管系统实现了监管数据的全面汇聚、监管过程的全记录及监管数据的共享，为"智慧监管"提供了坚实的基础。

具体来说，通过"金税"建设，我国建立了监管平台，用于采集、监控和审核所有涉税交易信息。结合企业的"信用+风险"分类结果，我国实施了"双随机、一公开"监管模式，显著提高了税收监管的有效性和准确性。同时，这种监管方式规范了税务执法行为，提高了税收监管效率，减轻了企业负担，并强化了信用支撑，为市场监管领域营造了更加公平、法治化和便利化的营商环境。

重点领域的监管，主要关注逃避税等问题多发的行业、地区和人群。各级税务部门通过明确风险管理职责，实施风险分析识别差异化管理。利用大数据、人工智能等技术，设计监控指标和智能规则体系，动态监控评价纳税人的全生命周期信用和各环节业务风险状况。对重点企业、重点人群进行特别关注，通过税务数字账户精准掌握纳税人的身份画像标签及交易本质。对重点领域可能存在的税收风险，按照统一程序进行提示提醒、督促整改、约谈警示甚至立案稽查、公开曝光。此外，根据税收风险级别深入开展"双随机、一公开"稽查，并适当提高抽查比例，以增强防控和监督检查力度，打击涉税违法犯罪行为，保护守法诚信经营，维护经济税收秩序和国家税收安全。

二、"大数据"税收风险管理

自 2009 年国家税务总局启动以风险管理为核心的税源管理专业化试点工作，到 2013 年税收征管改革正式明确风险管理导向，再到 2018 年国税地税征管体制改革期间成立了统一的税收大数据和风险管理局，这一系列动作标志着我国以风险管理为导向的税收管理模式逐步形成。这不仅体现了税务机关对优化税收工作、提升管理效能的决心，也反映了在税收领域内部结构调整与技术应用升级中，对"大数据"风险管理重要性的逐步认识和强化。

（一）"大数据"税收风险管理的特点

随着信息技术的持续进步，税务征收的方式正从传统的"以票控税"转变为"以数治税"。税收风险管理，作为一个包括数据收集、风险识别、纳税评估和税务稽查等环节的系统活动，对于优化税收管理体系、提升税务管理效能、推动税务现代化具有关键意义。通过融合人工智能、云技术等现代技术手段，所谓的"大数据"税收风险管理更新了传统以经验分析和查账监查为主的管理模式，进一步提升了税收管理的理念。税务部门可依托税收数据平台，采用智能技术对税款相关活动进行连续的监控，预测纳税人潜在的税务风险及其发生的可能性，并能够事前对纳税人进行警示。这种重视预防的管理方式，能以较低的成本促成双方的互利共赢。

2021年3月，中共中央办公厅和国务院办公厅印发《关于进一步深化税收征管改革的意见》，强调构建以税收大数据为核心驱动、功能集成度高、安全性能优越、应用效率高的智能税务系统。根据这项战略指导和总体要求，税务机关利用大数据资源强化日常管理，基于风险的准确判定和科学排序，对不同风险等级的纳税人实施差异化管理：高风险群体将被移交稽查，中风险群体将接受纳税评估，而低风险群体获得提示和指导，实现了风险管理的精确分类和层次分明的处理。税务部门特别强化了数据在娱乐演艺、直播平台等行业逃税治理中的应用，展示了税收大数据的价值和效用。

（二）纳税人信用画像

在信息化社会的浪潮中，税务机构积极运用税收大数据及先进的数据挖掘技术，深入挖掘纳税人的涉税信息，旨在精准识别潜在的逃税风险。通过对高风险纳税人的重点监控，税务机构得以强化纳税人的遵从意识。通过运用机器学习和数据挖掘方法，税务机构能够在纳税人发生逃税行为之前，精确描绘其涉税风险特征，并基于其历史涉税信息，计算涉税风险概率，评估风险等级，实现对高逃税风险纳税人的有效监督（见图9-1）。

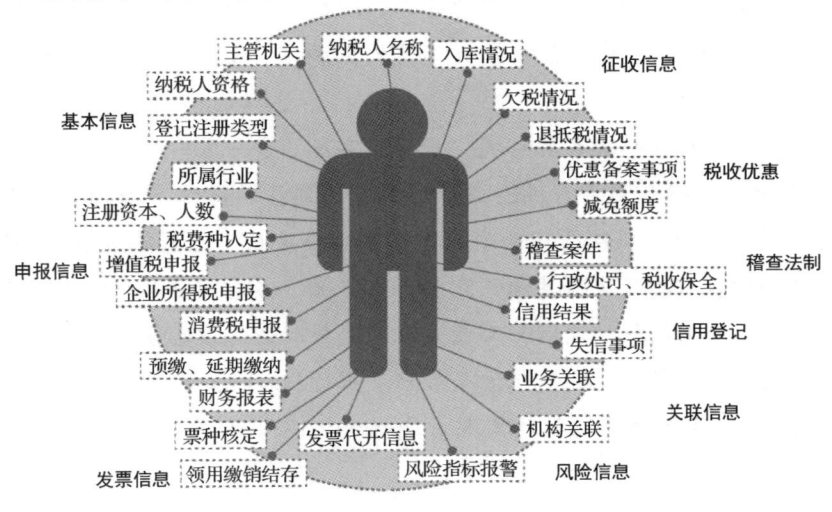

图9-1 纳税人初始画像及特征信息展示

（三）评估纳税人涉税风险

在利用税收大数据促进纳税遵从的过程中，评估纳税人涉税风险是核心任务，这一过程包含三项关键步骤。首先，税务机关需要基于多种风险识别模型，精准确定风险纳税人，并建立相应的数据库，提取和分析这些纳税人的风险特征。其次，随着数据仓库中风险纳税人的不断补充和更新，税务机关及第三方应用企业应动态调整风险识别模型的阈值和指标参数，确保模型的实时性和准确性，进而获取更为精准的风险指标。最后，通过建立随机模型，税务机关能够自动选择关键风险指标，对全体纳税人进行全面评估，最终实现对高逃税风险纳税人的重点监督，从而有效提升纳税遵从度。

案例 9-2　从"以票管税"走向"以数治税"，我国税收营商环境再优化

改革开放以来，我国税收征管体系建设历程可以分为"以账控税""以票控税""信息管税"三个阶段。当前，随着我国经济从信息化快步走向数字化，税收征管也从"以票管税"进一步走向"以数治税"。

从"以票管税"向"以数治税"的转变，体现了我国税务系统探索数字技术的应用和创新税收征管手段，各地税务部门积极推进智慧税务以完善税务监管体系。

2021 年，江苏省泰州市海陵区某公司接到税务部门送达的《税收风险提示提醒函》。根据此函提供的自查指引，该公司发现有一笔收入未及时入账，于是立即补缴税款，顺利完成了税收风险自查自纠工作。"收到提示提醒函后，根据自查指引，及时自查自纠。对于反映的疑点问题，做好解释说明；对于涉嫌少缴税费的情况，立即自行整改到位，这样也有助于我们企业查补管理漏洞。"该公司财务人员说。

江苏省税务局坚持以税收风险管理为导向，依托大数据分析和智能监控预警，通过税收大数据、风险指标模型、智能分析工具的同步发力，全面营造公平公正的税收环境。

广州市税务局建设税收大数据可视化应用，实现"市—区—所—岗"四级穿透式管理。通过数据精准监控，实时将风险预警信息发送到基层岗位、将风险信息推送给纳税人，变传统的事后税收风险管理为事前事中事后全流程动态风险防控。2021 年，广州市税务局共向纳税人推送风险共治信息19.6万户次，占同期全部风险任务的85%，在最大限度地减少对企业打扰的同时，又最大限度地帮助企业防范各类税收风险。

据广州市税务局统计，"团队化管事管户"推行后，税务人员个人任务负担差异率降低到10%以内，风险应对人数所需人力减幅达61%，人均处理任务类型减少50%以上。

三、数字化税收共治与税收大数据应用

本部分着重探讨数字化税收共治的理念与实践，以及税收大数据在现代税收管理中的创新应用。

（一）数字化税收共治

"共治"作为一种治理理念，着重于多元化主体的参与和资源的优化配置。在税收领域，"税收共治"体现了国家治理模式的创新与发展。在这一过程中，政府相关部门、中介机构、行业协会、税收志愿者及社会公众均扮演着不可或缺的角色。然而，随着税务部门职能的不断扩展和纳税人数量的快速增长，现有的税务资源已难以满足纳税人日益增长的多元化、个性化需求。为应对这一挑战，2021年中共中央办公厅、国务院办公厅发布的《关于进一步深化税收征管改革的意见》提出了明确的方向："要加强社会协同，充分发挥行业协会和社会中介组织的作用，鼓励第三方机构按市场化原则为纳税人提供专业服务，推动税收共治格局的深入发展。"因此，税务机关应积极吸纳涉税专业服务人员参与税收共治，以提升税务管理的效能，共同构建更加高效、精准的税收共治体系。

1. 税收共治与涉税信息共享的关系

税收共治与涉税信息共享是税收治理不可或缺的重要环节。税收治理，指的是国家通过制度性和非制度性的安排，在中央与地方之间，政府、社会组织和公民之间，基于自愿、平等、民主的原则展开合作，旨在引导、控制、管理、协调和服务税务工作。其中，税收共治强调了政府在税收工作中的主导作用，税务部门承担主要责任，同时需要其他政府部门、社会组织及公众的积极参与和配合，其核心在于推动税收治理的社会化进程。

涉税信息共享，则是指税务机关能够全面掌握纳税人的涉税信息。这主要包括两个方面的基本内容：一方面，税务机关需要从其他国家机关或部门获取纳税人的涉税信息；另一方面，税务机关需要从第三方社会组织或个人获取纳税人的涉税信息。在实际情况下，一些纳税人可能会出于逃税和避税的目的，故意隐瞒真实的涉税信息。因此，在涉税信息未能实现共享的情况下，纳税人向税务机关提供的信息可能会存在部分失真，难以全面真实地反映纳税人的社会经济活动。实现涉税信息的共享，能有效提升税务机关与纳税人之间的信息透明度。

2. 税收共治对涉税信息共享的影响

在税收共治体系之下，实现涉税信息的共享，有助于消除信息分散的壁垒，促进信息在全社会各主体间的流通与协同，从而构建起高效协作的涉税信息社会体系，进而降低共享信息的成本。其一，税收共治模式能从顶层设计上推动高效的涉税信息协作体系，确保涉税信息能够快速、准确地传递至税务部门，有效降低涉税信息共享的制度性交易成本。其核心理念在于，在税收共治框架下，所有掌握涉税信息的单位或个人均被视为共享的主

体,均负有向税务部门及时提供信息的责任,同时税务部门承担着对所获取信息的保密义务。未能履行相应责任的主体,将通过社会纳税信用惩罚机制进行制约,以此激励相关单位或个人主动提供涉税信息,确保信息的时效性和准确性。其二,税收共治模式能从整个社会层面制定统一的涉税信息共享标准和技术规范,从而降低信息共享的技术成本。实施统一的标准和规范,不仅能够降低信息提供方在转换信息时所产生的额外成本,还能帮助税务部门降低信息筛选和甄别的成本,进一步提升涉税信息共享的有效性和准确性。

案例 9-3 税收协同共治发现的水务案例

近年来,随着信息化建设的推进,各级政府纷纷建立跨部门合作机制,依托大数据开展协同共治,积极推进社会治理现代化。江苏省扬州市江都区政府新组建了大数据管理局,建立"1+N"大数据平台,有效促进各职能部门之间的数据共享和交换。税务机关积极接入大数据平台,通过工作专网与政府各部门按季开展情报交换和数据共享。

在涉税风险管理领域,税务部门利用大数据的"慧眼",实现合理配置征管资源。国家税务总局扬州市江都区税务局风险管理部门为落实减税降费,组织"政策支持团队"编写适用最新政策规定的风险指标,依托"1+N"大数据平台与生态环境部门进行情报交换,获得了近年来相关企业的污染物排放数据和生态环境行政处罚信息,重点扫描"应享未享""不能享却享"的生态环境税风险疑点,适时开展风险应对提示提醒,有效帮助纳税人化解涉税风险,为企业健康发展保驾护航。

2019 年 10 月,扬州市江都区税务局从大数据平台获得生态环境部门提供的历史"沉睡"数据。按照数据交换操作规程,经税务机关风险管理部门清洗无效数据后,"沉睡"数据转化为匹配金税三期系统中的纳税人税务登记、纳税申报、优惠备案等信息,再导入税收风险管理数据模型中进行疑点扫描。根据税收优惠备案类风险指标和风险特征,分维度计算,进行积分权重排序后,发现 A 水务公司曾于 2016 年 4 月受到 7 万元的生态环境行政处罚,与此同时该公司在 2016—2019 年向税务机关申报了"享受资源综合利用即征即退税款"的优惠备案信息。根据《财政部 国家税务总局关于印发〈资源综合利用产品和劳务增值税优惠目录〉的通知》(财税〔2015〕78 号)第四条:已享受本通知规定的增值税即征即退政策的纳税人,因违反税收、生态环境的法律法规受到处罚(警告或单次 1 万元以下罚款除外)的,自处罚决定下达的次月起 36 个月内,不得享受本通知规定的增值税即征即退政策。税务机关认为,A 水务公司可能存在"不该享受而享受资源综合利用即征即退税款"的风险点,遂按税收法律法规和工作规程开展税收风险管理响应处理。

在分析 A 水务公司 2016 年 5 月至 2019 年 4 月的申报数据后,税务机关确认其存在违反税收法律法规行为,将风险疑点及相应税收政策以《提示提醒函》的方式,及时送达给A水务公司。A水务公司收到《提示提醒函》后,根据《提示提醒函》指向的疑点内容立即开展了自查。同时,税务机关及时向A水务公司提供纳税辅导,做好必要的政策解读宣传服务。A水务公司在回函中表示认可公司违反生态环境法规的事实,主动申报缴纳了相关税款及滞纳金。

(二)税收大数据应用

《关于进一步深化税收征管改革的意见》明确指出,需要积极运用大数据等尖端信息技术,推动智慧税务建设的进程,深化税收大数据的共享与应用,确保优惠政策信息的精准推送。目前,税收大数据已在多个领域展现其价值。

1. 税收大数据与编制经济景气指数

传统的经济景气指数受限于数据种类和计算方法,已无法充分反映经济发展的实际情况。针对这些问题,税收大数据凭借其覆盖税种全面、动态性强的独特优势,能够在庞大的数据集中发现更为准确和灵敏的同步指标和先行指标。例如,增值税数据可作为同步指标之一,而进口货物增值税可作为先行指标之一。相较于传统的经济景气指数,其进步性主要体现在以下两个方面。首先,在计算方法层面,应用机器学习算法研究经济问题已成为一种趋势。例如,机器学习中的岭回归方法和LASSO方法等在编制经济景气指数过程中具有显著优势。回归树作为一种有效的机器学习算法,擅长处理数据集中的非线性关系,并能在数据集中识别出最重要的特征。其次,在数据特征层面,以增值税发票数据为例,通过分析发票数据的进项和销项情况,可以更好地了解微观企业的经营状况和产业链的运作效率,这为发现更灵敏的同步指标和先行指标提供了有力支持。值得注意的是,应用机器学习算法编制经济景气指数需要庞大的数据量作为支撑。税收大数据在数据容量方面具有显著优势,能够确保经济景气指数的精准度和灵敏度。因此,基于税收大数据编制的经济景气指数在反映经济发展水平方面更具优势和可靠性。

2. 运用大数据优化纳税服务

在大数据时代背景下,运用税收大数据的纳税服务有望实现更为精细的服务水平,这种优化主要依赖对纳税人的精准"画像"。

税务机关能够依据纳税人真实申报的数据,结合其涉税信息和经营信息,精准分析纳税人的服务需求,从而优化服务供给,提升办税缴费的便捷性和利民性。"画像"技术的应用使税务机关能够基于税收大数据优化纳税服务,提高了服务的智能化和精细化水平。一方面,通过预先判断企业的经营状况,监测企业产业链的畅通程度,税务机关能够提前为有潜在需求的纳税人提供更加便利的服务,从而提升纳税服务的智能化水平。另一方面,税务机关能够精准识别那些在纳税申报过程中未能充分享受优惠政策的纳税人,通过定向推送相关优惠政策和及时提醒申报等方式,完善纳税服务的精细化程度。

案例 9-4　浙江省"银税互动"，助推小微企业将纳税信用转化为融资资本

民营小微企业作为浙江省经济的"毛细血管"，是浙江省稳增长、保就业的重要基础。2023年8月，浙江省委、省政府出台《浙江省促进民营经济高质量发展若干措施》，包含"集大成、浙江味、含金量"颇高的"民营经济32条"，加码扶持民营企业发展。

在温州自吸泵业制造有限公司新建的泵阀厂房内，一个个整齐划一的"铁疙瘩"正从数控自动机床中产出。"通过'泵阀共富贷'，企业获得了110万元的贷款，有效解决了无抵押物融资难题。我们将贷款用于厂房扩建、数字化改造等，大大缩短了泵阀生产周期，产品标准也能达到国际水准。"公司负责人表示。为支持当地支柱产业发展，永嘉县税务局构建"共富贷评级模型"，为当地支柱产业企业精准"画像"、提供信贷支持。

除了帮助民营经济增质提量，浙江省还把民营企业发展方向聚焦到绿色经济上。作为"绿水青山就是金山银山"理念诞生地，湖州市税务局联合当地金融办推出绿色金融服务"绿税通"平台，依托税收大数据形成的"绿色低碳画像"为民营企业信贷撑腰鼓劲，通过核算企业碳排放信息，综合节能降碳指标赋分，确定企业碳效等级，帮助企业获取绿色信用贷款。"我们公司2022年度碳排放强度仅为0.06吨，被平台认定为'深绿企业'，成功获得了总计4000万元的'绿色三电贷'授信及10.5万元的绿色企业贴息补助。"湖州德奥机械设备有限公司负责人认为，"绿税通"坚定了企业走绿色发展的道路。

聚焦民营企业融资困境"老大难"问题，浙江省税务部门联合相关部门持续深化"银税互动"工作，助推小微企业将纳税信用转化为融资资本，切实提升民营企业融资供给。目前，浙江省税务部门已与43家省级银行签订"银税互动"服务合作协议，基本覆盖所有浙江省级银行业金融机构，全力支持民营经济"爬坡过坎"、做优做强。

第十章

数字市场监管

在数字经济监管中,政府发挥主导角色,政府监管对于促进数字经济创新发展、保护利益相关者权益和维护公共利益发挥重要的作用,政府监管通过制定一般性的规则和有力的执法行动来消除数字经济发展中存在的各种风险和损害。OECD 在 2017 年发布的《数字经济展望》年度报告中指出,"数字经济是一个高度复杂和不确定的领域,缺乏监管和过度监管都会给社会带来巨大的成本。政府采取的任何干预政策都应该基于深入的分析评估并采取谨慎的方法。"

第一节 数字市场监管框架

本节致力于剖析数字市场监管领域所面临的诸多机遇与挑战,并细致探讨与之相应的监管需求。

一、数字市场监管的机遇和挑战

数字经济的发展为政府实施更好的监管提供了重要的支撑,提高了监管的有效性。一是数字技术的发展为政府监管提供了更好的监管手段,大数据和人工智能技术可以实现对被监管企业和被监管目的物的实时监控,减少了大量高成本的现场监督检查,显著降低了政府监管负担,从而大幅降低了政府监管机构和被监管对象的讨价还价和频繁的私人接触,降低了监管俘获的发生。二是数字技术的发展大幅度降低了政府监管机构、被监管企业、监督机构、社会公众之间的信息不对称,使政府监管活动更多地在阳光下实行,从而大幅度降低了暗箱操作的空间,显著降低了政府被产业利益集团影响的风险,使政府监管更好地服务于公共利益目标。三是互联网的普及会显著提高公众的参与意识、增加公众的参与途径,从而对政府监管行政行为形成了更好的社会监督机制,提升了多元化治理制度的有效性。

数字经济的快速发展在给消费者带来巨大的福利改进的同时,也带来了诸多新的隐患,诸如日益突出的平台垄断及滥用市场支配地位、各类组织基于大数据技术对个人隐私数据的过度采集和利用所带来的隐私侵犯问题、在线交易市场中的假冒伪劣与虚假信息问题等,这些问题的严重性及影响范围远远超出了传统的市场监管理论。数字经济的快速发展及其产生的经济社会损害风险,对传统的政府监管理论和政策带来了巨大挑战,特别是数字经济所具有的以破坏性创新为主的新业态新模式不断涌现所带来的监管调整,要求监管必须做出改变,以适应数字经济现实。

二、数字市场监管需求

在传统的工业经济时代,政府监管理论主要集中在以公用事业监管为核心的经济性监管,并将市场准入和价格作为整个监管政策的核心政策工具。数字经济具有独特的发展规律,针对公用事业行业的传统监管理论的适用性大大下降。工业经济监管与数字经济监管的区别如表 10-1 所示。

表 10-1 工业经济监管与数字经济监管的区别

	工业经济监管	数字经济监管
监管前提	自然垄断、环境负外部性	平台垄断、隐私保护、网络安全
经济环境	成熟稳定的市场与行业	动态变化的市场与行业
监管主体	政府单一主体	"平台+政府"双主体
监管范围	单产业/特定市场	多产业/多市场
监管方式	硬监管方法准入与以价格为核心	软监管方法,以行为规则为核心
监管手段	行政+经济	技术+行政+经济+社会
国际影响	本国特色	国际协调

(一)政府监管的基础发生显著改变

传统的政府监管理论及策略多根植于工业经济模式,其经济监管的基石在于供给侧的自然垄断行业,如供水、供气、电力、通信和广播电视等,因规模经济和沉淀成本特性而呈现出自然垄断的属性。因此,政府的经济监管重点落在市场准入和价格监管上,目的在于防范自然垄断企业制定过高的价格损害消费者权益。为了保持这种效率并维护消费者的利益,政府实施以事前准入监管和事中价格质量监管为核心的监管策略显得尤为合理。

但是,数字经济监管的基础则是需求侧网络效应和供给侧规模经济、范围经济,监管理论的经济学基础发生了重大改变,此时政府监管不再以维护市场的自然垄断并实行准入限制和价格监管为核心,而是重在防止数据平台的超级垄断及数字技术应用所产生的各种新型市场失灵问题。

（二）政府监管环境具有动态性和不确定性

随着技术的迅猛发展和商业模式的不断创新，数字经济领域充满了活力和不确定性。与传统行业相比，数字经济行业的特性使得传统监管理论难以适用。传统监管方式，如"命令和控制"机制及自上而下的执行机制，与数字经济的动态创新和普遍共享本质相悖，可能阻碍市场竞争和数字经济的健康发展。因此，我们需要重新思考和创新监管方式，以适应数字经济的特性和发展需求。如何平衡监管目标与创新发展的关系成为重要的政策难题。

（三）政府监管客体呈现多元化与边界模糊性

传统政府监管理论强调以政府为中心，以企业为监管客体。在数字经济发展模式下，监管客体不仅包括追求利润最大化的企业，也包括大量的生产者与消费者合一的主体。首先，数字经济中的平台不再是传统意义上的企业，平台是协调消费者和商家进行交易的重要中介，平台也是交易规则的治理者。平台具有强烈的私人监管激励、独特的大数据信息优势和多样化的监管工具，可以实现更好的私人监管。其次，随着流媒体等商业模式的涌现与发展，大量的生产者和消费者出现在市场中，甚至一个人的消费行为本身就构成数字产品。再次，数字经济监管的对象不仅包括生产者等主体，还包括数据要素和算法技术手段。数字经济商业模式主要建立在大数据作为投入和人工智能算法替代人决策的基础上，数据和算法在很大程度上决定了利益相关者的权益。因此，加强对数据采集利用和人工智能系统的监管成为数字经济监管的新课题。

（四）政府监管方式软性化和监管手段多元化

随着数字经济的崛起，传统的政府监管方式，如强命令和硬服从，已显得力不从心。数字经济的本质是分权体制，与以往命令控制型的监管方式存在显著差异。传统监管侧重于行政进入审批、价格监控、强制标准与行政处罚等硬手段，但在数字经济模式下已不再适用。为了应对这一变革，监管应转向基于规则的监管、试验性监管和柔性监管手段。同时，数字经济催生的新问题，如用户隐私保护和网络数据安全，尚无有效政策应对。因此，监管政策需要结合数字经济的经济规律，创新地采用技术、行政、经济和社会等多种手段，尤其是要关注技术性解决方案在应对市场失灵和完善监管中的重要作用。

第二节 数字市场监管内容

本节勾勒数字市场监管的五大核心领域，即数据监管制度体系、个人数据隐私保护监管、数据安全监管、数字平台监管及数字经济反垄断监管。

一、数据监管制度体系

数据监管的目标是促进数据要素的开放共享和重复再用,从而最大化释放数据要素的经济价值,促进经济高质量增长和提高社会公共利益。数据监管的制度体系如图10-1所示。

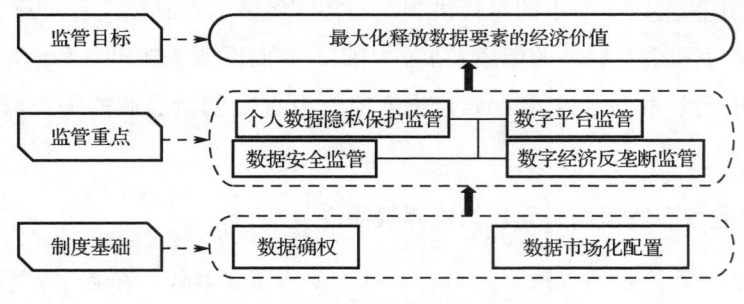

图 10-1 数据监管的制度体系

(一) 数据监管的制度基础

数据要素监管需要相适应的基本制度基础,具体来说数据要素监管需要重点明确两个方面的数据基本制度。一是科学的数据确权。数据确权是数据监管的重要前提,只有明确数据的相关权益及其主体,才能明确数据监管的客体和对象、要保护的主体权益,以及有关主体应该承担的责任。数据确权既要明确个人对个人数据的隐私权,也要明确商业衍生数据的财产权,同时要明确公共数据的公共产品属性,从而为隐私保护、数据流转交易和开放共享提供制度基础。二是数据市场化配置体制。数据监管的重要基础是市场,数据监管重点是规范市场中数据采集、开发利用和流转再用中的各类行为与利益关系。因此,数据监管重点针对流动利用的数据,同时应更好地促进数据流动与开发利用,为此,数据监管要以数据市场化配置为基础,以数据要素市场化配置中的市场失灵为监管对象,不断推进数据市场的发展及创新数据要素市场化配置机制。

(二) 数据监管的重点

1. 个人数据隐私保护监管

政府通过个人数据隐私保护监管来确保私人企业和公共机构合法合规地采集和使用个人数据,确保个人隐私权不受侵害,构建信任的商业环境和公民信息隐私权受到充分保护的社会。

2. 数据安全监管

广义的数据安全监管,既包括维护国家的网络数据安全,也包括对个人数据和企业数据的保护。在保护个人数据隐私安全的同时,确保企业对投入资本和劳动后的商业衍生数据拥有财产权,以激励数据开发利用和数据驱动的创新,并有力地维护国家数据主权和国家政治安全,强化数据跨境流动监管,在促进数据流动和维护国家数据主权之间寻求平衡。

3. 数字平台监管

数字平台监管是指对数字平台进行的监督和管理，以确保其合规运营、保护消费者权益、维护市场秩序和促进数字经济健康发展。随着数字经济的快速发展，数字平台在各个领域都发挥着重要作用，但同时面临着一系列风险和挑战，如数据泄露、隐私保护、算法歧视、虚假宣传等。因此，加强数字平台监管成为各国政府和监管机构的重要任务。

4. 数字经济反垄断监管

数字经济反垄断监管是指针对数字经济领域中出现的垄断行为进行反垄断监管和执法。数字经济反垄断的主要目标是维护数字市场的公平竞争和秩序，防止企业滥用市场支配地位，通过不公平的手段压制竞争对手，损害消费者权益和创新发展。为实现这一目标，数字经济反垄断需要从多个方面入手，包括制定和完善相关法律法规、明确反垄断执法机构的职责和权力、加强监管和执法力度等。

二、个人数据隐私保护监管

在数字化时代，个人数据已成为一种宝贵的资源，其隐私保护不仅关乎每个人的基本权利与尊严，还是维护社会稳定、促进数字经济健康发展的基石。本部分将重点阐述个人数据隐私保护监管的重要性、现状及未来的发展方向。

（一）数字经济数据隐私保护难题

本部分旨在探讨隐私的本质含义，梳理隐私保护的相关理论观点，并强调其在当代社会中的不可替代的重要价值。

1. 隐私的含义

隐私是对他人获取和使用个人信息的控制能力。隐私通常被界定为"个人、群体或机构决定自己何时、如何及在何种程度上与他人沟通信息的权利"。因此，隐私并不是追求绝对的个人信息隐藏或封闭，而是对他人使用个人信息的控制能力。在数字经济隐私保护政策中，隐私主要针对个人数据信息。欧盟《通用数据保护条例》指出，隐私仅适用于企业处理的与个人有关的数据，因为这些数据能够识别特定个人。

个人信息是能够识别特定人的数据信息，如个人姓名、家庭住址、邮箱、身份证号码、手机号、医疗健康记录、个人生物信息等。个人信息主要分为个人敏感信息和非敏感信息。目前，隐私保护政策关注的重点是个人敏感信息。欧盟《通用数据保护条例》特别指出，对于个人种族或民族出身、政治观点、宗教信仰，以及个人生物基因数据、健康数据等敏感信息的处理是被禁止的。非敏感信息是不能直接或间接识别特定人的数据信息，既包括用户的设备数据、浏览历史数据、在线交易数据等，也包括企业对用户原始数据信息进行脱敏处理后不会影响个人隐私的数据。

2. 隐私保护的理论观点

目前，关于数据隐私保护的理论研究存在两大主流观点。一种观点将数据隐私视为个人的基本权利，认为隐私代表着个人的自由与宁静，任何侵犯隐私的行为都是对个人私人空间与自由的践踏。这种观点往往被法学家和政治学家所推崇，他们致力于通过这一视角探讨隐私保护制度的构建与完善。另一种观点则主张将数据隐私视为经济活动中不可或缺的资源，基于信息经济学原理和经济效率原则，探讨如何在保护个人隐私的同时，实现隐私披露与保护的平衡，促进数字经济的健康发展。这种观点多由经济学家提出，他们关注如何在维护个人隐私权的同时，推动数字经济的创新与发展。实际上，这两种观点相辅相成。前者更侧重于对个人隐私权的尊重和保护；后者则从经济的角度出发，为政府提供了有效的数据隐私保护方法和策略，确保隐私保护制度和政策能够实现效率目标。

经济学对于隐私问题的关注，重点在于隐私权的信息层面，也就是如何在保护个人数据隐私与促进数据共享之间达到平衡。Acquisti 等（2016）指出，隐私保护不应仅被视为限制个人信息的流通，而应被看作让数据主体有权决定其个人信息的公开程度。经济学家们普遍认为，隐私保护并非绝对追求，而是追求一个适度的状态，这种状态能够实现社会总福利的最大化。消费者的隐私保护与信息披露，这两者其实是一体两面的问题：一方面，信息的披露有助于商家提供更个性化的服务，降低消费者的搜寻与交易成本，并有助于市场机制更有效地配置资源，从而增加社会整体福利；另一方面，如果商家滥用消费者的隐私信息，比如对消费者实施更有针对性的高价策略或侵犯个人隐私，都将损害消费者福利。因此，从个人角度来说，隐私问题实际上是个数据信息公开边界管理问题，即确定个人信息封闭和公开之间最优的边界。

3. 隐私保护的重要价值

在数字经济时代，消费者个人数据分享会为其带来较大收益，基于个人数据商家可以开发更有针对性的个性化服务，可以降低消费者的搜寻成本，但很多数字商务企业采用记录程序和追踪程序来收集大量多维度的消费者个人数据并与第三方分享这些数据，引发了消费者对隐私问题的关注。消费者主要担心自己的隐私信息被泄露或被滥用，从而损害自己的利益。典型的如消费者会担心数字平台企业利用隐私数据针对自己设定较高的差别性价格，个人信息泄露带来的骚扰营销或广告，以及增加网络诈骗的风险等。因此，数字平台过度收集、使用或分享用户数据会对消费者用户产生较大的负外部性。同时，隐私泄露或隐私侵犯会造成消费者的不信任，进而影响数字经济的发展。

在数字经济环境下，数据隐私既关乎个人权益，同时在经济发展中扮演着关键角色。若缺乏足够的数据隐私保护，个人隐私将面临严重威胁；然而，过度的保护又可能阻碍创新和经济增长，因为大数据是推动数字经济持续发展的核心动力。因此，消费者隐私保护不仅涉及个人权益的维护，更是一个需要综合考量各方利益、寻求最优个人信息披露程度的制度设计问题。数据隐私保护在保护个人数据隐私安全的同时，促进个人数据信息的合理利用，进而促进数字经济发展。正如汉默克和鲁宾两位学者强调的，目前，隐私保护的优先问题应该是对隐私保护给消费者带来的影响进行系统的经济学分析，核心问题是市场中的企业是否有恰当激励来提供最恰当的隐私保护，以及隐私保护政策如何权衡隐私保护与数据利用的经济价值创造的关系。

（二）数据隐私保护监管政策构建与优化

个人数据隐私保护需要政府与市场的协同合作。市场机制和政府监管在隐私保护方面并非相互替代，而是互为补充，并随着时间和情境的变化而动态调整。政府监管的强度往往会随着技术进步和市场机制的完善（交易成本的降低）而相应调整。因此，个人数据隐私保护并非完全依靠政府监管来解决。数字经济时代的个人数据隐私保护要实现市场机制与政府监管的有机组合和动态优化。总体来说，面对个人数据隐私保护存在的市场失灵问题，个人数据隐私保护的政府监管具有四项基本职能：行政执法、教育服务、完善法律和制度创新，如表 10-2 所示。

表 10-2 个人数据隐私保护的市场失灵与政府监管政策应对

市场失灵	信息不对称	消费者非理性决策	谈判力不对等	市场机制不完善
政策重点	依法确立"知情一同意"基本原则	面向消费者的隐私宣传和隐私服务	立法赋予消费者完备的个人数据隐私权	挖掘个人数据市场潜力
监管职能	行政执法	教育服务	完善法律	制度创新

1. 个人数据隐私保护应充分赋权消费者

隐私保护政策具有独特性，它主要涉及个人权益的广泛性。每个人对隐私的价值都有其独特的看法，这种看法往往因情境而异。因此，隐私保护必须尊重消费者的意愿。企业不得剥夺消费者的决策权和选择权，同样，政府也不能完全代替或剥夺个人的信息自决权。为了保护个人数据信息，我们应当充分尊重和保护每个人的数据自决权。这意味着在具备充分信息的情况下，个人有权自主决定其个人信息的公开程度。这也是为什么各国（地区）的隐私保护法都将"知情—同意"原则作为处理个人信息的基本原则，并通过立法赋予消费者必要的个人信息权。简而言之，这种方法倾向于通过信息主体的自治来保护个人信息。

隐私问题的本质，在某种程度上是个人与数字企业间私人合约的议题。为优化这一合约谈判过程，隐私保护政策应致力于增强消费者的权益，包括知情权、决定权、退出权、数据可携带权等。这些权益旨在解决消费者可能面临的非理性决策、信息不对称、谈判力不均等问题，这些都是市场失灵的表现。为此，我们需要精心制定政策，以减少或消除市场失灵对个人信息披露许可的影响，进而推动有效的私人合约谈判。这类政策改革旨在确立个人数据信息公开的合理边界，确保个人隐私得到妥善保护。

2. 要注重发挥市场化个人数据隐私保护机制的作用

隐私保护政策的核心应在于加强市场化私人合约谈判的基础作用。鉴于个人隐私信息的保护本质上属于私权领域，政府行政监管的全面介入可能导致零和博弈或双方利益受损的情况。相反，私人间的隐私信息合约谈判，可以实现双赢的利益兼容结果。因此，隐私保护政策应激励并促进私人主体之间的合约谈判；同时，监管政策应避免过度依赖行政手段，以免歪曲私人主体的行为激励。

在保护个人数据隐私信息方面，市场机制扮演着至关重要的角色。政府监管并不应该取代或束缚市场的自由合约机制，而应该助力市场机制的成熟和发展。因此，制定隐私保护政策的关键在于修复隐私市场的失效之处。政府需要致力于完善与隐私数据保护相关的法律制度，为消费者赋予适当的权力，并明确规定企业在采集和使用个人数据信息时应遵循的规则。这不仅能够增强消费者对个人信息的自主决策权和控制力，还能通过综合应用隐私保护法、竞争法等法律手段，规范处于主导地位的企业在数据采集和处理方面的行为，确保个人数据在得到安全保障的前提下得到合理采集和利用。此外，政府应积极探索个人数据的市场化交易机制，并培育相关的市场交易中介组织，如个人数据信托，以降低个人数据市场化的交易成本，从而充分发挥市场机制在优化隐私保护方面的决定性作用。

3. 个人数据隐私保护要发挥企业自我治理的基础作用

与传统的政府主导的监管模式相比，当前的数字经济监管已逐渐演化为"政府+平台"的二元主体结构模式。私人监管在此领域具有显著优势，尤其是在获取用户信任和维护企业声誉方面。

数字平台企业深知用户数据隐私保护对于其业务发展的重要性，因此有动力加大投资。同时，这些企业在信息处理和技术手段上具备得天独厚的优势，为其实施隐私保护提供了有力支持。然而，考虑到企业的目标是追求收益最大化，私人监管并不总能达到社会最优的隐私保护标准。为此，我们可以考虑建立政府监管下的企业自治体系，强化对企业履行保护用户数据隐私安全义务的监督和问责，形成政府监管与平台自治协同的合作监管体制。

4. 完善政府监管制度以确保政府监管效率

在保护数据隐私时，我们应坚定实施审慎监管原则，建立健全制度保障体系。既要防范监管不力，也要避免监管过度。必须警惕过度依赖强硬的行政监管作为解决隐私问题的主要手段，避免对所有数据类型或行业采取一刀切的监管方式。相反，我们应更多地运用软性监管政策和试验性监管措施，强调隐私增强技术（PET）等在隐私保护中的核心作用。这样可防止不当监管政策对市场竞争和企业创新产生负面影响，同时保护消费者利益和推动数字经济发展。

三、数据安全监管

数据安全是指保护数据在其整个生命周期中免受未经授权的访问和数据损坏。数据安全意味着保护数据免受破坏性力量和未经授权用户的不良行为攻击,其重点是防止外部攻击对数据保密性、真实性和完整性造成破坏。

(一)数据安全监管需求

在数字经济时代,网络空间已经成为与陆地、海洋、天空、太空同等重要的人类活动新领域,国家主权自然拓展延伸到网络空间,网络空间主权成为国家主权的重要组成部分。2013年北大西洋公约组织出台的《塔林手册:适用于网络战的国际法》和2017年2月出台的《塔林手册2.0》都以主权概念作为基础,明确规定"国家主权原则适用于网络空间",即一国不得从事侵犯他国主权的网络行动。习近平总书记指出,《联合国宪章》确立的主权平等原则是当代国际关系的基本准则,覆盖国与国交往的各个领域,其原则和精神也应该适用于网络空间。各国自主选择网络发展道路、网络管理模式、互联网公共政策及平等参与国际网络空间治理的权利应当得到尊重。《中华人民共和国网络安全法》指出:"为了保障网络安全,维护网络空间主权和国家安全、社会公共利益,保护公民、法人和其他组织的合法权益,促进经济社会信息化健康发展,制定本法。"

在数字经济时代,数据是关键生产要素,整个国家的产业经济发展和社会运行都建立在大数据的基础上。数据的开发应用不仅会极大地促进技术变革和产业升级,而且是一个国家经济社会发展的重要战略资源。在数字经济背景下,一个国家数据资源的拥有量和掌控能力成为决定数字经济国际竞争力的重要因素,特别是对于中国这样的数据资源大国和数字经济发展强国来说,保护本国的数据资源成为国家战略的重要内容,对维护国家经济安全和保持数字经济国际竞争优势具有特别重要的意义。2015年国务院印发的《促进大数据发展行动纲要》明确表示,大数据已类似石油和电力,成为世界上关键的战略性基础资源。2020年12月,国家发展和改革委等部门出台的《关于加快构建全国一体化大数据中心协同创新体系的指导意见》明确提出了数据是国家基础战略性资源。因此,数据成为国家主权的重要组成部分。数据主权是一国享有对本国数据进行独立自主管理和利用的权力,享有对内和对外双重效力。《中华人民共和国数据安全法》第一条指出:"为了规范数据处理活动,保障数据安全,促进数据开发利用,保护个人、组织的合法权益,维护国家主权、安全和发展利益,制定本法。"

网络和信息系统已经成为关键基础设施乃至整个经济社会的神经中枢,其遭受攻击破坏、发生重大安全事件,将导致能源、交通、通信、金融等关键基础设施瘫痪,将造成灾难性后果,严重危害国家经济安全和公共利益。计算机病毒、木马等在网络空间传播蔓延,网络欺诈、黑客攻击、侵犯知识产权、滥用个人信息等不法行为大量存在,一些组织肆意窃取用户信息、交易数据、位置信息及企业商业秘密，严重损害国家、企业和个人利益，影响社会和谐稳定。从全球范围看，2020年全球数据泄露超过去15年的总和，政务、医疗及生物识别信息等高价值特殊敏感数据泄露风险加剧，云端数据安全威胁居高不下，数据交易黑色地下产业链活动猖獗。随着工业互联网的快速发展，大量企业的数据存在云端，虽然技术的发展使"云"本身的安全性不断加强，但接入云端的第三方应用软件、系统和接口的安全性都可能存在隐患，可能导致企业的系统漏洞和数据泄露事件。网络与数据安全事件的高发及其可能带来的巨大经济社会损失，显示迫切需要全面加强网络与数据安全监管。

（二）数据安全监管的基本理念

数据安全监管的基本理念深刻体现在以下五个方面。

1. 坚持总体国家安全观统领

总体国家安全观为网络安全和数据安全的立法和执法工作提供了根本指引。总体国家安全观是习近平总书记于2014年4月15日在中央国家安全委员会第一次会议上提出的，它是指导新时期国家安全工作的总体国家安全观思想。《中华人民共和国数据安全法》第四条明确指出："维护数据安全，应当坚持总体国家安全观，建立健全数据安全治理体系，提高数据安全保障能力。"

2. 坚持维护网络数据安全与促进创新发展并重

网络数据安全监管要正确处理发展和安全的关系，坚持以安全保发展、以发展促安全。安全是发展的前提，任何以牺牲安全为代价的发展都是国家和社会所不能承受的。发展是安全的基础，不发展是最大的不安全。没有创新发展，网络安全也就没有保障，已有的安全甚至会丧失。维护网络数据安全是为了促进创新发展，而创新发展会显著增强网络数据安全保障能力。因此，网络数据安全监管应统筹发展和安全，坚持以网络技术创新和数据开发利用来促进和提升网络数据安全，以网络数据安全来保障数据开发利用和产业创新发展。

3. 坚持网络系统安全和网络数据安全相统一

网络运行安全是重要的技术基础保障，网络信息安全是重点内容。网络运行安全是数据信息安全的基础，网络安全才能保证数据信息安全。网络安全是为了促进数据信息更好地传输，从而促进数字经济发展和社会和谐。网络数据安全应该坚持国家数据安全、企业数据安全、个人数据安全的统一，网络安全监管应实现保障国家安全、企业安全和个人安全的统一，由此才能形成利益相关者多元参与的网络数据安全监管治理体系。

4. 坚持政府主导与多元治理相协同

网络数据安全监管要充分保障政府监管的主导作用，制定科学的国家网络数据安全战略规划，完善网络数据安全监管体制。为了更好地发挥政府监管的作用，需要坚持依法监管的基本原则，全面推进网络空间法治化，明确网络空间有关主体的行为规则和承担的责任与义务。与此同时，要构建利益相关者参与的多元治理体制，鼓励利益相关者参与治理。在具体的监管实施中，要协同运用行政、司法、经济、技术、标准、伦理等多种政策手段，以实现最佳的监管。

5. 坚持维护国家主权与推进国际合作相结合

网络和数据是国际合作交流的新纽带，是商品、资本、劳动、知识信息等国际流动的新渠道。重视国家网络与数据主权保护，强化网络与数据安全监管，不是搞自我封闭，而是在保障安全的基础上促进更大范围和更深层次的国际合作交流，推动各国合理利用网络空间，促进数字贸易的发展，造福人类社会。

（三）数据安全监管的总体框架

数据安全监管的总体框架由四个部分构成，如图10-2所示。

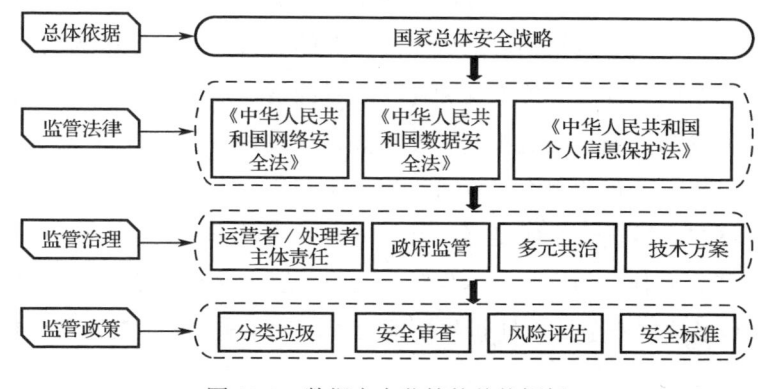

图 10-2 数据安全监管的总体框架

1. 网络数据安全监管的总依据

网络数据安全是国家总体安全战略的重要组成部分，网络数据安全监管应该在国家总体安全战略的指引下来进行，国家总体安全战略是网络数据安全监管的根本指导。

2. 网络数据安全监管的法律法规

网络数据安全监管作为一种行政执法体制，必须遵循依法行政、体现法治思想，而完备的法律法规有利于构建稳定可预期的政策环境，促进企业和公共机构合规运行网络和采集使用数据。网络数据安全监管的基本法规主要对网络数据安全监管的基本目标和基本体制、相关主体责任、监管体制和法律责任等进行基本规定，在基本法律规定的基础上进一步制定针对特定行业的监管法规、法规细则、行动指南、标准等，构建完备的法规政策体系。

3. 网络数据安全监管治理体系

网络数据安全监管目标的实现需要以科学有效的监管治理体系为保障。网络数据安全监管治理体系主要是网络运营者或数据使用者的自我监管，政府监管机构的行政监管，多元主体参与的共同治理，以及技术性治理方案，从而形成多轨的监管治理体系。

高效的政府监管体制。政府监管作为维护公共利益的首要政策手段，始终占据着不可替代的地位，而一个高效能的政府监管体制，在其中发挥着举足轻重的作用。为了提高政府监管的效能，需要建立职权配置科学、定位合理、能力充足、决策科学、政策精准、执法有力的监管机构；构建跨部门协同的监管机制，旨在提升监管机构的运作效率，确保执法行动的高效实施；深化依法行政的原则，确保执法行为有明确的法律依据、程序公正无私、过程公开透明且可追责，进而实现执法的公正性和权威性。

科学配置的主体责任体制。国家重要领域或关键信息基础设施的运营者是具有信息、技术等相对治理优势的微观治理主体，其自我治理是维护网络数据安全的重要基础。因此，网络数据安全监管应该充分发挥网络运营者和数据处理者自我治理的基础性作用，建立责任明确、责任配置合理的主体责任体制。

多元利益相关者参与的监管治理体制。网络数据安全的政策供给涉及多个利益相关主体，需要通过多元主体间的协同共治形成一套完善的、覆盖多个维度的网络与数据安全监管治理体系，需要明确并合理配置不同利益相关者的责任，明确相关主体在网络空间和数据采集利用的行为规则，鼓励利益相关者参与并积极发挥各自独特的作用和履行相应的社会责任，推动政府机关、行业组织、科研机构、企业、个人等共同参与和良好合作，形成全社会共同维护网络与数据安全的良好生态。

加强以创新能力为基础的安全技术保障。网络数据安全监管必须发挥技术创新的独特作用，通过加强网络数据安全技术创新和技术应用，全面提升网络数据安全技术保障水平。一是鼓励网络数据安全技术创新。区块链、可信学习等网络数据安全技术的开发与应用能极大地提高网络数据安全保障能力，在一定程度上替代政府监管职能。二是提升政府监管中大数据人工智能技术的应用，通过现代技术手段的应用来提高政府监管的效能。为此，需要大力发展网络数据安全产业，加大网络数据安全技术研发投入，提升网络数据安全创新能力，实现对网络数据安全技术的自主控制，确保网络数据安全技术的全球领先，全面提升网络数据安全技术保障能力。

4. 网络数据安全监管政策工具

网络数据安全监管需要灵活有效的监管政策工具，具体来说主要包括分类分级监管制度、安全审查制度、风险评估制度、风险监测与预警制度、安全认证制度、安全标准、安全治理报告、违法违规处罚制度等。在网络数据安全监管中，需要综合运用多种政策工具来实现全周期、全方位的监管，通过有效的监管政策实施来形成具有复原能力、防御能力和威慑能力的网络安全体系。

四、数字平台监管

本部分着重阐述数字平台监管的复杂性和重要性，深入剖析在数字化背景下，如何有效监管各类数字平台，以确保市场的公平竞争、维护消费者权益、促进技术创新与数据安全。

（一）数字平台责任体制

长期以来，为了促进数字经济的创新发展，美国和欧盟对数字平台的监管都采取消极的监管政策，主要体现在对数字平台适用监管责任豁免的"避风港"原则。"避风港"原则起源于美国《通讯规范法》第230条，其规定计算机服务提供者发布的信息如果是由他人提供的，则其可免于承担责任。在数字经济发展初期，市场和商业模式均存在较大不确定性，以"避风港"原则为指导的消极平台监管政策起到了关键作用。这种政策降低了数字平台创新发展的成本，推动了其快速进步。然而，随着数字平台逐渐占据主导地位，跨界经营变得普遍，并承担起生态私人监管者的角色，消极的监管理念已经无法满足现实需求。因此，必须构建一个更加积极的数字平台监管体制，并实施更加主动的事前规则监管。通过明确哪些行为是平台不能做的，我们能够有效地规范其行为，确保数字经济的健康发展。近年来，中国也加强了对数字平台的监管，通过立法强化平台的责任，主要的法律法规如2018年颁布的《中华人民共和国电子商务法》、2021年国家市场监督管理总局发布的《网络交易监督管理办法》、2021年国家反垄断委员会发布的《关于平台经济领域的反垄断指南》、2021年10月国家市场监督管理总局发布的《互联网平台分类分级指南（征求意见稿）》和《互联网平台落实主体责任指南（征求意见稿）》，试图构建以强化平台主体责任为重点的监管体制。

总体来说，随着数字平台的崛起，监管策略正逐渐从消极的豁免转向积极的政策制定，着重强调平台应承担的义务和主动角色。数字经济平台在当下经济社会活动中发挥着越来越重要的作用，特别是在线交易市场的支配性平台，它们不仅具有显著的市场影响力和垄断地位，还在连接不同用户群体、决定商家市场准入和交易机会，以及平台生态的监管方面发挥着"守门人"的作用。因此，我们不能再简单地采用过于宽容的"避风港"原则来处理数字平台的责任问题，而应强化其主体责任，以构建一个更有利于数字经济健康发展的平台环境。

（二）数字平台事前监管政策

数字平台事前监管政策主要展现在一系列精心设计的预防措施与规范体系中。

1. 事前监管的对象是"守门人平台"

在监管的范围内，应适度对特定对象进行事前监管，这些对象主要是具有显著市场垄断力量的数字平台。欧盟将这些数字平台称为"守门人平台"，中国将这些数字平台称为"超级平台"。这些数字平台不仅具有庞大的经济规模，还在市场中占据重要地位，它们的运营行为对市场竞争和交易的公平性产生深远影响。因此，在进行反垄断监管时，应将这些"守门人平台"作为主要的监管对象。

"守门人平台"的认定标准在全球范围内尚未统一，欧盟、美国、中国等地区和国家的法规在这一方面存在不同的量化指标（见表10-3）。"守门人平台"的认定主要基于三个要素：首先，平台巨大的经济规模和市场影响力；其次，平台提供的核心服务是用户间交互的必要桥梁，具备关键的中介作用；最后，平台必须在市场中占据长期稳定的主导地位。值得注意的是，这种"守门人平台"的界定并不以科学划定相关市场为必要条件，也与反垄断法规意义上的市场势力或市场支配地位的认定有所不同。

表 10-3 欧盟、美国、中国反垄断事前监管对象的界定标准

地区/国家	依据	数量门槛标准
欧盟	重要市场影响	过去三年中在欧盟地区年均营业额超过 75 亿欧元，或者市值在上一财年至少达到 750 亿欧元
欧盟	重要中介地位	上一年中在欧盟地区每个月的活跃用户数超过 4500 万家，并且年活跃商业用户数超过 1 万家
欧盟	稳固市场地位	过去三年中重要中介地位数量门槛标准始终满足
美国	重要市场影响	过去 12 个月平台每个月至少拥有 5000 万家活跃用户，或者月至少拥有 10 万家活跃商户
美国	较大经济规模	过去两年平台的年净销售收入大于 5500 亿美元
美国	重要中介地位	过去两年平台是产品或服务提供者实现交易的重要交易伙伴
中国	超大用户规模	在中国的上年度活跃用户不低于 5 亿家
中国	超广业务种类	核心业务至少涉及两类平台业务
中国	超高经济体量	上年底市值（估值）不低于 10000 亿元
中国	超强限制能力	具有超强的限制商户接触消费者（用户）的能力

资料来源：根据欧盟《数字市场法》第三条、《美国创新与选择在线法案》第二条、中国国家市场监督管理总局发布的《互联网平台分类分级指南（征求意见稿）》整理。

2. 事前监管的重点是"守门人平台"的行为监管

数字平台事前监管是行为性监管，重点是明确"守门人平台"的行为规则，既要明确"守门人平台"不得从事的行为，又要明确平台必须从事的行为。为了确保事前监管的准确性和有效性，并防止监管失误，事前监管应对"守门人平台"禁止的行为进行明确分类。首先，对于明显违反竞争原则并对竞争造成重大损害的行为，应坚决适用"本身违法"原则，明确禁止"守门人平台"实施此类行为。其次，针对那些可能损害竞争但在某些特定情况下具有合理性的行为，可采用"可抗辩的本身违法"原则（某些行为在表面上看起来可能是违法的，但行为主体有权提出抗辩，通过展示特定情境下的合理性或正当性，来争取法律上的认可或免责）。最后，对于特定市场或特殊情境下可能对竞争造成重大损害的行为，应具体界定其禁止适用的场景和条件。

欧盟《数字市场法》第五条和第六条对"守门人平台"提出了九项本身违法禁止行为（黑名单）和十项可抗辩本身违法行为（灰名单），《美国创新与选择在线法案》第二条对"守门人平台"提出了三项本身违法禁止行为和七项可抗辩本身违法行为（见表10-4）。总体来说，欧盟和美国的事前监管立法对"守门人平台"行为实施了严格的禁令。然而，对

于其他一般行为，如搭售、拒绝数据接入或兼容等，立法采用了可抗辩的本身违法原则。这意味着，如果平台企业能够提供可信的证据证明这些行为具有显著的效率效应，那么它们就不被视为违法。国家市场监督管理总局发布的《互联网平台落实主体责任指南（征求意见稿）》对超级平台提出了更宽泛的34条责任要求，涉及数据算法治理、经营行为规范、平台治理责任、社会利益保护四大类内容。

表10-4　欧盟《数字市场法》与《美国创新与选择在线法案》

	《数字市场法》	《美国创新与选择在线法案》
黑名单	未授权的个人数据整合，最惠国条款，限制交易，独占交易，限制举报，强制使用平台服务，强制性服务捆绑，广告信息免费接入，策略性广告信息撤回	不公平的自我优待，限制平台用户竞争能力，歧视性平台条款
灰名单	利用不对称数据集、软件捆绑，App独占交易、自我优待，限制终端用户多属，阻碍互补性服务互操作性，拒绝接入广告绩效衡量工具及数据，阻碍个人数据携带，拒绝商业用户接入数据，拒绝与搜索服务提供者分享数据，歧视商业用户接入条件，不提供合理且方便的核心服务终止条款	限制平台商家接入或互操作性，捆绑搭售行为，使用平台商家的平台交易数据来与商家进行竞争，限制商家接入或转移平台交易数据，限制卸载预装应用程序（默认设置），搜索结果展示违背中立、公平、非歧视原则，对向政府举报的商家进行报复

资料来源：根据欧盟《数字市场法》第五条和第六条、《美国创新与选择在线法案》第二条整理。

五、数字经济反垄断监管

本部分将深入阐述数字经济领域的反垄断议题，探讨在快速发展的数字时代背景下，如何有效监管和防范市场垄断行为，以确保公平竞争、保护消费者权益，并促进数字经济的健康、可持续发展。

（一）数字经济市场竞争与垄断

数字经济具有明显不同的经济规律和市场竞争特征，这些独特的经济规律和竞争特征对现行的反垄断政策会带来诸多挑战。有效的数字经济竞争政策设计应该契合数字经济市场竞争的独特性，因此准确把握数字经济竞争特征是竞争政策制定的起点。

1. 数据与算法成为影响市场竞争的重要因素

在数字市场中，数据成为驱动市场集中和构成竞争壁垒的最重要因素。数据是数字平台从事各种商业活动的重要投入要素，也是企业获取和维持竞争优势的重要战略资产。当数据成为决定企业竞争优势的重要战略资产时，大数据所具有的规模经济与网络效应，以及大数据算法对用户的锁定效应，大数据控制者往往具有较高的市场份额和较强的数据垄断势力。一个拥有较少数据的企业将很难与掌握处于支配地位的企业展开有效竞争，因此，在位企业会利用大数据优势滥用市场支配地位行为。同时，在寡头市场中，大数据算法的应用能够在短期内促成价格合谋。总体来说，数字平台既可能通过数据投资、研发和商业化应用来提高消费者福利和经济效率，也可能会利用数据来实行掠夺性定价和过度采集使用用户隐私数据，提高进入壁垒和封锁竞争对手。

2. 数字平台是主要的市场竞争主体

数字经济市场竞争的主体是平台,但是平台往往具有较强的市场势力,又会成为威胁市场竞争的重要主体,因此,处于市场支配地位的平台是数字经济反垄断的主要对象。数字平台具有双边市场的特性,平台两侧用户具有非常强的交叉网络效应,任何对单侧用户的决策都将通过交叉网络效应对另一侧用户产生影响。为吸引更多的用户群体通过平台实现交易或相互作用,充分利用交叉网络效应,平台制定了不平衡价格结构(也被称为"不平衡报价法"或"前重后轻法",其是一种在总价基本确定后调整内部子项目的报价策略)。同时,平台基于大数据和算法决策为两侧用户的相互作用提供高效率的中介服务,并通过制定平台交易规则实行对平台的生态监管。数字平台的多边市场模式、网络效应、大数据与算法决策、中介服务的提供者等新的经济特征,对传统反垄断政策提出了很多挑战,包括如何界定数字平台的相关市场、如何分析零价格下的消费者福利等。

3. 广泛的跨界经营与生态竞争

跨界经营已经成为谷歌、百度、阿里巴巴等数字平台企业普遍采用的经营战略,支配平台通过跨界经营构建了以核心平台为中心的数字产业生态。典型的如谷歌的业务包括金融、地图、新闻、旅游、机票搜索、购物、图书、视频和云计算等;阿里巴巴除了淘宝的在线零售业务,还投资在线支付、物流、数字金融、社交媒体、数字娱乐、云计算等。

数字平台的跨界经营一方面为平台企业进入新的领域提供了便利,平台企业可以利用其用户基础、大数据等资产迅速进入新的业务市场,同时会使相互竞争的平台在多个市场展开竞争,这会极大促进平台之间的现实竞争和潜在竞争。支配平台跨界经营也可能会带来反竞争风险:一是跨界经营提高了市场进入障碍,单一市场竞争的企业较难进入竞争;二是跨界经营会引起市场势力杠杆化问题,跨界经营的支配平台激励将其在核心业务市场的势力延伸到相关业务市场,实行市场封锁行为;三是实现跨界经营的混合并购会消除潜在竞争者,将潜在竞争对手杀死在萌芽状态;四是寡头市场的多市场竞争和算法定价的结合有可能便于企业合谋。

4. 破坏性创新驱动的动态竞争的市场

数字经济的市场竞争包括市场内竞争和争夺市场竞争,市场内竞争也称为静态竞争,争夺市场竞争也称为动态竞争。由于数字经济具有明显的市场集中度高的特征,因此传统市场竞争的主体力量——市场内竞争的作用削弱,市场竞争过程由传统的以市场内竞争为主日益转向以争夺市场竞争为主。争夺市场竞争最主要的形式是破坏性创新对传统的商业模式和市场结构产生的颠覆式影响。在破坏性创新剧烈的市场中,即使一家企业目前具有市场垄断势力,但是其很可能会被潜在的破坏性竞争者所取代,潜在竞争压力对其市场势力的行使构成有力的约束。在位支配企业有激励实施各种针对破坏性竞争者的市场封锁行为或"杀手并购",这会对潜在的创新竞争和市场进入构成严重阻碍,并严重影响市场可竞争性。因此,破坏性创新竞争已成为塑造市场竞争格局的关键驱动力。

在以破坏性创新与争夺市场经营权为主的动态竞争中,判断市场势力和竞争损害需要重点考虑动态竞争因素,突出对市场进入壁垒和动态创新激励的影响,将维护市场的可竞争性作为反垄断政策的重点,突出潜在竞争的作用。为了维护市场的动态可竞争性,反垄断执法应重点禁止严重阻碍破坏性进入者进入市场的各种垄断行为,特别是独占交易协议、捆绑等各种市场封锁性滥用行为和针对创业企业的杀手并购行为,确保创新性进入者能够自由进入,以充分维护市场的动态竞争及保持动态效率。

(二) 数字经济反垄断政策导向

在数字经济中,大型数字平台具有日益凸显的强垄断势力。平台垄断势力明显不同于传统反垄断经济学界定的"市场势力",传统的市场势力概念界定过于狭窄,无法充分反映数据驱动的平台垄断势力。数据驱动的平台垄断势力也被称为"守门人势力"或"中介势力"。科恩将平台垄断势力界定为"采用技术性协议来影响或限制参与特定市场的能力",这一概念界定突出了平台作为促进不同用户群体实现相互作用的中介所具有的垄断势力。总体来说,平台垄断势力包括三个层次:绝对垄断势力、相对垄断势力和生态垄断势力,如表10-5所示。

表 10-5　平台垄断势力与反垄断监管政策

垄断势力类型	相关市场	竞争损害	反垄断政策	政策目标
绝对垄断势力	平台间市场	损害竞争企业之间的自由竞争	事后反垄断执法	维护市场竞争
相对垄断势力	平台内市场	损害平台消费者和商家的权益	事前规制	维护公平和可竞争性
生态垄断势力	多市场	损害经济和社会秩序	事前结构控制+事后反垄断执法	维护生态可竞争性

1. 绝对垄断势力

当一家企业在特定市场中占据压倒性优势地位,以至于能够摆脱市场竞争的有效束缚时,我们称之拥有"绝对垄断势力"。我们通常通过价格与边际成本之间的偏离程度来评估这种市场势力。然而,在数字经济中,数字平台绝对垄断势力的形成机制主要以大数据的规模经济和网络效应为基础,通过这些自强化机制推动垄断势力的增长。绝对垄断势力主要是平台与平台之间的市场竞争关系,绝对垄断势力的滥用主要对市场的自由竞争构成威胁,特别是限制了竞争对手企业的自由竞争。

2. 相对垄断势力

相对垄断势力主要来源于大数据算法的精准匹配和大数据驱动的交叉网络效应,上述因素迫使平台用户只有通过平台才能实现交易或价值共创。在这种情况下,平台扮演着市场的"创造者"角色,利用数据、算法等手段决定用户的接入和参与交易活动的资格,从而影响用户参与交易的收益。这种相对垄断力量，也被称为中介市场势力，意味着数字平台是用户实现交易或相互作用的必然通道。在线活动中，平台两侧或单侧的用户对平台表现出强烈的依赖性，特别是平台商家，如果无法接入平台，他们将失去进行商业交易的机会。这种相对垄断力量反映了平台与其用户之间的关系，是一种基于用户对平台强烈依赖而形成的极度不平衡的谈判力分布。因此，相对垄断势力的滥用会损害平台商家和消费者的权益，破坏平台与用户之间的公平交易环境。

3. 生态垄断势力

生态垄断势力的产生主要是大数据的范围经济和平台包络所产生的跨市场垄断。大数据因其范围经济特性，使平台能够充分利用在核心业务市场收集的大量数据，进一步拓展至邻近市场。这种策略不仅增强了数据的深度挖掘能力，还提升了数据的价值。同时，考虑到多维度性在决定数据价值中的关键作用，平台进入多元化市场，能够捕获用户更全面的信息，从而为用户提供更精准的"画像"和营销策略。

平台借助其核心业务的优势，稳固地进入相关市场，进而构建了一个以核心资源与价值体系为中心的平台生态系统。在这个生态系统中，平台发挥着核心控制者的角色，形成了一种强大的生态势力。典型的如在线零售平台市场，京东、拼多多与阿里巴巴的竞争并不仅是与单一的淘宝平台进行竞争，而是与阿里巴巴的淘宝、支付宝、菜鸟构成的生态体系的竞争。

此时，创新型企业和初创企业很难成功地将创新引入特定市场。生态垄断势力是多市场之间的价值共创关系，是多市场垄断势力。生态垄断势力滥用体现了"资本无序扩张"的本性，其产生的对多市场的掌控和过度的经济权力集中，会对经济秩序和社会秩序构成挑战。

第三节 主要经济体的数字市场监管实践

本节将详细围绕数据本地化政策与"避风港"原则这两项关键要素，深入探讨并解析主要经济体在数字市场监管实践中的策略与举措。

一、数据本地化政策

随着信息技术的不断发展和国际贸易的日益频繁，数据跨境流动变得更加复杂。出于对国家主权和安全的维护、对数据隐私的尊重等，各国（地区）纷纷采取了相应的政策和法律法规，对数据跨境流动进行了一定的限制和规范，实施数据本地化政策。数据本地化政策是指一个国家政府要求在本国市场经营的企业将数据保存在其本国境内。

根据数据本地化政策的严格程度，其可以划分为四种类型：一是完全禁止本国数据出境，国内企业和跨国公司在本国境内产生的数据必须存储在国内，不得出境；二是禁止本国特定数据出境，国家立法明确特定类型的本国数据必须存储在国内，不得出境；三是有条件的本国数据出境，本国数据出境必须满足相应的数据安全要求，或者政府之间、企业之间签署了符合法律要求的数据流动协议；四是本国数据在境内备份前提下出境，政府要求本国数据必须在境内备份，而不对数据跨境流动施加各种限制。

（一）主要经济体的数据本地化政策

本部分主要选取美国、欧盟、中国的数据本地化政策进行解析。

1. 美国的数据本地化政策

美国目前主要通过双边和多边贸易协定来推行数据本地化政策。该协定于2020年7月生效，并取代了北美自由贸易协定的"美国—墨西哥—加拿大协定"，禁止数据本地化并正式确定成员国之间的数据自由流动。相对于欧盟审慎的数据本地化监管态度，美国总体上对数据本地化持反对态度，支持数据自由流动，但这不代表美国对数据跨境流动完全不加以限制，相反美国对一部分重要数据采取了跨境流动管制措施。美国议会在2019年提出了《国家安全和个人数据保护法》，该法案严格限制居民数据、企业数据和国民数据的跨境流动。

2. 欧盟的数据本地化政策

相对于美国，欧盟对数据跨境自由流动的态度较为谨慎。欧盟对数据安全的立法保护较早，可追溯至1995年颁布的《数据保护指令》。《数据保护指令》第25条提出了"充分保护"标准，即规定只有当第三国能够为个人数据提供充分保护时，才能向第三国转移个人数据。

根据欧盟2016年颁布的《通用数据保护条例》（GDPR），个人数据可以在欧洲经济区（EEA）国家及被认为在数据保护方面足够安全的选定国家之间自由流动。若要将数据传输到任何其他国家，就必须有具有约束力的合同协议、数据主体的同意。此外，欧盟在对成员国的数据本地化监管中，对数据传输、存储等安全问题也进行了较为严格的规定。

德国在2004年颁布的《电子通信法》（TKG）中对原始数据的本地存储进行了规定，要求境内企业将交通数据存储在欧洲甚至本国境内的数据中心。意大利、匈牙利等国限制重要数据出境，禁止将政府数据存储在国外的云服务提供商的设备中。

3. 中国的数据本地化政策

《中华人民共和国网络安全法》规定关键信息基础设施的运营者在中华人民共和国境内运营中收集和产生的个人信息和重要数据应当在境内存储。《中华人民共和国个人信息保护法》规定关键信息基础设施运营者和处理个人信息达到国家网信办规定数量的处理者，应当将在中华人民共和国境内收集和产生的个人信息存储在境内。另外，《征信业管理条例》《人口健康信息管理办法（试行）》《网络预约出租汽车经营服务管理暂行办法》《汽车数据安全管理若干规定（试行）》等行业法规也都规定重要数据应当依法在境内存储。

数字中国

中国总体上支持数据跨境流动，法律规定需要本地存储的数据仅涉及关键基础设施运营者收集和产生的重要数据和个人信息，数据本地化监管原则上规定境内存储的数据，如果需要跨境传输应通过安全评估，这意味着只要通过法定的安全评估，数据仍然可以传输至境外。

（二）数据本地化政策的代价

限制数据流动的数据本地化政策对一个国家的经济增长具有显著的负面影响，会大幅减少其贸易总量，降低生产率和经济增长率，并提高越来越依赖数据的下游产业的最终产品价格，从而损害消费者利益。

2021年，信息技术与创新基金会（ITIF）基于OECD市场监管数据所构建的模型估计结果显示，国家层面的数据限制指数（DRI）每增加1%，5年内其贸易总产值将下降约7%，下游产业的商品和服务价格将上升约1.5%，其经济生产率将下降约2.9%。DRI变化对样本国家的经济带来的损失如表10-6所示。

表10-6　DRI变化对样本国家的经济带来的损失

国　　家	2013年DRI	2018年DRI	总产值增长率（2013—2018年）	经济生产率增长率（2013—2018年）	价格上涨率（2013—2018年）
印度尼西亚	2.03	3.14	−7.8%	−3.2%	1.6%
俄罗斯	1.38	2.08	−4.9%	−2.0%	1.0%
南非	2.17	3.47	−9.1%	−3.7%	1.9%

注：DRI排名缺少印度、阿根廷等国家。

二、平台责任的"避风港"原则

目前，国际上对平台中介的责任基本采取有限责任体制，即确立"避风港"原则。根据"避风港"原则，在平台传输第三方上传的内容时，将免于对相关内容承担责任，除非平台明确意识到非法内容的存在并且没有采取充分的行动对其加以制止。只要数字平台尽到合理的注意义务，并采取了"通知—删除"行动，就可以免于承担法律责任。

（一）美国

"避风港"原则起源于美国《通讯规范法》第230条，该条指出"交互式计算机服务的提供者或用户，不应被视为其他信息内容提供者所提供信息的官方发布者或发言人"，即他们不承担对所传播信息的确认或发布责任。这一规定实际上指出发布他人提供的信息的交互式计算机服务提供者可免于承担责任。美国1998年通过的《数字千年版权法》（DMCA）第512条明确设立了"避风港"原则的"通知—删除"规则。

1. 美国法律确定"避风港"原则的基本考虑

首先，"避风港"原则是基于当时的平台技术能力做出的符合比例原则的义务要求。美国上述法律规定主要考虑了在线网站用户生成的内容具有庞大的规模，如Facebook就有超过10亿个用户，YouTube 用户每分钟上传100小时的视频。在此情况下，平台中介事前审查来防止侵权和出现有害内容往往缺乏可行性，同时将责任强加给仅提供信息传送服务的平台中介也是不公平的。在此情况下，只要其履行了"通知—删除"义务就可以免责。

其次，平台责任"避风港"原则主要是出于实现促进数字经济发展和保护创新激励的合理平衡而制定的。在当时的技术情况下，如果要求平台为其用户的行为承担责任，那么这些数字平台的发展将会被完全扼杀。正如《数字千年版权法》所指出的："确保互联网的效率持续提升，互联网的服务种类和服务质量持续改进，同时不会损害美国富有创意的天才成果——电影、音乐、软件、文学作品。"

因此，"避风港"原则为平台提供或转载用户生成的侵权或非法有害内容的免责提供了法律保护，它成为促进美国在线内容、社交媒体等数字内容产业创新发展的重要推动力。

2. 数字平台免予追责的原因

首先，作为互联网服务提供商它们不可能在不造成不可避免的延迟和费用的情况下检查所有通过平台的信息内容的合法性。互联网服务提供商认为，在法律层面它们不应被归为出版商并承担向公众所提供内容的法律责任，而应该被归类为像美国邮政服务公司和电话公司一样的承运人，对所载内容不承担任何责任，仅负有保密义务。由于互联网服务提供商只是信息传送者而不是内容生产者，追究它们的责任是不公正的。

其次，对平台提出过高的责任要求会阻碍数字经济发展。数字平台发展依赖用户基础和网络效应，如果平台承担无限责任，则会给新企业和新业务的发展带来过高的成本和不确定性，会阻碍数字经济的创新发展。

（二）欧盟

欧盟2000年发布的《电子商务指令》为信息社会服务消除跨境障碍，提供一个有利于数字经济创新发展的市场环境，并保护欧洲的基本权利。《电子商务指令》第12~15条规定了信息服务提供者责任豁免的"避风港"原则，即当信息服务提供者的信息传输行为"仅仅是技术性的、自动的、被动的"，即信息服务提供者对有关信息既不知情也没有对其加以控制，则可免于承担责任。

1. 信息服务提供者的责任豁免条件

《电子商务指令》主要针对三种类型的信息服务提供者的责任豁免条件进行了规定。

一是纯管道传输服务提供者。纯管道传输服务者具有近乎完全地被动传递信息的角色。《电子商务指令》第12条指出，信息服务提供者不对所传输的信息承担责任的条件是：不是首先进行传输的一方；对传输的接受者不做选择；对传输的信息不做选择或更改。

二是缓存服务提供者。《电子商务指令》第13条指出，当信息服务提供者提供的存储服务旨在提高用户根据服务要求上传的信息传输效率时，服务提供者不应因其对信息的自动、中间和临时存储行为而承担任何责任。缓存服务提供者责任豁免仅适用于以下情况：

提供者没有更改信息；提供者遵守了获得信息的条件；提供者遵守了更新信息的规则；信息服务提供者不会妨碍用户利用合法技术手段获取和处理存储在服务器中的数据；提供者在获悉非法信息内容事实后，迅速地移除或阻止他人获得其存储的信息。

三是托管服务提供者。托管服务提供者具有更积极的角色，对平台内容具有一定的控制，因此面临更严格的义务要求。《电子商务指令》第14条指出，如果提供的信息服务包括存储由服务接受者提供的信息，服务提供者不因根据接受服务者的要求存储信息而承担责任的条件是：服务提供者对违法活动或违法信息的事实或者情况没有任何"实际知识"或注意到其存在；服务提供者一旦获得或者知晓非法信息，就迅速删除该信息或者阻止他人接入该信息。

2. 数字平台责任豁免的条件

根据《电子商务指令》，对数字平台实行责任豁免的条件如下：一是数字平台对非法行为或信息内容是否知情，或者对有关信息实行了控制；二是数字平台是否履行了"通知—删除"义务，即一旦服务提供商了解或知晓非法行为或内容，平台有义务删除或阻止用户访问这些内容。如果平台有能力注意到非法有害内容的存在，并且没有及时采取制止或删除措施以确保无法接入非法有害内容，则应承担相应的责任。

欧盟委员会认为，确定平台责任要同时考虑不同利益目标和多个利益相关主体，上述平台免责原则显著降低了数字经济新业务、新模式进入市场的门槛，极大地促进了数字平台商业模式的发展。但近年来随着平台商业的创新发展，在线交易平台、搜索引擎、社交媒体、视频内容平台日益成为平台经济的主体，同时网络平台存储非法内容、传播虚假信息和侵犯版权问题日益突出，而且出于自身利益平台缺乏主动过滤和删除非法内容的激励。因此，《电子商务指令》规定的网络平台对非法内容不承担责任的合理性越来越受到质疑。

（三）"避风港"原则的局限性及其突破

"避风港"原则的确立主要针对数字经济发展初期的情况，但是由于数字经济的快速发展，特别是数字平台在经济社会中的主导作用日益突出，以及非法有害内容的大量出现及其对创新的危害，"避风港"原则的有效性受到了挑战，在某些市场中"避风港"原则给平台的责任豁免甚至产生了不利于数字经济发展的效果。因此，对平台的责任要求不能再局限在责任豁免的中介责任，强化平台主动监管的责任观念日益增强，平台责任体制正逐步向平台规制责任转变。平台责任要求的变化主要因为以下几个方面。

1. "避风港"原则本身就包含平台积极行动的要求

根据"避风港"原则，如果平台对违法信息知情或在知晓违法信息后没有及时删除，则平台仍然要承担相应的责任。这实际上就包含激励平台进行积极的自我监管的立法倾向。欧盟《数字千年版权法》已经明确要求，版权人在发出通知之前，对涉嫌侵权的内容进行初步的审查，并采取积极的"通知—删除"行动。

2. 平台有能力以低成本履行过滤责任

大数据、人工智能、区块链等快速发展为平台对上传内容审查提供了重要的技术手段，大幅降低了平台过滤审查信息内容的成本，平台有能力以较低的成本来履行过滤责任。目前，一些平台已经开始采用内容合法性的自动识别算法对上传内容进行过滤审查。例如，YouTube 使用 Content ID 软件来识别和管理侵权内容，权利人可以利用该系统对可能侵权的内容进行审查；腾讯公司已经开发并投入使用"视频基因比对技术"来进行版权管理。

3. "避风港"原则适用的现实基础发生重大改变

"避风港"原则针对的主要是自身不生产信息内容而为他人信息内容分享提供技术便利和支持的中立性平台中介。数字平台商业模式的快速发展，使"避风港"原则所依据的平台类型发生了很大的改变，原有的网络服务提供者的概念界定和类型划分无法适用社交媒体、流媒体等新型数字内容。同时，数字平台的垄断化趋势日益明显，支配平台日益扮演了"守门人"的私人规制者角色，其能够制定用户接入平台的标准并具有一定的处置权，决定了其他企业能否进入市场。因此，搜索引擎、社交媒体等数字平台并不是一个完全的中立者或"消极的／被动的"，平台应该承担相应的积极过滤义务，而非消极的"通知—删除"义务。

4. "通知—删除"要求实施存在模糊性

在侵权争议中，作为网络服务提供者的平台扮演的角色是将权利人的投诉传递给被投诉人，再将被投诉人的反馈传递回权利人，并视情况完成删除或恢复操作。现有法律对如何界定内容的非法性、如何认定平台对非法有害内容的"不知情"、如何认定平台是积极行动还是消极行动、如何认定平台是否履行了"通知—删除"义务、如何明确界定"通知"和"删除"等问题还没有明确说明。

总体来说，数字平台的责任要求应在坚持"避风港"原则的基础上，强化平台的积极行动者角色，实现事前过滤义务和事后"通知—删除"义务的结合，平台应采取有效的手段主动治理非法有害内容，充分发挥平台私人监管的积极作用，并建立政府监管与平台治理协同的监管体制。

第四节　数字市场的监管与治理

本节深入阐述了数字市场的监管框架与治理机制，聚焦于如何构建一个既促进技术创新与经济发展，又确保公平竞争、消费者保护与数据安全的数字生态环境。

一、数字市场监管与治理的基本导向

面对数字经济独特的发展规律和迫切的监管创新需求，数字市场监管应坚持如下的基本导向。

数字中国

（一）以促进数字经济高质量发展为根本目标

政府监管不能阻碍和牺牲数字经济的发展，而应成为促进数字经济创新发展的保障，最大化释放数字经济增长潜能。数字市场监管要合理平衡监管的非经济目标和数字经济发展的关系，既要避免监管过度，也要避免监管不足。监管不足和监管过度都会带来限制竞争和阻碍创新的监管市场失灵问题，扭曲市场机制在促进数字经济创新发展中的决定性作用。

首先，数字经济的快速发展及其独特的经济规律，导致传统的监管体制和政策不再有效，反而有可能成为数字经济发展的阻碍。为此，需要创新监管理念和体制机制，及时修改和废止阻碍数字经济发展的各种过时的监管政策，建立有利于数字经济发展的体制和政策环境。

其次，在推行数字市场监管政策时，必须审慎行事，以免过度或不恰当的政府干预对数字经济的蓬勃发展造成灾难性影响，或者显著降低其在全球市场上的竞争力。此外，为了平衡地区发展、促进社会公平和保障信息安全等目标，不应给数字企业设置过高的合规标准，更不应采取可能给产业带来重大损害的直接禁令。

最后，数字经济的高度动态性与多元治理说明，传统的行政性命令控制政策具有较大的失误风险和较高的监管成本，需要采取更柔性的软监管手段，在维护和促进数字经济发展过程中实现监管的公共利益目标。

数字市场监管应摒弃传统的产业政策思维和偏向特定行业/企业的歧视性政策，而将重心转向构建公平竞争的市场环境，并确立高效的监管行政和司法体制。同时，数字经济监管应该追求社会总福利的最大化，不仅需要合理平衡政府监管与促进数字经济发展的关系，也要合理平衡整个产业生态系统利益相关者的关系。

（二）以促进开放共享和鼓励创新为政策基点

开放共享不仅是数字经济发展的基石，也是实现更高社会价值的必要条件。政府监管应消除阻碍开放共享的各种障碍，促进数据可移动性和平台之间的互操作性，培育数据要素市场、完善数据资产交易制度与治理体系，构建开放共享的经济社会体制，促进数据驱动的创新，实现数字经济高质量发展。

数字经济作为一个充满高度创新和密集创新的产业群，却常常面临着盗版侵权、假冒伪劣商品、网络爬虫等恶意商业数据行为的困扰。政府应进一步完善数据权益保护和数字版权保护制度，强化对盗版侵权、商业数据盗取和假冒伪劣商品的打击，完善数字知识产权的行政执法和司法保护，为创新提供充分的激励。同时，数字经济创新往往具有颠覆性特征，将技术创新和商业模式创新进行紧密结合可以实现对传统产业和商业模式的颠覆式替代，此时政府监管就不能继续沿用原有的行业监管模式，而应及时转变政府监管体制和监管政策，营造宽松有利的创新创业环境，促进新产业、新模式的发展。

第十章 数字市场监管

（三）以维护市场可竞争性为重点

政府对数字经济的监管重在维护市场可竞争性，确保竞争政策的基础性地位。数字经济发展重在维护市场竞争机制，政府应该最小化事前监管，更多采用以竞争政策为核心的事后监管政策，如数据保护和隐私政策监管、网络安全和稳定性监管、反垄断监管等。即使监管机构需要采取监管政策，也要保证监管政策的制定和实施不会严重扭曲市场和阻碍创新，确保竞争中立。将公平竞争审查纳入监管政策制定的行政程序中，确保竞争政策是促进数字经济创新发展的基础性政策。

竞争政策是数字经济监管政策的主体，数字经济竞争政策的重点是禁止企业严重伤害市场竞争的垄断行为。在数字经济领域，网络效应、规模经济及大数据的优势相结合，使市场结构往往呈现出"一家独大"的局面。这种垄断性平台有可能滥用其市场支配地位，实施各种限制竞争的行为。因此，需要通过实施有效的竞争政策来维护市场竞争。数字经济竞争政策不仅需要禁止各种严重损害市场竞争的垄断行为以维护竞争机制，也要禁止各种严重伤害消费者福利和市场竞争秩序的不正当竞争行为，因此数字经济竞争政策需要综合运用《中华人民共和国反垄断法》《中华人民共和国反不正当竞争法》《中华人民共和国消费者权益保护法》等相关法律，市场监管执法机关要依据上述相关法律并协同有关部门对其进行查处。

（四）突出维护社会价值的目标

随着数字经济的发展，传统的以市场准入和价格为核心的经济性监管需求逐渐减弱，而对以安全为核心的社会性监管的需求日益凸显。因此，政府监管的重点也需要从以经济性监管为主，转变为更加注重以安全为核心的社会性监管。与传统的安全监管不同，数字市场监管重点关注以下社会性监管领域。

首先，夯实网络安全保障。随着整个国家经济社会的日益数字化融合，网络安全成为国家的重大安全事项，网络病毒、黑客、网络攻击等对网络空间安全造成的伤害会带来巨大的经济社会成本。为此，需要以总体国家安全观为统领，加强网络监管，落实分级分类监管体制，增强关键信息基础设施领域的安全保障，强化平台主体责任，督促企业建立完备的技术保障体系和组织制度保障，完善安全风险报告制度和安全责任的问责制度，加强数据跨境流动的监管和网络安全风险监控，以切实维护社会价值和网络安全。

其次，保护用户数据隐私安全和企业数据财产安全。用户数据隐私安全问题已成为数字市场监管的重点，迫切需要建立更加高效的个人数据隐私监管机构和执行机制。同时，数据保护也要合理维护互联网企业依法依规采集数据、开发利用数据、转让交易数据的权益，保护企业对原始数据开发后形成的数据资产，维护企业进行数据开发利用的激励。

最后，维护社会伦理价值和公平正义。数字内容产业的迅速发展，使网络空间产生海量的数字内容，同时整个社会生活日益数字化使公众的意识和行为决策在很大程度上受到数字内容的影响。同时，人工智能的大量应用对社会伦理价值产生一定程度的损害，典型的如人工智能算法偏见所带来的社会性歧视和对个人基本权利的侵犯，人工智能应用对人类社会公平正义和伦理价值构成挑战。

（五）确保政府监管的动态有效

数字经济具有技术创新和商业模式创新非常迅速的特征，数字经济监管面对更大的动态性和复杂性，此时政府监管面临的最大挑战是如何防止监管体制和政策落后于数字经济的发展，从而导致政府监管过时和无效，并阻碍数字经济的创新发展。因此，数字市场监管在实现公共利益目标的同时，要防止其对动态创新造成不利的影响。为防止监管体制和政策的僵化，数字经济监管需要保持足够的灵活性和动态的监管创新能力。这就要求政府监管机构与数字企业、消费者等利益相关者保持紧密的合作关系，以便及时响应数字市场监管的实际需求，从而确保政府监管的动态有效性。

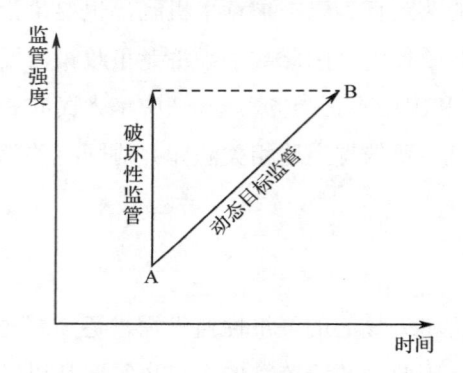

斯图尔特（Stewart）指出，实现特定的监管目标可以采取两种不同的动态监管方式："动态目标监管"和"破坏性监管"。在图 10-3 中，为了达到监管目标 B，在初始起点 A，监管机构可以逐步增加监管强度，也可以实施一次性的破坏性监管，在短期内迅速提升监管强度来达到监管目标 B 所要求的标准。

图 10-3 实现特定监管目标的有效动态监管方式

"动态目标监管"是一种灵活的监管方式，监管机构会根据企业或行业的实际情况动态调整监管强度，逐步推进监管目标的实现。这种方法的优势在于能够最小化企业的合规成本，同时提高监管政策的可预期性。相反，"破坏性监管"是监管机构一次性强制执行监管标准，虽然能迅速达到目标，但会给企业或行业带来较高的重构成本。鉴于数字经济的动态性，实施"动态目标监管"更能确保政府监管的灵活性和有效性。

二、数字市场的分类监管与治理

数字市场监管的对象是数据、算法和平台，它们构成三位一体的关系。大数据是企业获取竞争优势和实施各种垄断或不正当竞争行为的要素基础。大数据的价值挖掘和竞争优势的形成主要是依赖算法，一个拥有数据优势的平台可以利用大数据来训练算法，并不断优化算法决策，从而保证自己获得竞争优势和垄断势力。数字平台是典型的数字驱动型商业模式，为了维护市场垄断地位就有可能用激励来实施各种数据封锁和排他行为，滥用市场势力。因此，在数字市场的监管与治理中，数据是基础，算法是工具，平台是主体。数字市场监管必须对数据、算法和平台的监管进行系统设计,从而取得最佳的监管效果。

(一)数据监管

数据监管通过形成数据开放共享的激励机制,完善数字市场的治理机制,以降低数据开放共享的交易成本和各种不确定性风险,最大化释放数据要素的价值。

首先,数据安全风险是阻碍数据开放共享的障碍,数据监管的基本目标是确保数据采集利用和开放共享建立在数据安全基础上。数据安全风险主要是在数据采集主体对数据进行采集和开发利用中所产生的对公民个人隐私和公共安全造成的损害。为此,数据监管强调平台企业建立数据采集、存储、传输、开发利用全流程的数据治理管控体系,保护个人数据隐私安全和网络数据安全。

其次,完善治理机制促进数据开放共享。完善数据确权制度,培育数据要素市场,创新数据开放共享的多轨路径,构建促进数据开放、共享、流转、再用的制度体系。

最后,在数据确权和培育数据要素市场的基础上,加强对严重阻碍竞争和创新的各种数据垄断行为的监管,创新数据开放共享激励机制,形成公平、竞争的数据要素市场体系。

(二)算法监管

人工智能的大范围应用正在重构经济社会行为规则和组织运行方式,有助于提高生产效率、增进消费者福利和提升社会治理水平。但人工智能系统的"黑箱"模式和运行结果的不可解释性,会给社会经济带来严重的损害。人工智能监管治理需要树立以人为中心的基本价值取向,坚持透明度、安全性、公平性、问责性的基本原则,建立以风险为基础的监管体制,强化使用者的治理责任,并突出技术性解决方案的作用,形成有效的多元治理。

现阶段,应强化人工智能算法的程序设计、数据投入、算法运行和算法产出结果的系统治理,确保算法的可解释性、透明度、非歧视性和问责性监管。因此,需要强化算法监管,实行严格的算法代码及程序设计规则的监管措施,建立一体化人工智能系统安全监管制度,强化企业内部算法风险管理和制度建设,加强监管机构的算法审计和风险监控,提高算法违法行为处罚力度。

(三)平台监管

大型数字平台是主要的数据采集和开发利用主体,不仅影响市场竞争和交易公平,也影响经济运行和个人生活。因此,大型数字平台是政府监管的主要对象,平台监管的目的是确保平台经营行为合规,重点是防止处于支配地位的数字平台实施各种严重损害市场竞争和公共利益的行为。平台监管重点强化事前规则监管和事后执法,事前监管主要通过立法明确数据采集、开发利用及经营策略行为的基本规则,明确平台不得从事的禁止性行为或"红线",实现规则监管和竞争倡导,促进企业主动合规;事后执法主要强化监督检查,查处严重限制竞争的垄断行为、不公平竞争行为和威胁公共利益的行为。

参考文献

[1] 阿里研究院. 数字乡村：县域发展新引擎[M]. 北京：中国商务出版社，2023.

[2] 巴曙松，何雅婷. 数字经济背景下企业信用管理的数字化变革[J]. 征信，2023，41（9）：10-14.

[3] 白彦锋，岳童. 数字税征管的国际经验、现实挑战与策略选择[J]. 改革，2021（2）：69-80.

[4] 蔡昌，曹晓敏，王爱清. 大数据技术驱动税收信用管理创新：逻辑、架构与实现路径[J]. 税务研究，2023（12）：57-65.

[5] 陈畴镛. 数字中国战略的浙江溯源与实践[EB/OL]. [2023-12-18].

[6] 陈海盛，白小虎，郭文波，吴淑君. 大数据背景下信用监管机制构建研究[J]. 征信，2019，37（5）：11-16.

[7] 陈健. 电子发票：助力财务管理创新实践[J]. 财务与会计，2022（10）：45-48.

[8] 李雪松，等. 发展规划蓝皮书：中国五年规划发展报告（2021—2022）[M]. 北京：社会科学文献出版社，2022.

[9] 陈骞. 新加坡"智慧国"建设进展与经验[J]. 上海信息化，2022（6）：51-53.

[10] 陈晓，赵弋洋，汪斌. 双碳目标下美国数字经济发展路径对我国的启示[EB/OL]. [2022-10-27].

[11] 陈雪琴. 数字化助力乡村振兴——县域数字生态创新趋势展望[EB/OL]. [2021-06-16].

[12] 崔宏. 关于税收大数据赋能风险管理的思考[J]. 税务研究，2022（7）：131-136.

[13] 戴德，梁行. 2023年数字经济产业集群发展白皮书[R]. 北京：中国信息通信研究院，2023.

[14] 戴翔，杨双至. 数字赋能、数字投入来源与制造业绿色化转型[J]. 中国工业经济，2022（9）：83-101.

[15] 丹尼斯·韦伯. 数字平台与技术对税收的影响[M]. 本书翻译组，译. 北京：中国税务出版社，2024.

[16] 单伟力，张晗，李丹. 智能画像技术和服务推荐技术在电子税务局中的应用场景探讨[J]. 税务研究，2022（4）：62-68.

[17] 翟云. 走进数字政府[M]. 北京：国家行政学院出版社，2022.

[18] 董成惠，陈芸芸. 大数据时代我国社会信用体系建设研究[J]. 征信，2023，41（8）：48-54.

[19] 杜莉. 不确定性：全球最低税规则的实施难点[EB/OL]. [2021-12-22].

[20] 樊勇, 杜涵. 税收大数据：理论、应用与局限[J]. 税务研究, 2021（9）：57-62.

[21] 范红忠. 有效需求规模假说、研发投入与国家自主创新能力[J]. 经济研究, 2007, 42（3）：33-44.

[22] 殷艺. 酒钢集团以项目建设助推产业转型升级[EB/OL]. [2023-08-14].

[23] 高磊, 伏天媛, 姜琪. 全球数字化和绿色化协同发展的国际经验及政策建议[J]. 北方金融, 2023（10）：20-24.

[24] 顾丽梅, 李欢欢. 上海全面推进城市数字化转型的路径选择[J]. 科学发展, 2022（2）：5-14.

[25] 郭昌盛. 应对数字经济直接税挑战的国际实践与中国进路[J]. 法律科学：西北政法大学学报, 2022, 40（4）：51-67.

[26] 国家工业信息安全发展研究中心, 等. 中国数据要素市场发展报告（2020—2021）[R]. 2022.

[27] 国家广播电视总局. 2021年全国广播电视行业统计公报[R]. 2022.

[28] 国家互联网信息办公室. 数字中国发展报告（2022年）[R]. 2023.

[29] 国家税务总局. 从"以票管税"走向"以数治税" 我国税收营商环境再优化[EB/OL]. (2024-3-1) [2021-07-14].

[30] 国家税务总局. 广东：以数治税——探索智慧税收征管转型新路径[EB/OL]. (2024-3-1) [2022-05-10].

[31] 国家税务总局. 浙江：税惠政策助力民营经济持续向好[EB/OL]. (2024-3-1) [2023-10-07].

[32] 国家税务总局北京市丰台区税务局课题组, 蒋国楠, 黄春元. 基于智慧税务的税收风险管理研究[J]. 国际税收, 2022（12）：67-72.

[33] 国家税务总局福建省税务局课题组. 数据生产视角下税收征管数字化转型研究[J]. 税收经济研究, 2023, 28（6）：21-29.

[34] 国家税务总局国际税务司专项研究小组. 国家税务总局权威解答：数字经济税收"双支柱"问题（上）[EB/OL]. [2021-12-01].

[35] 国家统计局. 2023年国民经济回升向好, 高质量发展扎实推进[EB/OL]. [2024-01-07].

[36] 韩啸, 李萍, 马亮, 刘宇阳. 政府首席数据官能否促进政府数据开放？——来自双重差分与深度访谈的研究发现[J]. 电子政务, 2024（1）：22-32.

[37] 何年初, 蒋慧, 高喜伟. 以产融合作推动我国内河船舶数字化与绿色化发展[J]. 中国信息化, 2023（11）：28-36.

[38] 黄东梅. 涉税专业服务人员参与税收协同共治的实践探索[J]. 注册税务师, 2022（6）：69-70.

[39] 黄奇帆，等. 数字上的中国[M]. 北京：中信出版集团，2021.

[40] 黄晓春. "看不见成效"：连锁性风险治理何以为难——一个组织学视角的分析[J]. 探索与争鸣，2022，1（7）：15-18.

[41] 黄祖辉. 准确把握中国乡村振兴战略[J]. 中国农村经济，2018（4）：2-12.

[42] 纪玉山，等. 发展新质生产力 推动我国经济高质量发展[J]. 工业技术经济，2024，43（2）：3-28.

[43] 贾男，刘国顺. 大数据时代下的企业信用体系建设方案[J]. 经济纵横，2017（2）：40-44.

[44] 蒋敏娟. 迈向数据驱动的政府：大数据时代的首席数据官——内涵、价值与推进策略[J]. 行政管理改革，2022（5）：31-40.

[45] 蒋元涛，于雅群. 数字化视阈下航运业企业发展方式绿色化转型[J]. 经济与管理评论，2024，40（1）：84-95.

[46] 焦豪，马高雅，张文彬. 数字产业集群：源起、内涵特征与研究框架[J]. 产业经济评论，2024（2）：72-91.

[47] 戈晶晶. 数据确权难题亟待破局[J]. 中国信息界，2022（2）：28-31.

[48] 柯林霞. 当代社会信用体系建设：现状、问题与发展方向[J]. 南通大学学报（社会科学版），2023，39（6）：99-109.

[49] 李红霞，张阳. 数字经济对税制改革的影响及对策建议[J]. 税务研究，2022（5）：68-72.

[50] 李佳蔚. 上海"一网通办"改革七大亮点，让政务服务像网购一样方便[EB/OL]. [2023-05-11].

[51] 李清如. 实现双碳目标的财税政策工具——以日本为例的分析[EB/OL]. [2022-07-14].

[52] 李闻芝. 数智化绿色化重塑产业供应链[J]. 中国石油和化工产业观察，2024（1）：24-28.

[53] 李晔. 三年城市数字化转型 上海交作业：数字经济核心产业增加值保持平稳较快增长[EB/OL]. [2023-12-17].

[54] 李友梅. 城市发展周期与特大型城市风险的系统治理[J]. 探索与争鸣，2015（3）：19-20.

[55] 励贺林. 应对经济数字化税收挑战的技术理性和利益抉择[M]. 北京：中国税务出版社，2021.

[56] 廖体忠. 国际税收合作迎来明媚阳光——在新的经济背景下解读 BEPS 行动计划成果[J]. 国际税收，2015（10）：6-11.

[57] 刘淑春. 信用数字化逻辑、路径与融合[J]. 中国行政管理，2020（6）：65-72.

[58] 刘淑春. 中国数字经济高质量发展的靶向路径与政策供给[J]. 经济学家，2019（6）：52-61.

[59] 刘兴亮，王斌. 数字中国：数字化建设与发展[M]. 北京：中共中央党校出版社，2022.

[60] 刘璇，张蕾，刘钟，等. 基于数据挖掘技术的企业信用风险评估[J]. 山西财经大学学报，2023（S2）：89-91.

[61] 路琦. 数字化绿色化：新型工业化的必由之路[EB/OL]. [2021-09-16].

[62] 罗勇，曹丽莉. 中国制造业集聚程度变动趋势实证研究[J]. 统计研究，2005（8）：22-29.

[63] 倪旻卿，徐鹏，纪律. 新加坡数字化协同治理创新模式研究[J]. 全球城市研究（中英文），2022，3（1）：111-127.

[64] 宁琦，励贺林. 苹果公司避税案例研究和中国应对BEPS的紧迫性分析及策略建议[J]. 中国注册会计师，2014（2）：107-113.

[65] 农业农村部，中央网络安全和信息化委员会办公室. 数字农业农村发展规划（2019—2025年）[EB/OL]. [2022-01-28].

[66] 农业农村部信息中心，中国国际电子商务中心. 2021全国县域数字农业农村电子商务发展报告[R]. 2021.

[67] 农业农村部信息中心. 中国数字乡村发展报告（2022年）[R]. 2023.

[68] 农业农村信息中心. 中国数字乡村发展报告（2019年）[R]. 2020.

[69] 戚聿东，杜博. 数字经济、高质量发展与推进中国式现代化[J]. 山东大学学报（哲学社会科学版），2024（1）：108-124.

[70] 任超，闫晨. 数字化产品的税收挑战与应对[J]. 财会月刊（会计版），2021，000（23）：135-140.

[71] 赛博研究院. 数字经济生产关系构建——数据要素"三权分置"理论范式及其实践路径研究[R]. 2023.

[72] 商务部. 中国电子商务报告（2021）[EB/OL]. [2022-11-25].

[73] 邵帅，徐乐. 数绿融合发展 赋能现代化产业体系建设[J]. 财经界，2023（16）：18-20.

[74] 联合国粮食计划署农村发展卓越中心，阿里研究院. 电子商务促进中国西部乡村振兴报告[R]. 2022.

[75] 斯图尔特，苏苗罕，毕小青. 二十一世纪的行政法[J]. 环球法律评论，2004，26（2）：165-177.

[76] 宋德勇，朱文博，丁海. 企业数字化能否促进绿色技术创新？——基于重污染行业上市公司的考察[J]. 财经研究，2022，48（4）：34-48.

[77] 苏莹莹，符裔. 税收共治与涉税信息共享研究——基于新个人所得税综合所得课税的分析[J]. 财政监督，2021，000（5）：88-92.

[78] 滕立青，汤露. 一起税收协同共治发现的案例[J]. 中国税务，2020（10）：48-49.

[79] 田海峰，刘华军. 企业数字化转型与绿色创新的"双化协同"机制研究[J]. 产业经济研究，2023（6）：29-41，72.

[80] 田正，刘云. 日本构建绿色产业体系述略[J]. 东北亚学刊，2023（2）：120-134.

[81] 王爱清. "互联网+纳税服务"的智能化创新发展研究[J]. 税收经济研究，2019（6）：75-78，86.

[82] 王锋正，刘向龙，张蕾，等. 数字化促进了资源型企业绿色技术创新吗?[J].科学学研究，2022，40（2）：332-344.

[83] 王宏伟. 数字经济下我国税制优化的立场、原则与进路[J]. 税收经济研究，2023，28（5）：26-34.

[84] 王俊豪，周晟佳. 中国数字产业发展的现状、特征及其溢出效应[J]. 数量经济技术经济研究，2021，38（3）：103-119.

[85] 王琳，周昕怡，陈梦媛. 从"培育者"到"影响者"：数字化转型如何推动绿色创新发展：基于浪潮的纵向案例研究[J]. 中国软科学，2023（10）：146-163.

[86] 王鲁宁，陈忠. "以数治税"下推进税收精准监管的思考[J]. 国际税收，2022（12）：61-66.

[87] 王鲁宁，巫晓慧，王乾. 环境保护税征管"协作共治"的思考[J]. 国际税收，2018（12）：72-74.

[88] 王钦敏. 统筹推进数字中国建设[EB/OL]. [2023-03-26].

[89] 王婷婷. 互联网零工经济的税法治理：挑战、逻辑与应对[J]. 人文杂志，2023（4）.

[90] 王伟玲. 数字政府:开辟国家治理现代化新境界[M]. 北京：人民邮电出版社,2022.

[91] 王新东，等. 数字化绿色化新型钢厂建造方法及工程实践[J]. 中国冶金，2023，33（11）：159.

[92] 王秀哲. 大数据背景下社会信用体系建构中的政府角色重新定位[J]. 财经法学，2021（4）：23-40.

[93] 王亚男，王帅，王玉婷，孔东民. 纳税信用评级制度与企业商业信用融资——基于激励效应视角的研究[J]. 经济科学，2023（6）：124-143.

[94] 王一鸣. 百年大变局、高质量发展与构建新发展格局[J]. 管理世界,2020,36(12)：1-12.

[95] 王永强，张娅婕. 我国数字税立法的功能定位与实现路径——以"经济租"为税基[J]. 湖北经济学院学报，2024，22（1）：100-111.

[96] 王泽宇，吕艾临，闫树. 数据要素形成与价值释放规律研究[J]. 大数据，2023，9（2）：33-45.

[97] 魏后凯. 深刻把握城乡融合发展的本质内涵[J]. 中国农村经济，2020（6）：5-8.

[98] 吴勤堂. 产业集群与区域经济发展耦合机理分析[J]. 管理世界，2004（2）：133-134，136.

[99] 吴晓林. 特大城市社会风险的形势研判与韧性治理[J]. 人民论坛，2021（35）：56-58.

[100] 吴越. OECD 税收征管 3.0 实践经验对我国税收征管数字化的启示[J]. 税务研究，2023（6）：91-96.

[101] 武长海，秦淑琨. 数字化跨境交易对企业所得税制度的挑战与我国的应对[J]. 国际贸易，2024（1）：50-57.

[102] 相欣奕. 全球城市策略|报告 2002：联合国人居署展望城市未来[EB/OL]. [2022-07-11].

[103] 徐旭初. 数智企业助推数字乡村建设大有可为[EB/OL]. [2022-04-26].

[104] 许正中，周静. 数字经济时代税收在推进中国式现代化中的重要作用[J]. 国际税收，2024（1）：8-15.

[105] 颜宝铜. 基于集成理念的大数据时代税收风险管理探析[J]. 税务研究，2021（7）：98-103.

[106] 杨力，陈志成，余运江，任会明. 上海"一网通办"政务服务数字化[A]//周振华，洪民荣. 全球城市案例研究 2022：城市数字化国际经验借鉴[M]. 上海：格致出版社，上海人民出版社，2022.

[107] 杨振，李泽浩. 2021 年制造业绿色发展分析与展望[A]//韩保江. 中国经济高质量发展报告（2022）[M]. 北京：社会科学文献出版社，2022.

[108] 张峰，刘家悦. 数字化投入、绿色技术创新与出口绿色升级——来自中国制造业行业的经验[J]. 经济问题探索，2023（9）：131-145.

[109] 张海鹏. 中国城乡关系演变 70 年：从分割到融合[J]. 中国农村经济，2019（3）：2-18.

[110] 张辉. 全球价值链理论与我国产业发展研究[J]. 中国工业经济，2004（5）：38-46.

[111] 张守文. 数字税立法：原理依循与价值引领[J]. 税务研究，2021（1）：31-38.

[112] 张守文. 税收行为范畴的提炼及其价值[J]. 税务研究，2003（7）：42-48.

[113] 赵国庆. 税基侵蚀和利润转移：我国政府的挑战和应对[J].中国财政，2014（13）：42-43.

[114] 赵璐璐，苏旭，李越. 电子发票单套报销入账归档流程研究——以 H 金融企业为例[J]. 会计之友，2023（5）：78-83.

[115] 赵欣. 上海基层社会治理数字化探索[A]//周振华，洪民荣. 全球城市案例研究 2022：城市数字化国际经验借鉴[M]. 上海：格致出版社，上海人民出版社，2022.

[116] 中国电子工业标准化技术协会数字政府建设服务工作委员会，中国电子技术标准化研究院. 数字政府标准化白皮书（2023版）[R]. 2023.

[117] 中国工业经济联合会，中国工业和信息化绿色低碳发展报告 2022[EB/OL]. [2022-11-15].

[118] 中国信息通信研究院. 工业数字化绿色化融合发展白皮书（2022年）[R]. 2023.

[119] 中国信息通信研究院. 全球数字经济白皮书（2023年）[R]. 2023.

[120] 中国信息通信研究院. 中国数字经济发展研究报告（2023年）[R]. 2023.

[121] 中国信息通信研究院. 数据要素白皮书（2022年）[R]. 2023.

[122] 中国信息通信研究院，等. 数据治理研究报告（2020年）：培育数据要素市场路线图[R]. 2020.

[123] 周波，刘晶. 应对数字经济挑战的税收治理变革[J]. 税务研究，2023（12）：33-38.

[124] 周慧之，曾梦妤，甘露，等. 能源数字经济赋能数字化绿色化协同发展路径研究[J]. 数字经济，2023（12）：7-11.

[125] 周荣华，丁远一，朱远芯，等. 高质量发展视角下社会信用体系的水准评价[J]. 南京财经大学学报，2024（1）：12-21.

[126] 周仕雅. "互联网+"背景下电子税务局建设法制体系探讨[J]. 税务研究，2019（7）：70-75.

[127] 周卫华，郑欣圆. 城市数字金融推动企业数字化与绿色化融合发展研究[J]. 城市问题，2023（8）：26-36，53.

[128] 周文，韩文龙. 平台经济发展再审视：垄断与数字税新挑战[J]. 中国社会科学，2021（3）：103-118.

[129] 朱青. 美国"301条款"与数字服务税[J]. 国际税收，2021（1）：43-48.

[130] 庄荣文. 深入贯彻落实党的二十大精神 以数字中国建设助力中国式现代化[EB/OL]. [2023-03-03].

[131] ACQUISTI A, TAYLOR C, WAGMAN L. The Economics of Privacy[J]. Journal of Economic Literature, 2016, 54(2): 442-492.

[132] BATHELT H, MALMBERG A, MASKELL P. Clusters and Knowledge: Local Buzz, Global Pipelines and the Process of Knowledge Creation[J]. Progress in Human Geography, 2002, 28(1): 31-56.

[133] BAUER M, Lee-Makiyama H, MAREL E V D, et al. The Costs of Data Localisation: Friendly Fire on Economic Recovery[R]. ECIPE Occasional Paper, European Centre for International Political Economy (ECIPE), Brussels, 2014(3).

[134] BAYLISS D. Dublin's Digital Hubris: Lessons from an Attempt to Develop a Creative Industrial Cluster[J]. European Planning Studies, 2007, 15(9): 1261-1271.

[135] COHEN J E. The Regulatory State in the Information Age[J]. Theoretical Inquiries in Law, 2016, 17(2): 369-414.

[136] SOLOVE J. A Taxonomy of Privacy[J]. University of Pennsylvania Law Review, 2005, 154(3): 477-560.

[137] DAVIS C H, CREUTZBERG T, ARTHURS D. Applying an Innovation Cluster Framework to a Creative Industry, The Case of Screen-based Media in Ontario[J]. Innovation, 2009, 11(2): 201-214.

[138] Masahisa Fujita, Paul R. Krugman, and Anthony J. Venables. The Spatial Economy: Cities, Regions, and International Trade[M]. Cambridge: MIT Press, 2001.

[139] Götz M, Jankowska B. Clusters and Industry 4.0-Do They Fit Together?[J]. European Planning Studies, 2018, 1-21.

[140] HALBERT L. Collaborative and Collective: Reflexive Co-ordination and the Dynamics of Open Innovation in the Digital Industry Clusters of the Paris Region[J]. Urban Studies, 2012, 49(11): 2357-2376.

[141] HAMMOCK M R. Applications Want to Be Free: Privacy Against Information[J]. Competition Policy International, 2011, 7(1): 41-58.

[142] HUGGINS R, IZUSHI H, PROKOP D, et al. Regional Competitiveness, Economic Growth and Stages of Development[J]. Zbornik Radova Ekonomskog Fakulteta U Rijeci: Časopis Za Ekonomsku Teoriju I Praksu, 2014, 32(2): 255-283.

[143] LEE J, BERENTE N. Digital Innovation and the Division of Innovative Labor: Digital Controls in the Automotive Industry[J]. Organization Science, 2012, 23(5): 1428-1447.

[144] OECD. Multinational Convention to Implement Tax Treaty Related Measures to Prevent Base Erosion and Profit Shifting[EB/OL]. [2017-09-12].

[145] PORTER M E. Competitive Advantage: Creating and Sustaining Superior Performance[M]. New York: Free Press, 1985.

[146] Joseph A Schumpeter. 资本主义、社会主义与民主[M]. 吴良健，译. 北京：商务印书馆，2021.